Havers · Erziehungsschwierigkeiten in der Schule

129
19,80
W0308867

Norbert Havers

Erziehungs-schwierigkeiten in der Schule

Klassifikation, Häufigkeit, Ursachen und pädagogisch-therapeutische Maßnahmen

Beltz Verlag · Weinheim und Basel 1978

Norbert Havers, Dr. phil., Jahrgang 1942; seit 1975 Projektleiter der Wissenschaftlichen Begleitung des Schulversuchs „Differenzierte Grundschule" in München - Hasenbergl.

CIP-Kurztitelaufnahme der Deutschen Bibliothek

Havers, Norbert
Erziehungsschwierigkeiten in der Schule : Klassifikation, Häufigkeit, Ursachen u. pädag.-therapeut. Massnahmen. - 1. Aufl. - Weinheim, Basel : Beltz, 1978.
(Beltz-Studienbuch)
ISBN 3-407-51132-9

© 1978 Beltz Verlag · Weinheim und Basel
Gesamtherstellung: Beltz, Offsetdruck, 6944 Hemsbach über Weinheim
Seriengestaltung des Umschlags: G. Stiller, Taunusstein
Printed in Germany

ISBN 3 407 51132 9

Inhaltsverzeichnis

Einleitung

Ziel dieses Buches ist es, empirisch gesicherte Forschungsergebnisse über die Analyse und Veränderung schulischer Erziehungsschwierigkeiten darzustellen und diese für die Arbeit in der Schule nutzbar zu machen.

Ursprünglich hatte ich geglaubt, dieses Ziel durch das Schreiben einer Monographie über schulische Verhaltensmodifikation erreichen zu können. Es stellte sich jedoch bald heraus, daß dieser Ansatz nicht ausreicht, um die für die Analyse notwendige Information über das Erscheinungsbild und die Ursachen von Erziehungsschwierigkeiten zu vermitteln. Ich habe mich statt dessen entschlossen, das Problem schulischer Verhaltensstörungen von verschiedenen Seiten anzugehen und alle diejenigen Aspekte zu erläutern, die mir in Hinblick auf das oben formulierte Ziel relevant erscheinen. Dabei war es meine Absicht, eine übersichtliche Darstellung der Erziehungsschwierigenpädagogik zu geben, worunter hier allerdings nicht eine spezielle Pädagogik für Lehrer an Sonderschulen für Erziehungsschwierige verstanden wird. Es ging mir vielmehr darum, einen sonderpädagogischen und sozialpädagogischen Aspekt der Schulpädagogik aufzuzeigen mit dem Ziel, die Aussonderung schwieriger Schüler in eigene Schulen und Heime soweit wie möglich zu reduzieren und auf Möglichkeiten zur Integration in die Regelschule hinzuweisen.

Folgende theoretischen Vorentscheidungen haben die Auswahl und Interpretation der hier referierten Forschungsergebnise beeinflußt: Erstens werden Erziehungsschwierigkeiten nicht nur als Konflikte zwischen Lehrern und Schülern interpretiert, sondern als Verhaltensweisen, die gegen schulische Normen verstoßen und die außerdem vom Lehrern als störend und unangemessen beurteilt werden. Bei dieser Interpretation wird der Gedanke eines Konflikts zwischen Lehrererwartungen und Schülerverhalten zwar nicht aufgegeben, aber in Zusammenhang mit den institutionellen Bedingungen der Schule und ihrem Normensystem gesehen (vgl. Kapitel 2, 14 und 15). Zweitens gelten Erziehungsschwierigkeiten nicht von vornherein als Symptome einer psychischen Störung, sondern zunächst als ganz normale Verhaltensweisen oder Verhaltensdefizite, die wahrscheinlich auf Grund bestimmter Sozialisationsbedingungen entstanden sind, deren Auftreten aber auch mit bestimmten organischen Defekten oder angeborenen Dispositionen in Zusammenhang stehen kann. Als grundlegendes theoretisches Modell für die Erklärung

erziehungsschwierigen Verhaltens diente die Social Learning Theory von Bandura (1971 d). (Vgl. Kapitel 25.)
Im ersten Teil der Arbeit wird versucht, die Verwendung der Begriffe „Erziehungsschwierigkeit“, „Verhaltensstörung“ und „erziehungsschwieriger Schüler“ in der pädagogischen, psychologischen und psychiatrischen Fachsprache zu erläutern, um so zu Definitionen zu kommen, die den tatsächlichen Sprachgebrauch beschreiben. Im zweiten Teil werden verschiedene Klassifikationsversuche erörtert. Ausgehend von der empirischen Klassifikation, geht es im dritten Teil um die Häufigkeit und Dauer von Verhaltensstörungen und ihre Auswirkungen auf das Verhalten im Erwachsenenalter.
Die zu Beginn erarbeitete Definition von „Erziehungsschwierigkeit“ führt in den Teilen 4 und 5 zu einer Unterscheidung zwischen „konstituierenden Ursachen“ und „Ursachen des Verhaltens“. Als „konstituierend“ gelten solche Ursachen, die erklären, warum bestimmte Verhaltensweisen als „erziehungsschwierig“ bezeichnet werden. Das sind insbesondere die schulischen Normen und die Anwendung der Normen auf ein konkretes Verhalten. Als „Ursachen des Verhaltens“ kommen neben organischen Risikofaktoren besonders Umwelteinflüsse im Elternhaus und in der Schule in Betracht.
Die Darstellung pädagogisch-therapeutischer Maßnahmen im 6. Teil versucht so weit wie möglich, auf die Ursachen Bezug zu nehmen. Wo eine Problemlösung auf dem Weg über die Ursachen jedoch nicht möglich ist, kommt als Alternative eine Verhaltensmodifikation durch Verstärkung adäquaten Verhaltens in Betracht.
Das Schreiben dieser Arbeit wurde unterstützt durch verschiedene Personen und Institutionen: Durch einen Aufenthalt am Stanford Center for Research and Development in Teaching erhielt ich Gelegenheit zur Beschäftigung mit der umfangreichen amerikanischen Literatur zum Thema dieses Buchs. Eigene Untersuchungen und das Sammeln praktischer Erfahrungen ermöglichte mir die Tätigkeit in der Wissenschaftlichen Begleitung des Schulversuchs „Differenzierte Grundschule“ in München-Hasenbergl. Die Deutsche Forschungsgemeinschaft förderte die Fertigstellung der Arbeit durch ein Habilitandenstipendium. Zahlreiche Anregungen und Korrekturvorschläge verdanke ich Prof. Dr. Günter Bierbrauer, Prof. Dr. Lee Cronbach, Prof. Dr. N. L. Gage, Traude Havers, Dr. Paul Innerhover, Dr. Till Uwe Keil, Prof. Dr. Hans Schiefele und Prof. Dr. Otto Speck. Prof. Speck und Paul Innerhofer danke ich auch für ihre Geduld und Ermutigung bei der Fertigstellung des Manuskripts. Meine Frau Traude hat mir beim Schreiben dieser Arbeit mehr Unterstützung geben können, als sich hier ausdrücken läßt. Ihr ist dieses Buch gewidmet.

1. Teil
Begriffserklärung

1. Überlegungen zur Wahl geeigneter Termini

Die Pädagogik gehört zu jenen Fachgebieten, in denen sich bisher keine einheitliche Terminologie durchsetzen konnte. Dies gilt im besonderen Maße für die Verhaltensgestörten- oder Erziehungsschwierigenpädagogik, deren Gegenstandsbereich durch nicht weniger als hundert verschiedene Ausdrücke bezeichnet wird (Schultheis 1974).

In der vorliegenden Arbeit geht es um den *Gesamtkomplex aller für Lehrer problematischer Verhaltensweisen von Schülern.* Die Vielfalt der Bezeichnungen für diese Verhaltensweisen ist selbst dann verwirrend genug, wenn man sich auf die neuere Fachliteratur beschränkt: „Erziehungserschwerungen" (Lesemann 1957), „Erziehungsschwierigkeiten" (Wegener 1962; Eyferth 1970; Müller 1962), „Verhaltensstörungen" (Klauer 1970; Schumacher 1971; Müller 1970), „Verhaltensauffälligkeiten" (Eisert & Barkey 1975; Kluge 1974), „Erscheinungsweisen undisziplinierten Verhaltens" (Horney & Müller 1964), „Disziplinschwierigkeiten" (Otto 1967), „abweichendes Schülerverhalten" (Domke 1973), „Entwicklungsstörungen" (Hanselmann 1954), „soziale Konflikte in der Schule" (Wellendorf 1973) und „unangepaßtes Verhalten" (Klink 1962). Diese verschiedenen Ausdrücke werden teils synonym, teils mit unterschiedlicher Bedeutung verwendet.

Da der Verständigung innerhalb der Pädagogik und der Kommunikation zwischen pädagogischer Wissenschaft und pädagogischer Praxis durch eine Vereinfachung der Terminologie mehr gedient ist als mit immer neuen Variationen der Ausdrucksweise, werde ich keine neuen Termini einführen, sondern unter den eben genannten eine Auswahl treffen.

Die Termini „Erscheinungsweisen undisziplinierten Verhaltens" und „Disziplinschwierigkeiten" sind ungeeignet, weil nicht alle problematischen Verhaltensweisen von Kindern und Jugendlichen Verstöße gegen die Disziplin sind. Übermäßige Ängste und Hemmungen wird man kaum als Disziplinschwierigkeiten bezeichnen können.

Zu allgemein ist dagegen der Ausdruck „Verhaltensauffälligkeiten". Auch eine außergewöhnliche Leistung von einem sonst mittelmäßigen Schüler kann „auffällig" sein, sie ist aber nicht problematisch.

Von den anderen Termini werden in der Fachliteratur der vergangenen 10–15 Jahre vor allem zwei verwendet: „Erziehungsschwierigkeit" und „Verhaltensstörung". Dies konnte Schultheis (1974) in einer wortstatistischen Untersuchung zeigen. Auch die neueren pädagogischen Lexika definieren durchwegs nur noch diese beiden Ausdrücke. Ich werde mich deshalb auf den Gebrauch dieser beiden Worte beschränken.

In deutschsprachigen Veröffentlichungen zur Verhaltensgestörtenpädagogik wird häufig die Frage diskutiert, welcher von den beiden gebräuchlichen Termini vorzuziehen sei. In der Argumentation beruft man sich oft auf abwertende Nebenbedeutungen. Nach Auffassung von Schumacher (1971, S. 26) wirkt der Ausdruck „verhaltensgestört" „sachlicher, d.h. ohne negative Wertung". Klink (1962, S. 24) sieht dagegen den Terminus Verhaltensstörung „von dem fragwürdigen Maß einer Norm abhängig", also gerade *nicht* wertfrei. Die Nebenbedeutungen sind demnach selbst unter Fachleuten umstritten. Überhaupt scheinen die verschiedenen Ausdrücke immer nur so lange keine abwertende Nebenbedeutung zu haben, wie sie *neu* sind. Sobald sie regelmäßig in der Praxis zur Bezeichnung unerwünschter Verhaltensweisen verwendet werden, erhalten sie einen negativen Beiklang. Man sollte Nebenbedeutungen deshalb bei der Suche nach einem geeigneten Terminus kein übergroßes Gewicht geben. Sie werden sich wahrscheinlich auch bei den Ausdrücken „Erziehungsschwierigkeit" und „Verhaltensstörung" auf die Dauer nicht vermeiden lassen.

Auf einer anderen Argumentationsebene plädiert Klauer (1970) für eine Ablösung des Ausdrucks „Erziehungsschwierigkeit" durch „Verhaltensstörung". Den Terminus „Verhaltensstörung" hält er für „objektiver faßbar", weil Verhaltensstörungen nicht vom Urteil eines Erziehers abhängen, sondern durch Verhaltensinventare erfaßt werden können. Bei dieser Argumentation wird übersehen, daß durch die Verwendung von Verhaltensinventaren die Entscheidung über das Vorliegen von Verhaltensstörungen nur vom Lehrer auf den Psychologen übergeht, aber keineswegs entfällt. Diese Entscheidung hängt dann ebensosehr von den Normen und Wertvorstellungen des Psychologen ab wie vordem von den Normen des Erziehers. (Vgl. Bandura 1969, S. 2.)

Der Ausdruck „Verhaltensstörung" ist also weder wertfrei noch objektiver als „Erziehungsschwierigkeit". Der entscheidende Unterschied besteht vielmehr darin, daß „Verhaltensstörung" überwiegend von Psychiatern und Psychologen, dagegen „Erziehungsschwierigkeit" vor allem von Pädagogen verwendet wird (Schumacher 1971, S. 24). Da die Verständigung zwischen Pädagogen und Psychologen wegen dieser unterschiedlichen Terminologie immer wieder auf Schwierigkeiten stößt, soll der unterschiedliche Sprachgebrauch in den folgenden zwei Kapiteln erläutert werden. Ich werde dabei den Ausdruck „Erziehungsschwierigkeit" immer nur im Sinne von „schulischer Erziehungsschwierigkeit" verwenden. Selbstverständlich gibt es auch Erziehungsschwierigkeiten im Elternhaus und in anderen pädagogischen Situationen. Die folgende Begriffserklärung gilt jedoch nur für „Erziehungsschwierigkeiten" im Sprachgebrauch von Lehrern.

2. Beschreibende Definition des Begriffs „Erziehungsschwierigkeit" im Sprachgebrauch von Lehrern

In diesem Kapitel soll zunächst dargelegt werden, was Lehrer konkret unter dem Begriff „Erziehungsschwierigkeit" verstehen. Es interessiert uns dabei nicht, in welchen Nuancen sich der Terminus „Erziehungsschwierigkeit" von seinen zahlreichen Synonymen unterscheidet, sondern vielmehr, welche gemeinsame Bedeutung diese verschiedenen Synonyme haben[1].

Unter den Problemen, denen sich ein Lehrer konfrontiert sieht, spielen *Verstöße der Schüler gegen die Arbeitsanforderungen der Schule*[2] eine große Rolle. An erster Stelle stehen hier die sogenannten „Konzentrationsstörungen", die nach einer Untersuchung von Thalmann (1971) Mütter bei 39,3% und Lehrer bei 44,7% aller Grundschulkinder beobachteten. Man versteht unter „Konzentrationsstörungen" im allgemeinen: die Tendenz, eine begonnene Arbeit nicht zu Ende zu führen, leichte Ablenkbarkeit, Beschäftigung mit anderen Dingen als dem Unterrichtsstoff, „Träumen" während des Unterrichts und Zerstreutheit. Während die Termini „Konzentrationsstörung" und besonders „Störung der Konzentrationsfähigkeit" nahelegen, daß es sich hier um Symptome einer Störung im Inneren des Kindes handelt, bedeuten sie phänomenologisch nichts weiter als Verstöße gegen die Anforderung, im Unterricht konzentriert zu arbeiten oder aufmerksam zuzuhören.

Ähnlich verhält es sich mit einer Gruppe von Erziehungsschwierigkeiten, die Horney & Müller (1964, S. 43) als die „mannigfaltigen Formen der Faulheit" bezeichnen, z. B. Nichtanfertigen oder schlampige Durchführung von Hausaufgaben, Unordentlichkeit oder Trödeln beim Arbeiten in der Schule, mangelnde Beteiligung am Unterricht und Abschreiben von Hausaufgaben. Beim Gebrauch des Wortes „Faulheit" wird meist unterstellt, daß der Schüler zwar etwas leisten kann, es aber nicht will (Höhn 1967, S. 55). Obwohl dieser Verdacht in

1 Aus diesem Grund wird hier nicht der Ausdruck „Terminus" Erziehungsschwierigkeit, sondern „Begriff" Erziehungsschwierigkeit verwendet. „Ein Begriff ist zunächst nichts anderes als ein Terminus, jedoch abstrahieren wir von der beliebigen Lautgestalt eines Terminus, wenn wir ihn ‚Begriff' nennen" (Kamlah/Lorenzen 1967, S. 85). „Synonyme Termini stellen denselben Begriff dar. ... Ein ‚Begriff' ist die ‚Bedeutung eines Terminus'" (Kamlah/Lorenzen 1967, S. 86).

2 Eine ausführliche Begründung für die hier verwendete Einteilung der Erziehungsschwierigkeiten erfolgt in Kapitel 5.

manchen Fällen zutreffen mag, wäre es auch hier voreilig, von einer inneren Motivationsstörung des Schülers zu sprechen. Auch diese Gruppe von Erziehungsschwierigkeiten besteht phänomenologisch aus Verstößen gegen die Arbeitsanforderungen der Schule.

Nicht jeder Verstoß gegen die Arbeitsanforderungen der Schule wird jedoch als „Erziehungsschwierigkeit" bezeichnet. Eine extrem unleserliche Schrift verstößt in jedem Fall gegen die Anforderungen der Schule. Sie wird aber in der Regel nur dann als Erziehungsschwierigkeit gewertet, wenn der Lehrer annimmt, daß „der Schüler es besser könnte, wenn er bloß wollte". Weiß er jedoch, daß der Schüler einen Hirnschaden hat, wird er die schlechte Schrift viel eher als „Lernstörung" betrachten. Die Bezeichnung einer Verhaltensweise als „Erziehungsschwierigkeit" hängt also nicht allen von der Übertretung einer Anforderung (oder „Norm" bzw. „Verhaltensregel"[3]) ab, sondern auch davon, wie der Lehrer diese Übertretung interpretiert.

Eine weitere Gruppe von Erziehungsschwierigkeiten besteht aus problematischen Verhaltensweisen, die Kinder beim Umgang mit Schulkameraden aufweisen. Es handelt sich hierbei um Verletzungen von Regeln für die Interaktion mit Gleichaltrigen. Meist werden diese Regeln nicht ausdrücklich formuliert, aber ihre Einhaltung wird von Kindern und Erwachsenen gleichermaßen sanktioniert: Ein Kind, das häufig gegen sie verstößt, gilt bei seinen Schulkameraden bald als „gemein", „feige" oder „angeberisch" und bei Lehrern als „erziehungsschwierig". Ich nenne diese Gruppe von Verhaltensweisen *„Verstöße gegen Interaktionsregeln für den Umgang mit Schulkameraden"*. Häufige Erscheinungsweisen sind: Stoßen, Schlagen, Treten und Stechen von Mitschülern; Wegnehmen, Verstecken, Zerstören von Schul- und Spielsachen; Anlügen, Angebereien und Nicht-Zugeben eigener Vergehen; außerdem Verhaltensweisen wie Beschimpfen von Mitschülern, Hänseleien, Verspotten und Auslachen sowie Verprügeln von Schwächeren.

Neben den Schwierigkeiten beim Umgang mit Mitschülern spielen auch *„Verstöße gegen Interaktionsregeln für den Umgang mit Lehrern und anderem Schulpersonal"* im schulischen Alltag eine große Rolle. Manche der oben genannten Verhaltensweisen wie Lügen oder Stehlen fallen ebenfalls in diese Kategorie, weil sie Übertretungen von allgemeingültigen Interaktionsregeln sind. Es existieren darüber hinaus aber auch spezielle Interaktionsregeln für den Umgang von Schülern mit Personen, die in einer Autoritätsbeziehung[4] zu ihnen

---

3 Die Ausdrücke „Verhaltensregel", „Regel", „Anforderung", „Verhaltenserwartung" und „Norm" gebrauche ich als Synonyme.

4 Das Wort „Autorität" ist in der pädagogischen Diskussion der letzten Jahre fast zu einem Schimpfwort geworden. Erst in allerletzter Zeit scheint sich auch unter Sozialwissenschaftlern die Auffassung durchzusetzen, daß ein gewisses Maß an Autorität für den Unterricht an öffentlichen Schulen unvermeidbar ist. So schreibt der Soziologe R. Dreeben im Second Handbook for Research on Teaching: „Es geht hier

stehen. Das sind insbesondere Lehrer, aber auch Rektoren, Lehrassistenten und in Schulen tätige Erzieher oder Sozialpädagogen. Die meisten Erziehungsschwierigkeiten dieser Gruppe lassen sich unter den Stichworten „Ungehorsam“ und „Provokationen“ zusammenfassen.

Beispiele für „Ungehorsam“ sind: Ignorieren von Ermahnungen, Mißachten von Lehreranordnungen, Weigerung, auf Lehrerfragen zu antworten, Umgehen von Weisungen des Lehrers durch Ausflüchte oder Vergessen und direkte Gehorsamsverweigerung bei Anordnungen oder Strafen.

Absichtliche Provokationen des Lehrers gehören nach der Auffassung von Domke (1973, S. 19) zu den „entnervensten Störungen, die es gibt“. Dazu zählen freche Antworten, Beschmipfen des Lehrers, absichtlich falsches Antworten, Handgreiflichkeiten gegen den Lehrer, aber auch die altbekannten „Schülerstreiche“ wie Stinkbomben werfen, Wecker rasseln lassen, Verstecken von Kreide und Schwamm sowie Reißnägel auf den Stuhl des Lehrers legen ...

Neben den „Interaktionsregeln“, die ja meist nicht schriftlich formuliert werden, gibt es Regeln für das Sozialverhalten von Schülern, die in Schulordnungen schriftlich niedergelegt sind oder an die zumindest während des Unterrichts immer wieder erinnert wird. Übertreten dieser Regeln nenne ich „*Verstöße gegen die Normen von Schulklasse und Schule*“. Die Verstöße gegen die Normen der Schulklasse beziehen sich hauptsächlich auf unruhiges Betragen im Unterricht: Schwätzen, Scharren mit den Füßen, plötzliches Lachen, Schaukeln mit den Stühlen und Dazwischenrufen. Verstöße gegen die Normen der Schule sind dagegen meist identisch mit Verstößen gegen die Schulordnung, z.B. Beschädigung oder Diebstahl von schuleigenem Inventar, Bemalen von Wänden oder Bänken, Wegwerfen von Papier und anderen Abfällen auf dem Schulhof oder im Klassenzimmer, Mogeln bei Prüfungen, Verspätungen und Schwänzen des Unterrichts.

Während wir die bisher behandelten Erziehungsschwierigkeiten leicht als Verstöße gegen bestimmte Verhaltensregeln kategorisieren konnten, ist es bei der nun folgenden Gruppe schwieriger, spezifische Regeln anzugeben, gegen die das Verhalten verstößt. Beispiele für diese Gruppe von Erziehungsschwierigkeiten sind häufig auftretende Manipulationen im Körperbereich wie Nägelkauen, Haarausreißen, Daumenlutschen und Spielen mit den Genitalien sowie außergewöhnlich intensive oder häufig emotionale Reaktionen wie Weinen, motorische Unruhe, Ausdrucksweisen von Angst, Niedergeschlagenheit oder Unsicherheit. Die Regeln, die mit diesen Verhaltensweisen übertreten werden, sind nirgendwo formuliert, sondern sie gelten als Selbstverständlichkeiten des

---

nicht um die Wirksamkeit demokratischer oder autokratischer Unterrichtsmethoden (oder um die ideologische Präferenz für die eine Methode oder die andere), sondern um das Problem, wie ein Lehrer die Ordnung aufrechterhalten kann. ... Schulstunden können unter chaotischen Bedingungen nicht weitergehen“ (Dreeben 1973, S. 459).

sozialen Lebens: Ein „normales" Schulkind lutscht nicht während des Unterrichts seinen Daumen und weint nicht, wenn es in die Schule gehen soll. Man faßt diese Kategorie „unbenennbarer und doch auffälliger Regelwidrigkeit" (Scheff 1973, S. 27) unter Bezeichnungen zusammen wie „abnorme Gewohnheiten" (Graefe 1956), „psychische Störungen" (Schumacher 1971, „nervöse Verhaltensstörungen" (Müller 1970, S. 93) und „neurotische Verhaltensstörungen" (Nissen in Harbauer 1971, S. 17). Alle diese Ausdrücke legen nahe, daß es sich hier um eine Art Geisteskrankheit handle. Da die Etikettierung als „abnorm", „neurotisch" oder „geisteskrank" katastrophale Folgen für das Selbstbewußtsein eines Kindes haben kann und weil außerdem das Etikett in diesen Fällen mehr ein Zeichen für die Ratlosigkeit gegenüber bestimmten Verhaltensweisen als eine fundierte Diagnose ist, halte ich es für besser, auf Bezeichnungen dieser Art ganz zu verzichten. Statt dessen möchte ich mich Scheff (1973, S. 26) anschließen und diese Verhaltensweisen mit dem neutralen Ausdruck *„residuale Verhaltensabweichungen*[5] *von Schülern"* bezeichnen.

Nach der inhaltlichen Exemplifizierung des Begriffs „Erziehungsschwierigkeit" möchte ich jetzt eine beschreibende Definition versuchen. Die beschreibende Definition hat das Ziel, den definierten Begriff durch „Erklärung seines ursprünglichen Wortgebrauchs zu erläutern" (Scheffler 1971, S. 28). Bei der Erarbeitung dieser und der folgenden Definitionen werde ich mich bemühen, folgende Forderungen zu erfüllen: 1. Die Mehrdeutigkeit der zu definierenden Begriffe soll gegebenenfalls aufgezeigt werden, und es soll deutlich werden, für welche Bedeutung die Definition jeweils gilt. 2. Die wichtigsten in den Definitionen verwendeten Begriffe sollen vorher exemplarisch eingeführt werden. (Vgl. Kamlah & Lorenzen 1967, S. 81.) 3. Die Definitionen sollen so formuliert werden, daß aufgrund des Definiens leichter zu unterscheiden ist, ob der Begriff auf einen vorgegebenen Gegenstand zutrifft, als aufgrund des Definiendums[6]. (Vgl. Essler 1970, S. 58.) 4. Die Definitionen sollen den von der modernen Wissenschaftstheorie aufgestellten Definitionsregeln genügen[7]. (Vgl.

---

5 „Residual" heißt hier nichts weiter als „restlich". Unter „Verhaltensabweichungen" versteht Scheff (1973, S. 26) Verhaltensweisen, „die als Regelverletzungen öffentlich und offiziell etikettiert worden sind".

6 Diese höchst plausible Regel wird in der einschlägigen Fachliteratur nicht immer befolgt. So schreibt Klink (1962, S. 11): „Als erziehungsschwierig können wir demnach ein solches Kind bezeichnen, dessen Selbstverwirklichung durch Veranlagung, Krankheit, Unfall oder Umweltstörungen beeinträchtigt ist. Selbstverwirklichung ist ein Prozeß des Individuums, dem keine allgemeinen, normativen Vorstellungen zugrunde liegen." Diese Definition krankt unter anderem daran, daß sich in der Praxis leichter entscheiden läßt, ob ein Kind erziehungsschwierig ist (Definiendum), als daß sich sagen läßt, ob seine Selbstverwirklichung beeinträchtigt ist (Definiens).

7 Auch diese Forderung wird oft nicht befolgt. So heißt es in einem Gutachten des Deutschen Bildungsrats (1974, S. 40): „Als verhaltensgestört gilt, wer aufgrund organischer, vor allem hirnorganischer Schädigungen oder eines negativen Erziehungs-

Savingny 1973.) 5. Grenzfälle für die Anwendung der Definitionen sollen erörtert werden.
Der Terminus „Erziehungsschwierigkeit" wird in der Literatur in doppelter Bedeutung verwendet. Die meisten Autoren verstehen unter einer Erziehungsschwierigkeit eine *Verhaltensweise* (z.B. Wegener 1962, S. 329; Eyferth 1970, S. 406). Einige Autoren verwenden den Terminus jedoch, um damit eine *Persönlichkeitseigenschaft* zu bezeichnen (z.B. Klink 1962, S. 11)[8]. Aus den Beispielen am Anfang des Abschnitts wird bereits deutlich, daß ich den Terminus im Sinne von „Verhaltensweise" verwende. Es stiftet meiner Ansicht nach Verwirrung, wenn man von der „Erziehungsschwierigkeit eines Schülers" spricht in demselben Sinne, wie man von seiner „Schwererziehbarkeit" redet. Zur besonderen Begriffsverwirrung trägt es bei, wenn derselbe Autor einen Terminus einmal in diesem und das andere Mal in jenem Sinne verwendet[9]. Ich werde deshalb „Erziehungsschwierigkeit" nur in der Bedeutung von „Verhaltensweise" definieren und das Wort auch nur in diesem Sinne gebrauchen.

---

milieus *in seinem psychosozialen Verhalten gestört* ist und in sozialen Situationen unangemessen reagiert und selbst geringfügige Konflikte nicht bewältigt." (Hervorhebung von mir!) Diese Definition kann zwei Bedeutungen haben, entweder: Als verhaltensgestört gilt, wer verhaltensgestört ist und deshalb in sozialen Situationen unangemessen reagiert und geringfügige Konflikte nicht bewältigt. In diesem Fall verstößt die Definition gegen das „Zirkelverbot" (Savigny 1973, S. 116), denn das Definiendum kommt im Definiens seiner eigenen Definition vor. Die Definition kann aber auch folgende Bedeutung haben: Als verhaltensgestört gilt, wer verhaltensgestört ist und *außerdem* noch in sozialen Situationen unangemessen reagiert und selbst geringfügige Konflikte nicht bewältigt. In diesem Fall verstößt die Definition gegen die Äquivalenzregel (Savigny 1973, S. 103), denn Definiens und Definiendum bezeichnen nicht denselben Personenkreis.

8 Klink unterscheidet die beiden Begriffe „Schwererziehbarkeit" und „Verhaltensstörung" nicht dadurch, daß es sich bei „Schwererziehbarkeit" um eine Eigenschaft einer Person und bei Erziehungsschwierigkeit um eine Verhaltensweise handelt, wie es dem üblichen Wortgebrauch entspricht. Für ihn ist das entscheidende Kriterium der Abgrenzung dieser beiden Begriffe „der Grad der Störung im Aufbau der Persönlichkeit" (Klink 1962, S. 12). Der Grund für dieses Verständnis von „Erziehungsschwierigkeit" dürfte darin liegen, daß Klink nicht von der umgangssprachlichen Verwendung dieses Wortes ausgeht, sondern es von dem Adjektiv „erziehungsschwierig" herleitet. Klink geht es vor allem um eine Abgrenzung zwischen erziehungsschwierigen und schwererziehbaren Kindern. (Vgl. Klinik 1962, S. 11–12.)

9 Klink (1962) benutzt den Terminus „Erziehungsstörung", den er als Oberbegriff für „Erziehungsschwierigkeit" und „Schwererziehbarkeit" gebraucht (ebd., S. 13), nebeneinander in zwei verschiedenen Bedeutungen. In seinem „Symptomkatalog der Erziehungsstörungen" verwendet er ihn zur Bezeichnung von *Eigenschaften* wie „geltungsbedürftig" und „herrschsüchtig" ebenso wie für *Verhaltensweisen*, z.B. Lügen und Stehlen (ebd., S. 36). Ganz ähnlich benutzt auch Kluge (1971, S. 52) seinen Oberbegriff „Verhaltensauffälligkeit" ebenso für Verhaltensweisen wie für Eigenschaften.

Auch wenn ich von einem „erziehungsschwierigen Schüler“ spreche, verstehe ich das Adjektiv „erziehungsschwierig“ nicht als eine Eigenschaft dieses Schülers. „Erziehungsschwierig“ heißt in diesem Zusammenhang lediglich, daß der Schüler häufig Verhaltensweisen zeigt, auf die die Merkmale einer Erziehungsschwierigkeit zutreffen.

Eine schulische Erziehungsschwierigkeit wird insgesamt durch drei Elemente konstituiert. Die Beispiele für schulische Erziehungsschwierigkeiten zeigen erstens, daß es sich dabei immer um *Regelverstöße* handelt. Folgende Gruppen von Verhaltensregeln werden dabei häufig übertreten: Arbeitsanforderungen der Schule, Interaktionsregeln für den Umgang mit Lehrern, Normen der Schulklasse und Schule sowie „Residualregeln“. Die Übertretung einer Verhaltensregel ist zwar eine notwendige, aber noch keine hinreichende Bedingungen für die Existenz einer Erziehungsschwierigkeit. Da die meisten Regelverstöße von Lehrern überhaupt nicht bemerkt werden, ein solcher Verstoß aber erst dann „Erziehungsschwierigkeit“ genannt wird, wenn der Lehrer von ihm weiß, kommt als zweite Bedingung für das Vorhandensein einer Erziehungsschwierigkeit das *Wissen des Lehrers um den Regelverstoß* hinzu. Nun gibt es aber immer wieder Regelverstöße, die Lehrer durchaus bemerken, die aber trotzdem nicht als Erziehungsschwierigkeiten gelten, sei es, daß sie den Lehrern zu bedeutungslos erscheinen, daß es ihnen zu lästig ist, sich darum zu kümmern oder daß sie aus anderen Gründen das Einhalten der Verhaltensregel nicht fordern. Neben dem Regelverstoß und seiner Entdeckung ist die *Anwendung einer Verhaltensregel* auf den konkreten Fall die dritte Bedingung für eine schulische Erziehungsschwierigkeit.

Eine Definition der Erziehungsschwierigkeit durch diese drei Elemente wäre zwar formal korrekt, aber meiner Meinung nach noch nicht ausreichend. Besonders wenn eine Erziehungsschwierigkeit zum ersten Mal auftritt, ist es ja normalerweise nicht so, daß der Lehrer sich schon vorher eine Verhaltensregel überlegt hat, die er dann nur noch anzuwenden braucht. Es wird dagegen häufig vorkommen, daß den Lehrer eine bestimmte Verhaltensweise *stört* und er den Schüler auf die Störung hinweist oder ihn dafür bestraft. Erst durch die Tatsache, daß die Verhaltensweise ihn stört, merkt der Lehrer, daß der Schüler gegen eine Verhaltensregel verstoßen hat. Ob das Verhalten als störend empfunden wird oder nicht, hängt dabei nicht nur von den Regeln ab, gegen die es verstößt, sondern auch von der Situation, in der es vorkommt, und von Persönlichkeitsmerkmalen des Lehrers.

Es gibt gewisse Verstöße gegen schulische Verhaltensregeln, die Lehrer zwar als störend beurteilen, die aber trotzdem nicht als „Erziehungsschwierigkeit“ bezeichnet werden. Es sind dies Regelübertretungen, die auf mangelnde Intelligenz oder auf eine organische Ursache zurückgeführt werden. So gilt das langsame Arbeiten eines schwachbegabten Kindes ebensowenig als „Erziehungsschwierigkeit“ wie die Absencen eines Epileptikers. Im Falle der

mangelnden Intelligenz würde man von einer „Lernstörung", im Falle sonstiger organischer Schäden von „Behinderung" sprechen. Für unsere Definition folgt aus dieser Einschränkung, daß die Verhaltensregel nur dann angewandt wird, wenn die Regelübertretung nicht allein aus einem organischen oder einem Intelligenzdefekt erklärt werden kann und folglich als *„unangemessen"* gilt.
Da die „Anwendung der Verhaltensregel" identisch ist mit ihrer „Beurteilung als störend und unangemessen", ist es möglich, für den sehr formalen und abstrakten Ausdruck „Anwendung einer Verhaltensregel" die konkretere Formulierung „Beurteilung als störend und unangemessen" in die Definition einzusetzen.
Die Verwendung des Begriffs „schulische Erziehungsschwierigkeit" bei Lehrern und anderen schulischen Erziehern läßt sich demnach in folgender Definition zusammenfassen: Unter einer schulischen Erziehungsschwierigkeit versteht man eine Regelübertretung[10] eines Schülers, die von einem schulischen Erzieher wahrgenommen und als störend und unangemessen beurteilt wird.
Grenzfälle für die Anwendung der Definition liegen immer dann vor, wenn ein Lehrer eine Regelübertretung zwar in ihren Auswirkungen wahrnimmt, aber die einzelne Übertretung nicht genau identifizieren kann, z.B. Lärm während des Unterrichts. Ich schlage vor, solche Fälle „schwer identifizierbare Erziehungsschwierigkeiten" zu nennen[11]. Wo dagegen der Lehrer weder das Verhalten selbst noch seine Auswirkungen als Regelverstoß wahrnimmt (z.B. bei geschickten „Mogeln"), sollte man nicht von einer „Erziehungsschwierigkeit", sondern nur von einer „Regelübertretung" sprechen[12].

---

10 Unter „Regelübertretung" verstehe ich eine Verhaltensweise, die gegen eine Verhaltensregel verstößt.

11 Die hier eingeführte Kategorie der „schwer identifizierbaren Erziehungsschwierigkeit" ist analog zu dem Begriff „heimliche Verhaltensabweichung" bei H. S. Becker (1973, S. 168) zu verstehen. Becker, der ähnlich wie wir die Verhaltensabweichung erst durch ihre Entdeckung und „Etikettierung" konstituiert sieht, beschreibt die „heimliche Verhaltensabweichung" folgendermaßen: „Geheime Verhaltensabweichung besteht darin, empfindlich zu sein für die gewöhnlich benutzten Verfahren zur Aufdeckung von Verhaltensabweichungen und sich in einer Lage zu befinden, in der es leicht wäre, die Definition zu fixieren" (Becker 1973, S. 169).

12 Die Unterscheidung zwischen Regelübertretung bzw. Regelverletzung einerseits und Erziehungsschwierigkeit bzw. Verhaltensabweichung andererseits findet sich auch bei Becker (1973) und Scheff (1973), der schreibt: „Regelverletzen wird sich auf eine Klasse von Verhaltensakten beziehen, die Verletzung sozialer Normen bedeuten; und Abweichung auf einzelne Verhaltensakte, die als Regelverletzungen öffentlich und offizielle etikettiert worden sind" (Scheff 1973, S. 26).

3. Beschreibende Definition des Begriffs „Verhaltensstörung" im Sprachgebrauch von Psychologen und Psychiatern

In neueren Publikationen wird auch von pädagogischen Autoren anstelle des Terminus „Erziehungsschwierigkeit" immer häufiger der Ausdruck „Verhaltensstörung" verwendet. Da dieser Ausdruck ursprünglich aus der Psychiatrie und klinischen Psychologie stammt, erscheint es mir sinnvoll, erst nach seiner Bedeutung in diesen Wissenschaften zu fragen, statt ihn unbesehen als Synonym für „Erziehungsschwierigkeit" in den pädagogischen Sprachgebrauch zu übernehmen.

Beispiele für die Verwendung des Begriffs[1] in der Psychologie liefert das häufig zitierte Klassifikationsschema von Graefe (1956). (Vgl. auch Bleckmann 1962, S. 274; Dietrich & Walter 1970, S. 293.) Graefe teilt die kindlichen Verhaltungsstörungen ein in: „Funktionsstörungen innerhalb der Körpersphäre" (Einnässen, Einkoten, Verstopfung, Eßstörungen, allgemeine motorische Unruhe, Tics, Sprechstörungen, motorische Ungeschicklichkeit, Haltungsfehler und -schwächen, Kopfschmerzen, Schlafstörungen und Sinnesschwächen), abnorme Gewohnheiten innerhalb der Körpersphäre (Daumenlutschen, Nägelknabbern, Haarausreißen, Zähneknirschen und exzessive Masturbation), Störungen der Ich-Gefühle und Grundstimmung (allgemeine Ängstlichkeit, Ängstlichkeit in bestimmten Situationen, Kränkelei, Depression, Selbstmordversuche und Lachzustände), soziale Störungen (Trotz, Ungehorsam, übertriebene Eifersucht, emotionale Bindungsschwäche, Sprachstörungen, Einzelgängertum, Schulschwänzen, Übergefügigkeit, Streitsucht, Quälereien von Menschen oder Tieren, Hang zum Zerstören oder Beschädigen, Brandstiftung, Furcht vor bestimmten Menschen, Tieren oder Dingen, masochistische Regungen, vorzeitiger Geschlechtsverkehr, Exhibitionismus, Clownerien, Prahlerei, Lügen, Naschhaftigkeit, Diebereien und Betrügereien), schließlich Störungen im

1 Ähnlich wie bei der Behandlung des Begriffs „Erziehungsschwierigkeit" muß auch hier zwischen dem Wort und dem *Begriff* „Verhaltensstörung" unterschieden werden. Der Begriff umfaßt neben dem Wort „Verhaltensstörung" auch alle dessen Synonyme und Übersetzungen. In der deutschsprachigen Fachliteratur findet man u.a. folgende Synonyme: „Verhaltensauffälligkeiten" (Kluge 1971, S. 52), „Verhaltensabweichungen" (Sigrell 1971, S. 42) und „psychische Störungen" (Keupp 1972a). Englischsprachige Autoren verwenden vor allem die Ausdrücke „behavior problem" (Peterson 1961) und „behavior disorder" (Hinsie & Campbell 1970, S. 91).

Tätigkeits- und Leistungsbereich (Spielstörungen, Auffassungsstörungen, Konzentrationsstörungen, Träumerei, Langsamkeit, Faulheit, Überfleiß, Unpünktlichkeit, Unordentlichkeit und Pedanterie).

Hinsie und Campbell (1970, S. 91) geben folgende Beispiele für die Verwendung des Terminus „behavior disorder" im psychiatrischen Sprachgebrauch: „lästige Gewohnheiten" (Nägelkauen, Daumenlutschen, Einnässen, Masturbation, Wutanfälle), „Delinquenz" oder Störungen im Betragen" (Schuleschwänzen, Raufen und Streiten, Ungehorsam, Unehrlichkeit, Stehlen, Fälschen, Brandstiftung, Zerstören fremden Eigentums, Alkohol- und Drogenmißbrauch, Grausamkeit, sexuelle Vergehen und Landstreicherei), neurotische Störungen (Tics, gewohnheitsmäßige Zuckungen, Schlafwandeln, Hypermotorik und Ängste), Schulprobleme und allgemeine Erziehungsschwierigkeiten.

Die von dem Psychologen Graefe erstellte Liste kindlicher Verhaltensstörungen ist zwar ausführlicher als die der beiden Psychiater und sie gliedert die einzelnen Störungen in andere Kategorien, aber die beiden Listen sind sich trotzdem bemerkenswert ähnlich. Auch wenn man den Wortgebrauch von anderen Autoren heranzieht, zeigt sich, daß die Verwendung des Ausdrucks „Verhaltensstörung" bei Psychologen und Psychiatern nahezu gleich ist[2].

Die Beispiele für Verhaltensstörungen von Kindern und Jugendlichen sind zum großen Teil auch identisch mit dem, was Lehrer „Erziehungsschwierigkeiten" nennen. In beiden Fällen handelt es sich um Regelübertretungen[3], die entdeckt und als störend und unangemessen[4] beurteilt werden. Es gibt neben diesen Gemeinsamkeiten allerdings auch Unterschiede im Wortgebrauch. Während es viele Verhaltensstörungen gibt, die nie „Erziehungsschwierigkeiten" genannt werden, z.B. Verhaltensstörungen von Erwachsenen, gibt es praktisch keine Erziehungsschwierigkeiten, die Psychologen und Psychiater nicht gelegentlich als „Verhaltensstörung" bezeichnen. Ein weiterer Unterschied besteht darin, daß eine Verhaltensweise nur dann als Erziehungsschwierigkeiten gilt, wenn ein Erzieher sie als störend oder unangemessen beurteilt. Man spricht von einer „Verhaltensstörung" jedoch auch dann, wenn der Betroffene selbst oder jemand, der kein Erzieher zu sein braucht, aber sich gegenüber dem

---

2 Eine Ausnahme macht hier die Gruppe der psychogenen Störungen mit vorwiegend körperlicher Symptomatik (z.B. Schlafstörungen, Appetitstörungen, Bettnässen und Stottern; vergl. Strunk in Harbauer u.a. 1971, S. 83–132), die gelegentlich von Psychologen, jedoch fast nie von Psychiatern zu den Verhaltensstörungen gezählt werden. Auch die Sprechstörungen (Stottern, Lispeln, Stammeln, Artikulationsstörungen) und die Sprachstörungen (Mutismus, Aphasie, autonome Sprache, Beibehalten der Babysprache) werden in der Psychiatrie meist nicht als „Verhaltensstörungen", sondern als „Werkzeug- und Sprachstörungen" oder „psychogene Störungen" bezeichnet (Harbauer u.a. 1971).

3 Synonym für „Verhaltensweise, die gegen eine Verhaltensregel verstößt".

4 Als unangemessen gelten solche Regelübertretungen, die sich nicht unmittelbar auf Intelligenzmängen oder organische Ursachen zurückführen lassen.

Handelnden in einer Machtposition[5] befindet, dieses Urteil fällt. Wenn man einmal von gewissen Nuancen der Wortverwendung absieht, die sich daraus ergeben, daß die beiden Ausdrücke aus verschiedenen Sprachbereichen stammen, wird man sagen können: Jede Erziehungsschwierigkeit kann auch „Verhaltensstörung“ genannt werden, aber nicht umgekehrt jede Verhaltensstörung „Erziehungsschwierigkeit“. „Verhaltensstörung“ ist also der *Oberbegriff* für „Erziehungsschwierigkeit“.

Die Definition von Verhaltensstörung läßt sich deshalb in Analogie zur Definition von Erziehungsschwierigkeit folgendermaßen formulieren: Unter einer Verhaltensstörung versteht man eine Regelübertretung, die vom Handelnden selbst oder von jemandem, der sich ihm gegenüber in einer Machtposition befindet, als störend und unangemessen beurteilt wird.

Die hier vorgeschlagene Definition unterscheidet sich bewußt von denjenigen Begriffserklärungen, die Verhaltensstörungen als psychische Erkrankungen verstehen und deshalb auch von „Symptomen“ einer Verhaltensstörung sprechen[6]. Sie versucht jedoch, Definitionen, die Verhaltensstörung als Abweichung von einer „Norm“ oder „Verhaltensregel“ betrachten[7], und Definitionen, die in ihr das Ergebnis eines Etikettierungsprozesses sehen[8], zu einer Synthese zu bringen.

---

5 Zu diesem Personenkreis gehören z.B. Eltern, Lehrer, Vorgesetzte, Richter, Ärzte, Psychologen und Sozialarbeiter.

6 Auch in neueren Veröffentlichungen werden Verhaltensstörungen noch häufig als „psychische Erkrankungen“ bezeichnet, die sich in bestimmten „Symptomen“ äußern (z.B. Thalmann 1971). Eine ausführliche Kritik des Krankheitsmodells in der traditionellen Psychopathologie findet sich bei Keupp (1972a, S. 63–108) und eine Auseinandersetzung mit der herkömmlichen Verwendung des Ausdrucks „Symptom“ bei Bandura (1969, S. 2–3).

7 Ein Beispiel für diese Definitionen ist die von Ojeman (1969, S. 98): „Der Terminus Verhaltensstörung (behavior problem) wird benutzt, um eine Abweichung im Verhalten zu kennzeichnen von dem, was die Gruppe, welche die Kennzeichnung vornimmt, erwartet oder befürwortet.“ Ähnlich schreibt Cohen: „Wir definieren abweichendes Verhalten als eine Beziehung einer Handlung zu einer institutionalisierten Erwartung, d.h. solchen Erwartungen, die innerhalb eines sozialen Systems geteilt und als legitim anerkannt werden.“ (Cohen zitiert in Keupp 1972a, S. 114) Der Vorzug dieser Definitionen ist, daß sie die Verbindung zwischen der Verhaltensstörung und den Verhaltenserwartungen des sozialen Systems aufzeigen, in dem die Störungen auftreten. Ihr Nachteil ist der, daß sie keinen Unterschied machen zwischen einfachen Regelübertretungen und Regelabweichungen, die entdeckt und als solche etikettiert worden sind.

8 Die Definition von Ullmann und Krasner (1965, S. 20) betont stärker den Etikettierungsprozeß: „Unangepaßtes Verhalten (maladaptive behavior) ist ein Verhalten, das von denjenigen wichtigen Personen im Leben eines einzelnen, die Verstärker kontrollieren, als unangemessen betrachtet wird.“ Diese Definition macht deutlich, daß nur einige und nicht alle Regelübertretungen als „unangepaßt“ bzw. „gestört“ bezeichnet werden, eben diejenigen, die bei Leuten, die über Macht verfügen, als

„Verhaltensstörungen" ist der weiteste Begriff für die in diesem Buch behandelten problematischen Verhaltensweisen. Er umfaßt schulische und häusliche Erziehungsschwierigkeiten, psychische Störungen von Kindern, Jugendlichen und Erwachsenen, Verwahrlosung und Kriminalität. Den Begriff „schulische Verhaltensstörung" verwende ich synonym zu „schulische Erziehungsschwierigkeit". *Nicht* als Verhaltensstörung im Sinne unserer Definition gelten Regelübertretungen, die Symptome einer Krankheit sind, z.B. epileptische Absencen. *Nicht* unter die Definition fallen auch solche Verhaltensweisen, die eindeutig und unmittelbar auf niedrige Intelligenz zurückzuführen sind. Auch psychosomatische Krankheiten rechne ich im Unterschied zu Thalmann (1971) *nicht* zu den Verhaltensstörungen. Da sie sich durch ihre teilweise psychische und teilweise körperliche Verursachung gut von den Verhaltensstörungen abgrenzen lassen, sollte man den ohnehin schon sehr weiten Begriff „Verhaltensstörung" nicht auch noch auf sie ausdehnen. Es widerspricht auch dem allgemeinen Sprachgebrauch, hier von „Verhaltensstörungen" zu reden. Grenzfälle für die Anwendung des Begriffs „Verhaltensstörung" sind die Psychosen des Kindesalters, insbesondere der frühkindliche Autismus. Es ist auch in der Fachliteratur üblich, hier von Verhaltensstörungen zu sprechen, obwohl die Ursachen möglicherweise organisch sind. Ich möchte mich diesem Sprachgebrauch anschließen, werde aber die Kinderpsychosen in dieser Arbeit nur am Rande behandeln, weil sie in öffentlichen Schulen fast nie vorkommen und deshalb unter den spezifisch schulischen Verhaltensstörungen kaum eine Rolle spielen.

---

unangemessen gelten. Andererseits macht diese Definition nicht klar, daß eine Verhaltensstörung immer auch eine Regelübertretung ist und daß Verhaltensregeln meist weniger vom Willen eines einzelnen, sondern von der Gesellschafts- oder Gruppenstruktur determiniert sind.

4. Beschreibende Definition des Begriffs „erziehungsschwieriger Schüler“

Die Definition der Begriffe „erziehungsschwieriger bzw. verhaltensgestörter Schüler“, die ich hier synonym verwende, ist schwieriger als die Definitionen von „Erziehungsschwierigkeit“ und „Verhaltensstörung“. Man kann hier kaum mehr auf ein gemeinsames Wortverständnis zurückgreifen. Besonders deutlich wird dies bei einem Vergleich der verschiedenen Schätzungen über die Zahl verhaltensgestörter Schüler. Sie schwanken zwischen 0,02% und 20%. (Vgl. Ruf 1971 zitiert in Sander 1973, S. 47, Thalmann 1971, S. 74 und Kapitel 9 dieser Arbeit.) Wenn die Schätzungen eines Experten die eines anderen um das Tausendfache übertreffen, kann man kaum annehmen, daß noch über denselben Personenkreis gesprochen wird. Tatsächlich bezeichnet Ruf nur Schüler mit „irreversiblen Schädigungen“ als verhaltensgestört, während Thalmann alle diejenigen einbezieht, die „ihre Probleme nicht mehr selbst bewältigen können“ und deshalb „therapeutische Behandlung brauchen“.

Auch ein Vergleich der Definitionen macht deutlich, wie wenig Übereinstimmung schon unter Sonderpädagogen über die Bedeutung des Terminus „erziehungsschwieriger bzw. verhaltensgestörter“ Schüler herrscht. Recht drastisch ist die Definition von Hanselmann (1946, S. 249): „Unter schwererziehbaren Kindern im engeren Sinn des Wortes sind die zu verstehen, die man in der Umgangssprache die Anormalen nennt. Erscheinungsbild, frech, verlogen, stehlen, sexuell gefährdet.“ Diese stark moralisierende Definition wurde von den meisten Autoren nicht übernommen. Statt dessen bemühte man sich um wertneutrale Begriffsbestimmungen wie die von Schumacher (1971, S. 29): „Verhaltensgestört sollte man einen Schüler bzw. Jugendlichen nennen, dessen Gesamtverhalten – unter Berücksichtigung einer gewissen Variationsbreite – in dem des durchschnittlichen Schülers bzw. Jugendlichen in habitueller Form abweicht“. Ein Vorzug dieser Definition ist zweifellos, daß sie keine moralische Verurteilung mehr beinhaltet, ihr Nachteil ist ein weitgehender Verzicht auf Konkretheit und Präzision. Es wird nicht deutlich, was unter „Gesamtverhalten“ zu verstehen ist, wie sich das „Gesamtverhalten“ des verhaltensgestörten Schülers und das des „durchschnittlichen“ Schülers miteinander vergleichen lassen und wie die zulässige „Variationsbreite“ festgelegt werden soll.

Die Definition der Bildungskommission des Deutschen Bildungsrats (1974, S. 40) bezeichnet vor allem Kinder mit hirnorganischen Schäden als verhaltensgestört. Denk (1967, S. 382) schließt dagegen gerade solche Kinder, „deren Verhaltensstörung in erster Linie als Folge eines Krankheitsprozesses anzusehen ist“, von seiner Definition aus.

Dem Versuch von Schumacher (1971), psychodiagnostische Tests für Verhaltensgestörte zu entwickeln, um den Begriff „verhaltensgestörter Schüler“ so weit wie möglich zu objektivieren, steht die relativere Feststellung von Wiese (1970) gegenüber: „In die Behauptung der Erziehungsschwierigkeit[1] gehen *subjektive* Momente und solche aus besonderen Situationen ein und machen dieses vielgebrauchte Wort zu einem unbestimmten Sammelbegriff“ (Hervorhebung von mir).

Da die Definition selbst unter den Vertretern derselben Fachrichtung (der Sonderpädagogik) so umstritten ist, werde ich versuchen, die Wortverwendung in der pädagogischen Alltagssprache so weit zu rekonstruieren, daß zumindest ein Minimalkonsens über die Bedeutung des Wortes möglich wird.

Eine elementare Gemeinsamkeit aller „erziehungsschwierigen Schüler“ ist offenbar die, daß sie sich erziehungsschwierig *verhalten*. Alle anderen Merkmale, z.B. die „belastende pädagogische Situation“ (Bittner, Ertle, Schmid 1974, S. 18), die „Behandlungsbedürftigkeit“ (Thalmann 1971, S. 18) oder die „Störung der Selbstverwirklichung“ (Klink 1962, S. 11), sind demgegenüber sekundär. Wenn entschieden werden muß, ob ein Schüler erziehungsschwierig ist oder nicht, ist in jedem Fall sein Verhalten ausschlaggebend.

Eine einmalige oder nur gelegentlich vorkommende Erziehungsschwierigkeit reicht aber nach allgemeiner Auffassung noch nicht aus, um einen Schüler als „erziehungsschwierig“ zu bezeichnen. Die von Wickman (1928) befragten Lehrer berichteten solche Schwierigkeiten von 94% ihrer Schüler, aber nur 7% nannten sie „erziehungsschwierig“. Es wird also auch im Sprachgebrauch von Lehrern deutlich unterschieden zwischen „Schülern mit gelegentlichen Erziehungsschwierigkeiten“ und „erziehungsschwierigen bzw. verhaltensgestörten Schülern“. Aber welche sind die *Unterscheidungskriterien* zwischen diesen beiden Gruppen? Das ist die eigentlich strittige Frage.

Man könnte vermuten, daß sich die „echt“ verhaltensgestörten Schüler von denjenigen mit gelegentlichen Schwierigkeiten durch die Art ihrer Verhaltensstörungen unterscheiden. Sosehr diese Vorstellung einem gängigen Vorurteil entspricht, sie steht im Gegensatz zu dem empirischen Untersuchungsergebnissen. Quay (1972, S. 20) kam aufgrund seiner zahlreichen Forschungen auf diesem Gebiet zu folgendem Schluß: „Die meisten verhaltensgestörten Kinder unterscheiden sich von ihren normalen Kameraden durch die Zahl und nicht durch die Art ihrer Verhaltenstörungen. Das ist deutlich der Fall bei den Verhaltensmustern Aggressivität, Vermeidungsverhalten und Unreife, jedoch

1 Das Wort „Erziehungsschwierigkeit“ wird in diesem Zitat nicht im Sinne der von mir vorgeschlagenen Definition verwendet, sondern bedeutet „Erziehungsschwierig-Sein“.

vielleicht nicht so gut nachgewiesen für den Fall der Kinderpsychose." Da die „Kinderpsychose" (der frühkindliche Autismus) für die Erörterung *schulischer* Verhaltensstörungen praktisch keine Rolle spielt, ist die Beschränkung auf die Anzahl und die Häufigkeit der einzelnen Störungen als wichtigstes Unterscheidungskriterium gerechtfertigt.

Die Unterscheidung zwischen der Anzahl und Häufigkeit von Verhaltensstörungen mag zunächst spitzfindig erscheinen, sie wird jedoch wichtig, wenn es darum geht, Verhaltensstörungen quantitativ zu erfassen. Unter der *„Anzahl"* verstehe ich die Zahl verschiedenartiger Verhaltensstörungen eines Schülers. So würde man bei einem Schüler, der sich bei der Arbeit leicht ablenken läßt und der seine Klassenkameraden schlägt, die Anzahl von zwei Verhaltensstörungen notieren. Diese verschiedenen Erziehungsschwierigkeiten können nun alle mit unterschiedlicher *Häufigkeit* auftreten, z.B. zehnmal in der Stunde oder einmal in der Woche. Leider wird in den verschiedenen Untersuchungsberichten nicht immer deutlich zwischen diesen beiden Größen unterschieden. Wo das nicht der Fall ist und wo nicht deutlich aus dem Bericht hervorgeht, daß von der Anzahl die Rede ist, muß ich ebenfalls den Ausdruck „Häufigkeit" verwenden.

Für Lehrer ist es im allgemeinen klar, welche und wieviele verschiedene Verhaltensstörungen sich bei einem Schüler finden, den sie als „erziehungsschwierig" bezeichnen. Es ist meist viel weniger klar, wie häufig diese Erziehungsschwierigkeiten tatsächlich vorkommen. Die meisten Lehrer haben einfach nicht genügend Zeit, um die Verhaltensstörungen eines einzigen Schülers genau zu zählen. Trotzdem geht ihr Eindruck von der Häufigkeit mit in die Berurteilung eines Schülers als „erziehungsschwierig" ein. Oft stellt sich allerdings heraus, daß ein Schüler, von dem z.B. gesagt wird, er störe „immer", nicht viel öfter als seine Mitschüler den Unterricht stört. Es kommt also schon bei der Einschätzung der Häufigkeit von Erziehungsschwierigkeiten durch Lehrer ein stark subjektives Moment in die Beurteilung eines Schülers als „erziehungsschwierig".

Dieser subjektive Einfluß des Lehrers ist noch größer, wenn eine Verhaltensstörung nicht nach ihrer Häufigkeit, sondern nach ihrer *Intensität* eingeschätzt wird. Dieses Problem tritt besonders dann auf, wenn die Verhaltensstörung in der Äußerung einer Emotion besteht, z.B. ungerechtfertigter Angst. Hierbei unterscheidet man oft zwischen verschiedenen Intensitätsgraden. Obwohl die Intensität als Kennwert einzelner Verhaltensstörungen in empirischen Untersuchungen häufig verwendet wird, ist diese Variable zur Kennzeichnung des erziehungsschwierigen Schülers meist noch weniger genau als die Angabe der Häufigkeit von Verhaltensstörungen. In vielen Fällen kann man statt der Intensität auch die Häufigkeit einer Verhaltensstörung angeben. Statt Lehrer nach der Intensität der Schulangst eines bestimmten Kindes zu fragen, läßt sich z.B. ermitteln, wie häufig es auf dem Weg zur Schule weint. Da solche genauen quanitativen Angaben aber oft nicht zu erhalten sind und Lehrer häufig mehr

vom Gesamteindruck ausgehen, wird man auch die Variable „Intensität der einzelnen Verhaltensstörungen" bei der Definition des Begriffs „verhaltensgestörter Schüler" berücksichtigen müssen.
Ein weiterer Faktor, der zur Beurteilung eines Schülers als „erziehungsschwierig" beiträgt, ist die *Gewichtung* bzw. der Schweregrad der einzelnen Erziehungsschwierigkeiten. Die verschiedenen schulischen Verhaltensstörungen wiegen im Urteil von Lehrern nicht gleich schwer. Schwätzen und Unaufmerksamkeit gelten meist als Lapalien; Schlagen von Lehrern, Diebstahl oder Handel mit Drogen gelten dagegen als schwerwiegende Verfehlungen. Während über die Bedeutung, die einigen Verhaltensstörungen beigemessen wird, weitgehend Übereinstimmung herrscht, ist sie bei anderen stark umstritten. Lehrer sind sich z. B. oft nicht darüber einig, ob Raufereien der Kinder untereinander, obszöne Zettel oder Frechheiten gegenüber Älteren als schwerwiegende Erziehungsschwierigkeiten gelten sollen oder nicht. Durch die verschiedene Gewichtung der einzelnen Erziehungsschwierigkeiten kommt daher ein weiteres subjektives Moment in die Definition des „erziehungsschwierigen Schülers".
Das fünfte Merkmal einer pädagogischen Definition des „erziehungsschwierigen Schülers" ist die Festlegung eines *„kritischen Wertes"*, der besagt, wieviele Erziehungsschwierigkeiten wie häufig vorkommen müssen, damit man von einem „erziehungsschwierigen Schüler" sprechen kann. Während in empirischen Untersuchungen dieser kritische Wert meist festgelegt wird, um eine Vergleichbarkeit der Untersuchungsergebnisse zu gewährleisten, geht er in das Lehrerurteil implizit ein. Ob der „kritische Wert" im konkreten Fall überschritten wird, hängt in erster Linie von der Toleranzschwelle des Lehrers und seiner Beurteilung bestimmter Verhaltensweisen als „störend" oder „unangemessen" ab. Empirische Untersuchungen zeigen, daß besonders eine Anhäufung von „Verhaltensstörungen aggressiver Art", wie direkter Ungehorsam, Wutanfälle, Schlagen von Mitschülern und Frechheiten gegenüber dem Lehrer, dazu führen, daß ein Schüler als „erziehungsschwierig" bezeichnet wird (Wickman 1928; McCarthy & Paraskevopoulos 1969; Winterroth 1973). Sehr „aggressive" Schüler sind offenbar in Schulklassen schwerer zu tolerieren als solche mit anderen Verhaltensstörungen wie Schüchternheit oder Unaufmerksamkeit.
Neben der Tolerierbarkeit scheint auch das Urteil der Lehrer über die Normalität eines Verhaltens eine wichtige Rolle für die Bezeichnung eines Schülers als „erziehungsschwierig" oder „verhaltensgestört" zu spielen. Verhaltensweisen, die sozial stark geächtet sind (z. B. Exhibitionismus oder Homosexualität) oder die aufgrund volgärpsychologischer Vorstellungen als krankhaft gelten (z. B. Spielen mit den eigenen Exkrementen), führen eher zur Etikettierung „verhaltensgestört" als Erziehungsschwierigkeiten, die bei Kindern einer bestimmten Altersstufe häufig sind, z. B. Schwätzen oder Unaufmerksamkeit.
Aus dem bisher Gesagten ergibt sich folgende Definition des „erziehungsschwierigen Schülers" im Sprachgebrauch von Lehrern: Ein Schüler gilt als

erziehungsschwierig, wenn seine Erziehungsschwierigkeiten nach dem Urteil eines schulischen Erziehers so häufig, zahlreich, intensiv und schwerwiegend sind, daß sie über das normale und tolerierbare Maß hinausgehen.
Da die Entscheidung, ob ein Schüler als erziehungsschwierig gelten soll, in so zahlreichen Punkten von dem Urteil des Lehrers abhängt, dürfte klar sein, daß die Bezeichnung „erziehungsschwieriger Schüler" nicht mehr sehr viel über das ursprüngliche Verhalten des Schülers aussagt. Wem an einer Analyse und Veränderung des erziehungsschwierigen Verhaltens gelegen ist, wird daher gut daran tun, mit einer Untersuchung schulischer Erziehungsschwierigkeiten und nicht mit einer Spekulation über den „erziehungsschwierigen Schüler" zu beginnen. Andererseits ist aber zumindest die Frage nach der Anzahl „erziehungsschwieriger Schüler" aus praktisch-pädagogischen und schulpolitischen Gründen so wichtig, daß sie trotz aller Vorbehalte aus den folgenden Untersuchungen nicht ausgeklammert werden darf.

2. Teil
Die Klassifikation schulischer Verhaltensstörungen

Die wichtigste Aufgabe einer Klassifikation schulischer Verhaltensstörungen ist es, die Gesamtheit dieser Störungen in klar umgrenzte, einander ausschließende Kategorien zu teilen.
Eine Klassifikation wird dann besonders brauchbar sein, wenn sie zusätzlich noch folgende Forderungen erfüllt:

1. Das Klassifikationsverfahren sollte möglichst objektiv sein, d. h. unabhängig von der Person, die eine Einteilung vornimmt.
2. Es sollte nicht nur geeignet sein für die Klassifikation von Erziehungsschwierigkeiten, sondern auch für die Einteilung erziehungsschwieriger Schüler.
3. Es sollte, wenn möglich, Hinweise liefern auf gemeinsame Ursachen einer bestimmten Klasse von Verhaltensstörungen.

5. Phänomenologische Klassifikation

Unter einer phänomenologischen Klassifikation der Erziehungsschwierigkeiten versteht man eine Einteilung, die rein vom Phänomen, d.h. den Erscheinungsweisen der verschiedenen Verhaltensstörungen ausgeht. Es wird hierbei weder berücksichtigt, ob diejenigen Erziehungsschwierigkeiten, die man zu einer Klasse zusammenfaßt, häufig zusammen auftreten, noch wird danach gefragt, ob sie eine gemeinsame Ursache haben. Ein Beispiel für die phänomenologische Klassifikation ist die Einteilung der Erziehungsschwierigkeiten, wie sie im Kapitel 2 dieser Arbeit vorgenommen wurde. Die dort verwendete Klassifikation bestand aus folgenden Kategorien: „Verstöße der Schüler gegen die Arbeitsanforderungen der Schule", „Verstöße gegen Interaktionsregeln für den Umgang mit Schulkameraden", „Verstöße gegen Interaktionsregeln für den Umgang mit Lehrern und anderem Schulpersonal", „Verstöße gegen die Normen von Schulklasse und Schule" und „residuale Verhaltensabweichungen von Schülern".

Die Einteilungsgesichtspunkte für eine phänomenologische Klassifikation können beliebig gewählt werden. Praktisch bedeutsam wird eine solche Klassifikation aber erst dann, wenn sie den erwähnten Anforderungen, die an jede Klassifikation zu stellen sind, genügt.

Die Forderung nach klar umgrenzten, einander ausschließenden Kategorien scheint die im Kapitel 2 gewählte Klassifikation nur unzureichend zu erfüllen. Schließt nicht die Kategorie „Verstöße gegen die Normen von Schulklasse und Schule" alle anderen Kategorien mit ein? Vom Wortlaut dieser Kategorie her gesehen, scheint dies tatsächlich der Fall zu sein. Gemeint ist aber mit der Bezeichnung „Verstöße gegen die Normen von Schulklasse und Schule" nicht die Gesamtheit aller schulischen Normenverstöße, sondern nur Verstöße gegen eine ausdrücklich *formulierte* Norm, die *nicht* in die Kategorien „Verstöße gegen Arbeitsanforderungen" und „Verstöße gegen Interaktionsregeln" fallen. Es handelt sich hier vor allem um Verstöße gegen die Schul- und Klassenordnung, z.B. Schuleschwänzen und Unpünktlichkeit. Im Rahmen unseres Kategoriensystems lautet die korrekte Bezeichnung „Verstöße gegen die *übrigen* Normen von Schulklasse und Schule".

Verstöße gegen Normen, die nirgendwo ausdrücklich formuliert sind, sondern die als Selbstverständlichkeit gelten, nenne ich „residuale Verhaltensabweichungen“. So interpretiert, ergibt sich eine klar abgrenzbare und logisch konsistente Klassifikation.

Da die Klassifikationsgesichtspunkte für eine phänomenologische Klassifikation von jedem Autor nach freiem Ermessen festgesetzt werden können, muß an eine brauchbare phänomenologische Klassifikation noch eine Zusatzforderung gestellt werden: Sie sollte mit den bisher vorgelegten Klassifikationsversuchen wenigstens vergleichbar sein, um „eine bessere Verständigung zumindest unter Kollegen zu gewährleisten“ (Cohen 1968, S. 24). Tatsächlich ist die hier vorgenommene Einteilung den bisherigen Klassifikationsversuchen recht ähnlich.

Die Kategorie „Verstöße der Schüler gegen die *Arbeitsanforderungen* der Schule“ findet sich in den meisten Klassifikationen, allerdings unter anderen Bezeichnungen, wie „Störungen im Tätigkeits- und Leistungsbereich“ (Graefe 1956), „Störungen im Verhältnis zur Schularbeit“ (Klink 1962), „Disziplinlosigkeit gegenüber Arbeitsanforderungen“ (Horney & Müller 1964) oder „Verhaltensauffälligkeiten im Arbeitsbereich“ (Kluge 1974).

„Verstöße gegen *Interaktionsregeln für den Umgang mit Schulkameraden*“ findet man vor allem bei pädagogischen Autoren unter Bezeichungen wie „Störungen im Verhältnis zu anderen Kindern“ (Klink 1962) oder „Verhaltensauffälligkeiten im Verhalten zu Mitschülern“ (Kluge 1974). Diese Autoren benutzen ebenfalls die Kategorien „Verstöße gegen *Interaktionsregeln für den Umgang mit Lehrern*“ und „Verstöße gegen die *übrigen Normen* von Schulklasse und Schule“. Sie nennen diese beiden Klassen von Erziehungsschwierigkeiten „Auffälligkeiten im Verhalten zu den Lehrern“ bzw. „Verhaltensauffälligkeiten im Normenbereich von Schule und Klasse“ (Kluge 1974). Psychologisch orientierte Autoren wie Graefe (1956) und Thalmann (1971) fassen allerdings alle Verstöße gegen Interaktionsregeln und gegen die übrigen schulischen Normen zu einer einzigen Kategorie zusammen, die sie dann als „soziale Störungen“ oder „gestörtes Sozialverhalten“ bezeichnen. Die differenziertere Einteilung der Pädagogen erscheint mir jedoch für eine Klassifikation schulischer Verhaltensstörungen geeigneter.

„Verstöße gegen *Residualregeln*“ werden entweder als „Störungen im personalen Bereich“ (Klink 1962) oder als „affektive“ bzw. „psychomotorische Störungen“ (Thalmann 1971) bezeichnet. Wenn auch die meisten Autoren diese Verhaltensstörungen nicht als residuale Verhaltnsabweichungen, sondern als neurotische Störungen interpretieren, so handelt es sich doch immer um dieselben Verhaltensweisen, wie z. B. Ängste, häufiges Weinen und übermäßige Schüchternheit.

Unser phänomenologisches Klassifikationssystem deckt sich also inhaltlich weitgehend mit dem anderer Autoren. Daß Verfasser so verschiedener Provenienz zu ähnlichen Kategorien kamen, spricht zumindest für die pragmatische Brauchbarkeit dieses Systems. Unser System unterscheidet sich jedoch von

anderen durch die gewählten Klassifikationsgesichtspunkte. Es wird nicht, wie allgemein üblich, nach „Bereichen" eingeteilt, sondern nach Regeln, die für bestimmte Bereiche gelten. Im dritten Teil dieser Arbeit, wo es um die Normen der Schule geht, wird diese Einteilung deshalb wieder aufgegriffen.
So nützlich die phänomenologische Klassifikation für die Einteilung von Verhaltensstörungen ist, für die Kategorisierung verhaltensgestörter Schüler ist sie ungeeignet. Erziehungsschwierigkeiten, die etwa unter der Bezeichnung „Störungen des Sozialverhaltens" zusammengefaßt werden, sind viel zu heterogen, um eine Person charakterisieren zu können. Ein Schüler, der in einem Bereich des Sozialverhaltens auffällig ist, kann in anderen Bereichen ganz unauffällig und normal sein.

6. Empirische Klassifikation

Bei der Untersuchung phänomenologischer Klassifikation hat sich herausgestellt, daß in den meisten Fällen Lebensbereiche der Schüler und die dort geltenden Normen als Klassifikationsgesichtspunkte verwendet wurden. Phänomenologische Einteilungen können aber auch nach anderen Gesichtspunkten durchgeführt werden. Es gibt letztlich keine feststehenden Kriterien, sondern nur bestimmte Konventionen. In diesem Punkt unterscheide sie sich von empirischen Einteilungen. In einer empirischen Klassifikation wird durch Befragungen oder Beobachtungen empirisch ermittelt, welche Erziehungsschwierigkeiten bei bestimmten Schülern häufig zusammen auftreten. Dieses gemeinsame Auftreten bestimmter Schwierigkeiten wird dann zum Klassifikationsgesichtspunkt. Ein Beispiel sind etwa Wutanfälle, Streiten und Trotz, die oft bei den gleichen Schülern auftreten und die man unter der Bezeichnung „Verhaltensstörungen aggressiver Art“ zusammenfaßt.

Das gemeinsame Auftreten bestimmter Verhaltensstörungen wird mit Hilfe dimensionsanalytischer statistischer Verfahren ermittelt (Selg & Bauer 1971, S. 130f.). Das am häufigsten verwendete Verfahren ist die Faktorenalyse. Für parameterfreie Ausgangsdaten (Daten, für die sich keine Mittelwerte und Streuungen berechnen lassen) verwendet man dagegen Clusteranalysen.

Die Bezeichnung „empirische Klassifikation“ bedeutet, daß hier die Klassifikationsgesichtspunkte nicht von Forschern nach eigenem Ermessen festgesetzt, sondern mit Hilfe statistischer Analysen aus Erfahrungswerten gewonnen werden. Trotzdem läßt es sich nicht bestreiten, daß auch in diese empirischen Analysen einige Vorentscheidungen von Forschern einfließen. Dazu gehören z.B. die Fragen, ob sich die Analyse auf Beobachtungsdaten oder aur Fragebogenantworten stützen und welche dimensionsanalytische Verfahren man verwenden soll. Erstaunlicherweise haben diese unterschiedlichen Vorentscheidungen die Ergebnisse der empirischen Klassifikation kindlicher Verhaltensstörungen kaum beeinflußt. Selbst bei unterschiedlichen Ausgangsdaten und verschiedenen statistischen Verfahren kam man immer wieder zu den gleichen Ergebnissen[1].

---

1 Es handelt sich hierbei zwar auch meistens um die Klassifikation von Verhaltensstörungen in der *Schule*. Da aber häufig auch die Angaben von Eltern mitberücksichtigt

Zu etwas unterschiedlichen Resultaten kamen lediglich Forscher, die sich bei der Faktorenanalyse für die Methode der schiefwinkligen (statt der üblichen orthogonalen) Rotation und für eine Lösung mit mehr als vier Faktoren entschieden (Dielman, Cattell & Lepper 1971). Doch kamen auch diese Untersuchungen bei Faktorenanalysen zweiter Ordnung wieder auf ganz ähnliche „Bündel" zusammengehöriger Verhaltensstörungen wie die Mehrzahl der Untersuchungen. Um diese Arbeit nicht mit einer Unzahl statistischer Detailfragen zu belasten, werde ich mich jedoch im Folgenden auf die Darstellung der Ergebnisse der am häufigsten verwendeten Verfahren beschränken: Faktorenanlysen mit orthogonaler Rotation und einer Lösung von zwei bis fünf Faktoren.

Praktisch alle dimensionsanalytischen Untersuchungen kindlicher Verhaltensstörungen haben ein Verhaltensmuster erbracht, das gekennzeichnet ist durch eine überdurchschnittliche Häufigkeit von körperlichen und verbalen Aggressionen. Zu dieser Kategorie gehören vor allem folgende Verhaltensweisen: Streiten, Frechheiten, Stören des Unterrichts, Versuche, die Aufmerksamkeit auf sich zu lenken, Ungehorsam, Zerstören von Gegenständen, Lärmen, Wutanfälle und Herumkommandieren anderer Kinder (Quay 1972, S. 10).
Ich bezeichne diese Gruppe von Verhaltensweisen als *„Verhaltensstörungen aggressiver Art"* oder kurz *Aggressivität"*.
Der Faktor „Aggressivität" fand sich bei Untersuchungen von Kindern in öffentlichen Schulen, in der Erziehungsberatung, in der Jugendfürsorge und in Heimen für geistig Behinderte. Befragungen und Beobachtungen in Großbritannien, Kanada, Schweden und Westdeutschland erbrachten ihn ebenso wie die amerikanischen Untersuchungen (Quay 1972, S. 9; Bittner, Ertle, Schmid 1974, S. 20f.; Schmidtchen, Odarza & Dahme 1974).
Quay (1972, S. 10) sieht das Wesentliche dieses Verhaltensmusters in einer „aktiven unsozialen Aggressivität, die unvermeidlich zum Konflikt mit Eltern, Kameraden und sozialen Institutionen führt".
Die weitergehende Interpretation dieses Faktors fällt je nach der theoretischen Position des Forschers recht verschieden aus. Die einen sehen in Verhaltensstörungen aggressiver Art Zeichen einer „psychopathischen Persönlichkeitsstruktur" (Quay 1972, S. 11). Sie betrachten also den Faktor als ein Anzeichen für ein objektiv gegebenes und sich in bestimmten Verhaltensweisen manifestierendes Persönlichkeitsmerkmal. Da in dieser Interpretation subjektive Momente des Beurteilers ganz unberücksichtigt bleiben, nenne ich dies die „objektivistische Interpretation".
Andere Autoren sehen in diesem Faktor weniger ein Zeichen für etwas objektiv Gegebenes, sondern mehr die Urteilskategorien dessen, der den Fragebogen ausfüllt. Die oben beschriebenen Verhaltensweisen würden nach dieser „subjektivistischen Interpretation" als Verhaltensweisen gedeutet, die der

---

wurden, fällt die Beschränkung auf die Schule fort, und die Kategorien beziehen sich ganz allgemein auf Verhaltensstörungen von Kindern und Jugendlichen in Schule und Elternhaus.

Beobachter rein subjektiv als gleichzeitig „schlecht bzw. abzulehnen" und „aktiv" bewertet. Nach der Auffassung von Peterson (1965) lassen sich die durch Faktorenanalysen gewonnenen Kategorien durch die drei Gegensatzpaare „gut – schlecht", „aktiv – passiv" und „stark – schwach" interpretieren. Diese Gegensatzpaare entsprechen aber mehr subjektiven Urteilsgewohnheiten als objektiveren Gegebenheiten.

Die Erkenntnis, daß subjektive Momente bei der Entstehung der empirischen Klassifikation eine Rolle spielen, ist zweifellos wichtig. Andererseits wird eine *rein* subjektivistische Interpretation kaum der Tatsache gerecht, daß auch die Faktorenanalysen von kontrollierten systematischen Beobachtungen zu demselben Ergebnis kamen. Eine rein subjektivistische Interpretation wird deshalb fast nie vertreten. Die meisten Forscher sind sich darin einig, daß empirisch gewonnene Kategorien wie „Aggressivität" in erster Linie objektive Gemeinsamkeiten im Auftreten dieser Verhaltensstörungen zum Ausdruck bringen, daß aber die subjektiven Urteilsgewohnheiten ebenfalls zum Entstehen solcher Faktoren beitragen. Die genaue Abgrenzung dieser beiden Einflußbereiche berührt eine zentrale Problematik dimensionsanalytischer Verfahren und kann hier nicht geleistet werden.

Ein zweites Verhaltensmuster findet man aufgrund der statistischen Analysen ebenso häufig wie „Aggressivität". Diese Gruppe von Verhaltensweisen ist charakterisiert durch bestimmte Ängste und die Neigung, sich zurückzuziehen. Peterson (1961) charakterisiert den Unterschied zwischen der ersten und der zweiten Kategorie von Verhaltensstörungen folgendermaßen: „Im ersten Fall werden Impulse geäußert und die Umwelt leidet, im zweiten Fall wird die Äußerung der Impulse gehemmt und das Kind leidet." Ich nenne diese Gruppe von Verhaltensweisen deshalb *„Verhaltensstörungen gehemmter Art"*, oder *„gehemmtes Verhalten"*. Beispiele für diese Kategorie kindlicher Verhaltensstörungen sind: sich von anderen Kindern zurückziehen, schüchternes Auftreten gegenüber Erwachsenen, überempfindliche Reaktionen, Äußerungen von Minderwertigkeitsgefühlen und Angst, häufiges Weinen und chronische Traurigkeit. Man fand diese Gruppe von Verhaltensstörungen bei der Untersuchung von Schülern öffentlicher Schulen, Klienten der Erziehungsberatung, Patienten jugendpsychiatrischer Kliniken und bei jugendlichen Delinquenten (Quay 1972).

Die beiden Kategorien „Aggressivität" und „gehemmtes Verhalten" stehen von der Art der in ihnen zusammengefaßten Verhaltensstörungen her in einem Gegensatzverhältnis. Aus dem Vorkommen von Verhaltensstörungen aggressiver Art bei einem Kind läßt sich jedoch nicht auf das Fehlen von Verhaltensstörungen gehemmter Art schließen. So ist es z.B. möglich, daß ein Kind in einer Situation sehr angriffslustig, in einer anderen dagegen ängstlich reagiert. Statistisch gesprochen sind die beiden Faktoren „Aggressivität" und „gehemmtes Verhalten" voneinander unabhängig. Praktisch bedeutet dies, daß man nicht

einfach unterscheiden kann zwischen dem Typus des aggressiven Kindes und dem des gehemmten Kindes. Es entspricht der Realität besser, wenn man jedem Kind einen Punkt in einem Koordinatensystem zuordnet, dessen Achsen die Zahl der Störungen aggressiver und gehemmter Art ausdrücken.
Die weiterführende Interpretation des zweiten Faktors schwankt wieder zwischen den beiden Extremen, die wir schon bei der Interpretation des ersten Faktors fanden. Dielman, Catell und Lepper (1971) sehen in diesen Verhaltensweisen Zeichen für einen schizotymen Charakter, Quay (1972, S. 11) hält allgemeine und spezifische Ängste für das zentrale Merkmal aller dieser Verhaltensweisen. Für Peterson (1965) spiegelt dieser Faktor jedoch vor allem die subjektive Urteilskategorie „stark – schwach" in Verbindung mit einer negativen Gesamtbewertung wider. Wie beim ersten Faktor spricht auch hier vieles dafür, daß sowohl subjektive wie objektive Momente in den Faktor eingehen.
Die Verhaltensmuster „Aggressivität" und „gehemmtes Verhalten" ergaben sich in fast allen dimensionsanalytischen Untersuchungen kindlicher Verhaltensstörungen. Die dritte empirisch gefundene Kategorie kommt zwar auch in den Ergebnissen einer Reihe von Untersuchungen vor, ist aber empirisch nicht ganz so gut nachgewiesen wie die beiden erstgenannten Kategorien. In etwa zehn Studien wurde dieser Faktor, den die meisten Autoren als „Unreife" bezeichnen, bisher gefunden. Es handelt sich hierbei durchweg um Verhaltensweisen, die für Kinder einer bestimmten Altersstufe als normal gelten. Sie werden erst dadurch zum Problem, daß diese Kinder sie noch in einem Alter zeigen, in dem man angemesseneres Verhalten von ihnen erwartet. Ich nenne diese Gruppe von Verhaltensstörungen deshalb *„Verhaltensweisen, die für das Alter des Kindes als unangemessen gelten"* oder *„unreifes Verhalten"*. Beispiele dafür sind Unaufmerksamkeit, Träumen, Zerstreutheit, Passivität[2], Trägheit, Masturbation, Kichern, Gegenstände in den Mund nehmen und Spielen während des Unterrichts (Quay 1972, S. 14). Der Faktor „unreifes Verhalten" trat in denjenigen Arbeiten am deutlichsten in Erscheinung, in denen die Verhaltensstörungen von emotional gestörten und lernbehinderten Kindern untersucht wurden (Quay, Morse & Cutler 1966; Quay 1972).
Während manche Autoren wie Dielmann, Cattell und Lepper (1971) auch diesen Faktor wieder als ein objektives Persönlichkeitsmerkmal interpretieren, ist es unverkennbar, daß bei der Interpretation auch subjektive Beurteilungseffekte berücksichtigt werden müssen. Es handelt sich ja bei den Verhaltensweisen dieser Kategorie zum großen Teil um solche, die für Kinder anderer

2 Leider beschreiben die meisten Forscher die hier zusammengefaßten Verhaltensstörungen nicht als Verhaltensweisen, sondern als Eigenschaften, z. B. „Passivität". Wie u. a. die Untersuchung von Patterson (1964) zeigt, lassen sich diesen Eigenschaftsbezeichnungen aber konkrete Verhaltensweisen zuordnen, z. B. bedeutet „Passivität", daß sich das Kind nicht wehrt, wenn es von anderen Kindern angegriffen wird.

Altersstufen noch als adäquat gelten. Es ist letztlich der Erzieher, der festsetzt, von wann ab ein Verhalten wie Träumen und „Gegenstände in den Mund nehmen" als Verhaltensstörung betrachtet wird.

Die vierte Kategorie von Verhaltensstörungen ließ sich ebenso wie die dritte nicht in allen Untersuchungen nachweisen. Sie tauchte in den statistischen Analysen immer dann auf, wenn die untersuchte Stichprobe einen hohen Prozentsatz von straffällig gewordenen Jugendlichen oder von Klienten der Erziehungsberatung aus Großstädten enthielt. In den vier Studien, in denen er nachgewiesen wurde, erhielt der Faktor die Bezeichnung „sozialisierte oder subkulturelle Delinquenz". Er umfaßt unter anderen folgende Verhaltensweisen: Teilnahme an gemeinsamen Diebstählen, Kontakt zu anderen Delinquenten, Mitgliedschaft in einer Bande und häufiges Schuleschwänzen (Quay 1972, S. 15). In Analogie zu den Bezeichnungen für die anderen drei Faktoren nenne ich diesen Faktor *„Verhaltensstörung delinquenter Art"* oder *„sozialisierte Delinquenz"*.

Die Bezeichnung *„sozialisierte* Delinquenz" besagt zweierlei: Zum einen bedeutet sie eine Beschränkung auf diejenigen illegalen Verhaltensweisen, die vorwiegend in Gruppen durchgeführt werden. Dadurch unterscheidet sich die „sozialisierte Delinquenz" von den vorwiegend gewalttätigen Formen der Delinquenz, die sich durch hohe Werte im Faktor „Aggressivität" ankündigen. „Sozialisierte Delinquenz", die hauptsächlich in gemeinsam begangenen Diebstählen besteht, ist statistisch unabhängig von „Aggressivität". Der Ausdruck „sozialisierte Delinquenz" besagt zweitens, daß im Unterschied zu den anderen drei Kategorien hier tatsächlich Rückschlüsse auf die Entstehung möglich sind: „Sowohl direkte Verstärkung durch Kameraden als auch die Nachahmung des Verhaltens von Erwachsenen und Kameraden beeinflussen wahrscheinlich den Erwerb dieser Verhaltensweisen" (Quay 1972, S. 15). Auch die Ergebnisse einer westdeutschen Untersuchung sind geeignet, diese Hypothese zu stützen. Von den verschiedenen Variablen, die Brusten und Hurrelmann (1973, S. 143) mit ihrem Indikator für Delinquenzbelastung korrelieren ließen, hat die Delinquenzbelastung der Freunde mit Abstand die höchste Korrelation (Rangkorrelationskoeffizient $R = 0{,}71$).

Wie entspricht nun die empirische Klassifikation den am Anfang dieses Teils gestellten Forderungen? Ähnlich wie die phänomenologische Klassifikation ermöglicht sie eine Einteilung der meisten Verhaltensstörungen in klar umgrenzte, einander ausschließende Kategorien. Die phänomenologische Klassifikation ist in dieser Hinsicht allerdings etwas überlegen, weil die Zuordnung zu einer Kategorie bei allen Erziehungsschwierigkeiten gleich gut möglich ist. Bei der empirischen Klassifikation gibt es einige Verhaltensstörungen, z.B. sehr starke Verschlossenheit, die in keinem der vier Faktoren hohe Ladungen aufweisen und die deshalb nur schwer zu klassifizieren sind (Quay, Morse & Cutler 1966).

In anderen Punkten entspricht die empirische Klassifikation allerdings erheblich besser den Anforderungen. Im Unterschied zur phänomenologischen Klassifikation erlaubt sie eine Einteilung, die unabhängig ist von der Person dessen, der sie vornimmt. Sie ist also in dieser Hinsicht objektiver. Sie ermöglicht außerdem eine Klassifizierung erziehungsschwieriger Schüler. Diese ist zwar nicht im Sinne einer Typologie zu verstehen, aber sie erlaubt es immerhin, die Schüler nach der Zahl ihrer Verhaltensstörungen innerhalb einer Kategorie zu klassifizieren.
Die dritte Forderung an eine Klassifikation, nämlich, der Hinweis auf gemeinsame Ursachen einer Klasse von Verhaltensstörungen, wird von der empirischen Klassifikaton ebensowenig erfüllt wie von der phänomenologischen. Verhaltensstörungen aggressiver, gehemmter oder dem Alter des Kindes unangemessener Art sind *nicht*, wie oft angenommen wird, Symptome innerer Ursachen, die man nur zu therapieren braucht, damit die Symptome verschwinden. Sie sind lediglich Gruppen von Verhaltensweisen, die aus recht unterschiedlichen Gründen häufig zusammen auftreten und denen man wegen einiger gemeinsamer Merkmale diese Bezeichnungen gegeben hat. Wenn man weiß, zu welcher Kategorie eine Verhaltensstörung gehört, weiß man daher noch nicht, worauf sie beruht und wie sie therapeutisch angegangen werden kann (O'Leary 1972, S. 247).

7. Ätiologische Klassifikationsversuche

Da der empirischen Klassifikation kein Hinweis auf Ursachen der Verhaltensstörungen zu entnehmen ist, wurde immer wieder ein drittes Klassifikationsverfahren versucht, die „ätiologische Klassifikation", d.h. eine Einteilung der Verhaltensstörungen nach gemeinsamen Ursachen.

Eine solche Klassifikation wäre aus verschiedenen Gründen wünschenswert. Für den Wissenschaftler hätte sie den Vorzug einer theoretisch fundierten Verknüpfung zwischen Ursachen und Klassifikationsmerkmalen ohne die subjektiven Elemente, die eine Interpretation der empirischen Klassifikation so schwierig machen. Dem Praktiker böte eine solche Einteilung die Möglichkeit, schon bei Kenntnis der Kategorie, in die eine Verhaltensstörung bzw. ein verhaltenssgestörter Schüler gehört, Entscheidungen über die Therapie bzw. über Erziehungsmaßnahmen fällen zu können.

Der im deutschen Sprachraum bekannteste Versuch einer ätiologischen Klassifizierung schulischer Verhaltensstörungen stammt von R. G. E. Müller (1972). Dieser Autor teilt die Verhaltensstörungen in „Störungen der Biogenese", deren Ursachen in der Individualsphäre liegen, und „Störungen der Soziogenese", bei denen die Ursache in der Sozialsphäre liegt. So weit ist die Einteilung klar und konsistent. Doch schon die weitere Einteilung der „Störunge der Biogenese" in körperlich-konstitutionelle Schwächen, Reifungsabweichungen, Intelligenzbehinderungen und Personstörungen ist problematisch. Das wird deutlich, sobald diese Termini genauer spezifiziert werden. Als Beispiel einer Reifungsabweichung gilt z.B. „Retardierung", von der Müller selber schreibt, daß sie auch durch ungünstige Millieueinflüsse verursacht sein kann und die deshalb nicht eindeutig den „Störungen der Biogenese" zugerechnet werden sollte.

Die mangelnde Konsistenz dieses Kategoriesystems zeigt sich ferner in dem unvermittelten Übergang von Bezeichnungen für Gruppen von Verhaltensstörungen, z.B. „Reifungsabweichungen", zu Typen von Verhaltensgestörten, z.B. „das akzelerierte Kind". Die gemeinsamen Merkmale dieser „Typen von Verhaltensgestörten" werden auch nirgendwo experimentell oder wenigstens empirisch nachgewiesen, sondern immer nur aufgrund klinischer oder pädagogischer Erfahrung behauptet. Die in der Einleitung unseres Kapitels formulierten Forderungen an eine Klassifikation verhaltensgestörter Schüler hinsichtlich

Reliabilität und Validität werden in keinem Punkt erfüllt. Bei allem Respekt vor der Erfahrung des Autors wird man diesen Versuch einer ätiologischen Klassifikation als weniger brauchbar bezeichnen müssen.
Das Scheitern dieses Klassifikationsversuchs ist aber beileibe kein Einzelfall. Nach Ansicht der Group for the Advancement of Psychiatry (1966, S. 209), die einen vielbeachteten Versuch zur Klassifizierung kindlicher Verhaltensstörungen unternahm, ist die Erstellung einer ätiologischen Klassifikation zum gegenwärtigen Zeitpunkt verfrüht, wenn nicht sogar überhaupt unrealistisch. Bittner, Ertle und Schmid (1974, S. 21) schreiben in ihrem Bildungsratsgutachten: „Optimal wäre zweifellos eine Klassifikation der Verhaltensstörungen nach ätiologischen und genetischen Gesichtspunkten. Doch erscheint es beim gegenwärtigen Stande der Forschung und der fachlichen Diskussion aussichtslos, ätiologische und genetische Klassifikationsschemata zu entwickeln, welche eine gemeinsame Basis für alle beteiligten Arbeitsrichtungen abgeben könnten. Die vorliegenden Versuche einer genetischen ... oder ätiologischen ... Klassifikation haben ein praktikables und theoretisch schlüssiges ätiologisches Kategoriensystem noch nicht erbracht“. In ähnlichem Sinne äußern sich Cohen (1968), Finch (in Phillips und Draguns 1971, S. 453) und Conners (1972, S. 316).
Die Ursachen für das Scheitern der ätiologischen Klassifikationsversuche sind grundsätzlicher Art. Wie in den Teilen vier und fünf aufgezeigt wird, haben die meisten Verhaltensstörungen mehrere Ursachen. Hinzu kommt, daß eine und dieselbe Erziehungsschwierigkeit bei einem Schüler diese und bei einem anderen Schüler jene Ursachen haben kann. Es liegt daher nahe, daß man auf die Klassifikation von Verhaltensstörungen nach gemeinsamen Ursachen verzichtet und auf einer anderen Ebene nach Gemeinsamkeiten sucht. Kanfer und Saslow (1965) suchen die ätiologischen Klassifikationskriterien nicht mehr in den Merkmalen des Verhaltens selbst, sondern in dessen Antezedentien und Konsequenzen. Sie bezeichnen diese „funktionale Analyse“ zu Recht als eine Alternative zur diagnostischen Klassifikation, denn sie bietet im Gegensatz zu allen bisher vorgeschlagenen ätiologischen, empirischen und phänomenologischen Klassifikation eine echte Hilfe für die Planung pädagogischer und therapeutischer Maßnahmen. Trotzdem wird uns die funktionale Analyse in diesem Zusammenhang nicht weiter beschäftigen, denn sie bietet nur noch ein diagnostisches Instrumentarium und verzichtet auf eine Klassifikation der Verhaltensstörungen. (Vgl. Kapitel 28.)
Da eine ätiologische Klassifikation der schulischen Verhaltensstörungen nicht geliefert werden kann, wird man die empirische Klassifikation als das gegenwärtig objektivste und brauchbarste Klassifikationsverfahren betrachten müssen.

3. Teil
Die Häufigkeit und Dauer von Verhaltensstörungen und ihre Auswirkungen auf das Verhalten im Erwachsenenalter

Empirische Untersuchungen über die Häufigkeit schulischer Verhaltensstörungen sind relativ selten (Quay 1972, S. 19). Die wenigen Erhebungen, die bisher publiziert wurden, genügen oft nicht den Qualitätsanforderungen, die man heute an sozialwissenschaftliche Forschung stellen kann: Häufig sind die Kategorien nicht eindeutig definiert, völlig heterogene Beobachtungen und Einschätzungen werden manchmal zu einer Kategorie zusammengefaßt, über die Operationalisierung des Begriffs „verhaltensgestörter Schüler" herrscht wenig Übereinstimmung und nur selten enthalten die Arbeiten irgendwelche Angaben über Reliabilität und Validität ihrer Ergebnisse.
Ich habe trotz dieser Mängel nicht darauf verzichtet, Untersuchungsergebnisse über die Häufigkeit und Dauer schulischer Verhaltensstörungen zu referieren und kritisch zu kommentieren, denn diese Daten sind trotz aller Unzulänglichkeiten von erheblicher praktischer Bedeutung. Sehr *häufige Erziehungsschwierigkeiten* sind für den Lehrer größere Probleme als sehr seltene gleichen oder ähnlichen Schweregrads. Für bildungspolitische Entscheidungen sind besonders Angaben über die *Anzahl verhaltensgestörter Schüler* sehr wichtig, weil sich Planungen für sonderpädagogische Einrichtungen an solchen Zahlen orientieren müssen (Sander 1973). Die Untersuchungen über die *Dauer* von Verhaltensstörungen und ihre *Auswirkungen auf das Verhalten im Erwachsenenalter* können wichtige Informationen zu der Frage nach der Behandlungsbedürftigkeit von Schülern geben. Eine Erziehungsschwierigkeit, die nach ein paar Monaten von selbst wieder verschwindet, rechtfertigt keine so großen Bemühungen von Lehrern, Psychologen oder Ärzten wie eine andere Störung, die sich über Jahre hinweg immer wieder zeigt und sich bis ins Erwachsenenleben hinein auswirkt.

Wegen der großen praktischen Bedeutung dieser Fragen werde ich versuchen, aus den vorliegenden Untersuchungen diejenigen Ergebnisse festzuhalten, die sich auch heute schon mit einiger Sicherheit konstatieren lassen. Manche Befunde treten trotz der Grobheit der Meßinstrumente in verschiedenen Untersuchungen deutlich zu Tage.

Da es fast keine Untersuchungen über die Verbreitung ausschließlich *schulischer* Erziehungsschwierigkeiten auf den verschiedenen Altersstufen gibt, werde ich in diesem Punkt auch Elternbefragungen heranziehen. Diese Vorgehensweise läßt sich rechtferitgen, weil die Urteile von Eltern und Lehrern über die Verhaltensstörungen von Kindern in der Regel relativ hoch korrelieren (Wahler 1969; Thalmann 1971, S. 121; Shepherd, Oppenheim und Mitchell 1973, S. 107; Hewett und Blake 1973, S. 659).

Ein zweites Ziel dieses Teils sehe ich in einer Methodenkritik der bisherigen Untersuchungen. In einem so jungen Wissenschaftszweig wie der Verhaltensgestörtenpädagogik hat sich noch wenig Übereinstimmung in den Definitionen oder den Forschungsmethoden herausgebildet. Die hier vorgebrachte Kritik hat nicht den Zweck, die bisherigen Untersuchungen vom Standpunkt eines methodischen Rigorismus aus abzuqualifizieren, sondern sie soll helfen, den allgemeinen Forschungsstandard auf diesem so wichtigen Gebiet zu verbessern.

8. Die Häufigkeit schulischer Erziehungsschwierigkeiten

Ich stütze mich im Folgenden auf die Ergebnisse von vier Lehrerbefragungen, die alle an Grund- oder Hauptschulen durchgeführt wurden.

Die Arbeit von Wickman (1928) ist eine der bekanntesten Studien zum Thema der schulischen Erziehungsschwierigkeiten. Sie diente einigen Dutzend Untersuchungen zum Vorbild und wird auch heute noch häufig zitiert. Dabei ist die Datenbasis der Wickmanschen Studie ziemlich schmal. Die in der Tabelle wiedergegebenen Prozentwerte stützen sich auf die Urteile der Lehrer einer einzigen Grundschule (1.–6. Schuljahr und Kindergarten) über 874 ihrer Schüler und Schülerinnen in der Industriegroßstadt Cleveland, Ohio. Die Schüler waren zwischen 5 und 12 Jahre alt, von ihrer sozialen Herkunft her gemischt und galten nach dem Urteil des Rektors als „unproblematisch“. Der Fragebogen enthielt Fragen nach 51 Erziehungsschwierigkeiten, von denen hier 47 aufgeführt werden.
Die zweite hier referierte Untersuchung (Hurlock und McDonald 1934) wurde in einer Hauptschule (Junior High School) im New Yorker Stadtteil Bronx durchgeführt. Befragt wurden die Lehrer von 790 Schülern und Schülerinnen im Alter zwischen 11 und 14 Jahren, die überwiegend mittelständischer, jüdischer Herkunft waren. Die Lehrer wurden am Anfang des Halbjahrs ausdrücklich aufgefordert, auf die im Fragebogen aufgeführten Verhaltensweisen zu achten. Wie in der Untersuchung von Wickman füllten die Lehrer diese Fragebogen am Ende des Halbjahrs aus. Die Fragen waren identisch mit denen von Wickman. Es wurde aber nur nach 37 statt ursprünglich 51 Erziehungsschwierigkeiten gefragt.
Bei der Untersuchung von Thalmann (1971) handelt es sich um eine Interviewbefragung von Eltern und Lehrern. In unserer Tabelle wird nur über die Ergebnisse der Lehrerbefragung berichtet. Es wurden die Lehrer von 149 Jungen aus der schwäbischen Stadt Reutlingen befragt. Diese Schüler bildeten eine repräsentative Stichprobe der 2378 Jungen im Alter zwischen 7 und 10 Jahren, die zum Zeitpunkt der Befragung in Reutlingen wohnten. Der in dieser Untersuchung benutzte Interviewleitfaden stammt ursprünglich von Macfarlane u. a. (1954), wurde aber hier in einer von Jonsson und Kälvesten (1964) entwickelten erweiterten Fassung verwendet. Er enthielt Fragen nach 17 verschiedenen „Symptomen“ (Gruppen von Verhaltensstörungen, die nach psychoanalytischen Vorannahmen zusammengestellt worden waren).
Die Umfrage von Shepherd, Oppenheim und Mitchell (1973) war eine schriftliche Befragung von Lehrern und Eltern aus der Grafschaft Buckinghamshire nordwestlich von London. Sie war repräsentativ für alle Schüler dieser Grafschaft im Alter zwischen 5 und 15 Jahren, die öffentliche Schulen besuchten. 68% von ihnen waren noch im Grundschulalter. Von denen, die das Hauptschulalter erreicht hatten, besuchten 28% höhere Schulen und 72% die Hauptschule. Nur 1% der Kinder ging auf Sonderschulen. Insgesamt wurden die Lehrer über 6463 Kinder befragt. Die Rücklaufquote der Lehrerbefragung betrug 97%. Gefragt wurde nach der Auftretenshäufigkeit von 21 verschiedenen Verhaltensstörungen.

Tabelle 3.1: Die Häufigkeit einzelner Erziehungsschwierigkeiten

	Prozentsatz der Schüler, bei denen die Erziehungsschwierigkeit nach Aussage ihrer Lehrer *überhaupt* vorkommt.			Prozentsatz der Schüler, bei denen die Erziehungsschwierigkeit nach Lehreraussage *häufig* oder *sehr intensiv* auftritt.		
Autor der Untersuchung	W	H	Th	W	Th	Sh
Zahl der untersuchten Schüler	874	790	149	874	149	6463
Erziehungsschwierigkeiten						
Schwätzen	74,7	73,6	–	41,0	–	–
Unaufmerksamkeit	59,9	40,4	–	29,1	–	–
Nachlässiges Arbeiten	44,4	37,3	–	23,9	–	–
Petzen	42,0	11,1	–	11,5	–	–
Unangemessenes Betragen in der Klasse oder beim Aufstellen	38,8	–	–	18,4	–	–
Dazwischenrufen	38,7	19,6	–	18,6	–	–
Gibt sich beim Lernen keine Mühe oder bereitet sich nicht genügend auf den Unterricht vor	36,2	26,9	–	17,5	–	–
Schüchternheit, Zurückgezogenheit; Th.: extrem schüchtern, scheu, zurückgezogen, Einzelgänger[1]; Sh.: sehr schüchtern, Schwierigkeit mit anderen Kindern Kontakt zu bekommen	35,2	24,6	–	18,2	18,1	4,5
Träumen	33,4	21,7	–	13,5	–	–
Interesselosigkeit	31,8	27,5	–	10,8	–	5,6
Motorische Unruhe; Th.: „überdurchschnittliche bzw. extreme psychomotorische Aktivität“	30,9	15,9	30,9	16,5	2,0	6,9
Mogeln	29,5	20,9	–	8,7	–	–
Überempfindlichkeit; Th.: „Sensitivität“	25,5	12,2	37,6	8,3	0,7	–

1 Die „Symptome“ Soziabilität und Schüchternheit (Schweregrad 5) wurden hier zusammengefaßt.

Tabelle 3.1: Fortsetzung

	...überhaupt...			...häufig...		
Autor der Untersuchung	W	H	Th	W	Th	Sh
Nachlässigkeit oder Vergeßlichkeit bei Aufgaben, die dem Schüler übertragen wurden	25,4	–	–	9,9	–	–
Körperliche Trägheit	20,8	17,5	–	10,7	–	–
Belügen des Lehrers	19,6	5,7	–	3,3	–	2,5
Unpünklichkeit	17,6	21,1	–	3,5	–	–
Angeberei oder Albernheit; Th.: prahlerisch, „Großmaul"	14,6	13,1	10,0	7,4	–	–
An anderern herumnörgeln	14,2	–	–	5,3	–	–
Übertreiben und Erzählen von Lügengeschichten	13,3	–	–	3,7	–	–
Aufdringlichkeit; Th.: „Schwierigkeit, sich mit anderen zu vertragen"	12,6	–	10,0	4,2	–	–
Schmollen	12,5	–	–	4,2	–	–
Beherrschen und unterdrücken anderer Kinder	12,1	–	–	5,9	–	–
Leicht anzustiften, etwas Unbesonnenes zu tun	9,4	6,8	–	4,5	–	–
Leicht zu ängstigen; Th.: „Zeichen unterschwelliger Ängstlichkeit"; Sh.: „Erschrickt sehr leicht"	9,3	–	18,1	1,8	–	4,4
Feigheit	8,8	–	–	1,2	–	–
Nervosität; W.: „Unfähig die eigenen Bewegungen unter Kontrolle zu halten"; Th.: „Gelegentliche bzw. anhaltende Tics oder Zwangsbewegungen"; Sh.: „Zuckungen des Gesichts oder des Körpers"	8,7	10,0	9,4	3,5	1,3	0,7
Absichtlicher Ungehorsam	8,2	9,1	–	3,7	–	–
Zerstören des Eigentums von Kameraden oder von Schuleigentum	8,2	0,3	–	1,2	–	–
Traurigkeit, Depressionen oder Unzufriedenheit mit sich selbst; Th.: „Stimmungslage mehr traurig als froh bzw. Selbstwertgefühl fehlt fast völlig"; Sh.:„Macht sich mehr Sorgen als andere Kinder"	8,0	8,6	17,4	1,4	2,7	6,4

Tabelle 3.1: Fortsetzung

	...überhaupt...			...häufig...		
Autor der Untersuchung	W	H	Th	W	Th	Sh
In Prügeleien geraten	7,9	–	–	2,5	–	3,6
Eigensinn bei gemeinsamen Tätigkeiten	7,5	14,1	–	1,8	–	–
Frechheit	6,7	11,4	–	3,8	–	–
Trotz; Th.: „Trotz gegenüber bestimmten Personen bzw. gegenüber allen, d.h. Erwachsenen und Kindern"	5,6	–	9,4	1,7	1,3	–
Neid	4,9	–	–	0,8	–	–
Wegnehmen von Gegenständen	4,0	–	–	0,6	–	–
Spielen mit den Genitalien	3,9	–	–	0,9	–	–
Einnässen; Sh.: „Einnässen oder Einkoten in der Schule"	3,9	–	–	0,8	–	0,8
Mädchenhafter Junge oder jungenhaftes Mädchen	3,6	0,0	–	1,2	–	–
Mißtrauen, Gefühl verfolgt zu werden	2,1	10,4	–	0,3	–	–
Grausamkeit gegenüber anderen	1,7	0,9	–	0,7	–	–
Schuleschwänzen; Th.: „1–3 Tage im letzten Halbjahr bzw. mehr als drei Tage im letzten Halbjahr"	1,6	3,6	8,0	0,2	0,7	–
Wutanfälle; Th.: „Aggressionsausbrüche, die durch Belastungssituationen ausgelöst werden bzw. solche aufgrund von Alltagssituationen"	1,5	7,2	22,8	0,3	1,3	1,6
Stehlen von Geld	0,7	0,0	–	0,3	–	–
Stehlen von Nahrung oder Süßigkeiten	0,7	0,0	–	0,2	–	–
Obszöne Zettel oder Reden	0,3	0,0	–	0,0	–	–
Rauchen	0,2	0,0	–	0,1	–	–
Th.: Überangepaßtheit, „übertrieben brav"	–	–	–	–	3,4	–
Th.: Konzentrationsfähigkeit: „ermüdet schneller als andere Kinder bzw. extrem ermüdbar"	–	–	40,9	–	2,7	–
Th.: Aggressionshemmungen; Kinder, die sich nicht durchsetzen können	–	–	–	–	6,0	–
Th.: Nägelkauen ohne Deformierung der Finger bzw. mit Deformierung	–	–	16,7	–	0,7	6,8

Tabelle 3.1: Fortsetzung

	...überhaupt...			...häufig...		
Autor der Untersuchung	W	H	Th	W	Th	Sh
Sh.: Das Kind ist „sehr still und verschlossen"	–	–	–	–	–	12,1
Sh.: Das Kind „weint mehr als die meisten Kinder"	–	–	–	–	–	2,3
Sh.: „Lutscht am Daumen oder Finger"	–	–	2,0	–	0,7	2,7
Sh.: Das Kind ist „sehr reizbar, wird leicht verstimmt"	–	–	–	–	–	3,8
Sh.: Das Kind ist „sehr launenhaft – den einen Augenblick ausgelassen, den nächsten betrübt"	–	–	–	–	–	1,9
Sh.: Hat in diesem Schuljahr ein- oder mehrmals Schulangst gezeigt – d.h. bei der Ankunft geweint oder sich geweigert, das Schulhaus zu betreten	–	–	–	–	–	1,4

Zeichenerklärung: W = Wickman (1928)
H = Hurlock und McDonald (1934)
Th = Thalmann (1971
Sh = Shepherd, Oppenheim und Mitchell (1973)
– = Nach dieser Verhaltensstörung wurde in der Untersuchung nicht gefragt

Folgende Fragen aus den Untersuchungen von Thalmann und Shepherd wurden in der Tabelle nicht berücksichtigt, weil sie nicht unter unsere Definition der Erziehungsschwierigkeit fallen: „Sprachstörungen (Th), Lese-Rechtschreibe-Schwierigkeiten (Th), Stottern (Sh) und andere Sprechstörungen (Sh). Folgende Teilfragen aus dem Interviewleitfaden von Thalmann wurden nicht berücksichtigt, weil sie relativ selten vorkommen und nicht deutlich genug operationalisiert sind: „Sturheit" beim Arbeiten (S. 295), „Dickfälligkeit" (S. 296) und „Kaltblütigkeit" (S. 296).
Wo Autoren die Prozentwerte für Jungen und Mädchen getrennt angeben, habe ich für die Tabelle daraus den Mittelwert errechnet. Die Prozentwerte für die Untersuchung von Thalmann habe ich aufgrund der dort auf Seite 118 angegebenen Häufigkeiten selber berechnet. Die Bezeichnungen für die von Thalmann verwendeteten Kategorien entnahm ich dem Interviewleitfaden (Thalmann, S. 288f.). Da die Unterscheidung unserer Tabelle zwischen dem Vorkommen von Erziehungsschwierigkeiten *überhaupt* und ihrem *häufigen* Vorkommen für die Kategorien Thalmanns manchmal nicht genau zutrifft, habe ich meist die Thalmannsche Bezeichnung für *beide* „Intensitätsstufen" wiedergegeben.

Obwohl es sich hier um durchaus vergleichbare Untersuchungen handelt, sind die Ergebnisse zum Teil recht unterschiedlich. Manche Unterschiede lassen sich durch Verschiedenheiten in den Schülerpoulationen erklären. So ist es verständlich, daß Hurlock und McDonald Petzen, Dazwischenrufen, Träumen, motorische Unruhe, Überempfindlichkeit, Kinderlügen, Zerstören von Gegenständen und Einnässen bei Hauptschülern erheblich seltener fanden als Wickman bei Grundschülern. Wesentlich häufiger waren bei den älteren Schülern dagegen Eigensinn, Frechheit und – etwas überraschend – Wutanfälle. Die im Vergleich zu den anderen Untersuchungen niedrigen Prozentwerte von Shepherd lassen sich zumindest teilweise darauf zurückführen, daß es sich hier um eine überwiegend ländliche, in den anderen Befragungen dagegen um rein städtische Population handelte. Der Einfluß nationaler Eigenarten mag auch einige Unterschiede in den Prozentwerten bedingen, die sich aber nur schwer interpretieren lassen.

Die meisten Unterschiede in den Prozentwerten gehen aber meines Erachtens mehr auf die verschiedenen Untersuchungsmethoden als auf echte Unterschiede in der Population zurück. Es ist z. B. auffällig, daß die beiden Grundschulbefragen (Wickman und Thalmann) häufig dann zu ähnlichen Resultaten kommen, wenn in beiden Untersuchungen nach leicht beobachtbaren Verhaltensweisen gefragt wird, z. B. „motorische Unruhe“: Wickman 30,9 %, Thalmann 30,9 %; „Aufdringlichkeit“: Wickman 12,6 %, Thalmann 10,0 %; „Tics und Zwangsbewegungen“: Wickman 8,7 %, Thalmann 9,4 %. Geht es dagegen um Emotionen, die aus bestimmten Ausdrucksweisen der Schüler erschlossen werden müssen, sind die Prozentwerte sehr verschieden, z. B. Zeichen unterschwelliger Ängstlichkeit: Wickman 9,3 %, Thalmann 18,1 %; Traurigkeit: Wickman 8,0 %, Thalmann 17,4 %. Offenbar läßt die Beurteilung von Emotionen viel mehr freien Ermessungsspielraum als die Beobachtung von Verhaltensweisen. Auf die Zuverlässigkeit der Ergebnisse wirkt sich dieser Spielraum negativ aus.

Außerdem führt es wahrscheinlich zu unterschiedlichen Ergebnissen, wenn der eine Autor seine Untersuchung als schriftliche Befragung durchgeführt und der andere in Form von Interviews. Der Vorteil des Interviews besteht in der Möglichkeit, im Laufe des Gesprächs unklare Fragen zu präzisieren oder umzuformulieren. es ist deshalb ein flexibleres Forschungsinstrument als der Fragebogen. Sein Nachteil ist seine Empfindlichkeit gegenüber Einflüssen des Interviewers (Mayntz, Holm und Hübner 1969, S. 114 f.). Das ist besonders dann der Fall, wenn die Interviews wie in der Befragung von Thalmann vom Versuchsleiter selbst durchgeführt werden. Wenn Versuchsleiter und Interviewer dieselbe Person sind, besteht stark die Gefahr, daß die Äußerungen der Befragten während des Interviews unabsichtlich im Sinne der erwarteten Resultate beeinflußt und einseitig selegiert werden (Barber 1973, S. 400).

Auch sind die hier referierten Studien nicht frei von ganz offensichtlichen methodischen Mängeln. Der wichtigste Nachteil der beiden amerikanischen Untersuchungen ist ihr völliger Verzicht auf Repräsentativität. Sie wurden beide nur an einer Schule durchgeführt. Im Unterschied zu dem von Thalmann verwendeten Interviewerleitfaden sind die einzelnen Kategorien aber verhältnismäßig klar und eindeutig definiert[1].

Die englische Untersuchung von Sheperd und Mitarbeitern verleitete durch die Art der Fragebogenstruktion zu einer sehr raschen und wenig sorgfältigen Beantwortung. Den Lehrern wurde lediglich eine Liste von 21 Erziehungsschwierigkeiten vorgegeben, von denen sie diejenigen unterstreichen sollten, die bei dem in Frage kommenden Kind häufig anzutreffen waren. Sie wurden also nicht gezwungen, sich bei jeder vorgegebenen Erziehungsschwierigkeit ihre Antwort genau zu überlegen. Wie zu erwarten strichen die englischen Lehrer deshalb auch weniger Verhaltensstörungen an als ihre amerikanischen und deutschen Kollegen.

Trotz der Mängel der einzelnen Untersuchungen lassen sich aus ihnen einige empirisch gesicherte Folgerungen ableiten: Nach dem übereinstimmenden Ergebnis aller Untersuchungen, die diese Verhaltensweisen in ihren Fragebogen berücksichtigten, sind Schwätzen und Unaufmerksamkeit die häufigsten Erziehungsschwierigkeiten in Volksschulen. Zum selben Ergebnis kam auch A. M. Tausch (1958) aufgrund direkter Beobachtungen in westdeutschen Schulklassen.

Wenn man nach der Häufigkeit der vier empirisch gefundenen Klassen von Erziehungsschwierigkeiten fragt, so ergibt sich folgendes Bild: Die *Verhaltensstörungen aggressiver Art* stehen an erster Stelle, gemessen an der Anzahl der verschiedenartigen Störungen. Anders verhält es sich mit der Häufigkeit ihres Auftretens. Diejenigen Verhaltensweisen, die besonders charakteristisch für diese Kategorie sind, kommen nur bei einem relativ geringen Prozentsatz von Schülern regelmäßig vor, z.B. Prügeleien bei 7,9% überhaupt bzw. bei 2,5% häufig, Frechheiten 6,7% bzw. 3,8%, Ungehorsam 8,2% bzw. 2,7%, Zerstören von Gegenständen 8,2% bzw. 1,2% und Wutanfälle 1,5% bzw. 0,3% (nach Wickman, 1928).

Anders verhält es sich bei *Verhaltensstörungen gehemmter Art.* Die Anzahl der verschiedenartigen Störungen ist nicht ganz so hoch. Sie kommen aber bei vergleichsweise mehr Schülern regelmäßig vor, z.B. Schüchternheit und Zurückgezogenheit 35,2% bzw. 18,2%, Überempfindlichkeit 25,5% bzw. 8,3%, Minderwertigkeitsgefühle 8,0% bzw. 1,4% und Angst 9,3% bzw. 1,8% (nach Wickman, 1928).

---

1 Bei Thalmann gehören z.B. folgende Verhaltensweisen zu dem „Symptom Exhibitionismus – Schüchternheit“: Sich von Personen des anderen Geschlechts entblößen, Schwierigkeiten beim Sprechen, Versuch, dauernd die Aufmerksamkeit anderer auf sich zu lenken, extreme Schüchternheit und zwanghaftes Kaspern (S. 293f.). Es müßte hier zuerst empirisch untersucht werden, ob diese Verhaltensweisen tatsächlich etwas miteinander gemeinsam haben, bevor man sie als Manifestationen eines einzigen „Symptoms“ betrachtet und sie auch statistisch als Einheit behandelt.

Verhaltensweisen, die für das Alter des Kindes als unangemessen gelten, sind zwar ihrer Anzahl nach seltener als Aggressionen und gehemmtes Verhalten. Dafür kommen die einzelnen Erziehungsschwierigkeiten häufiger vor, z.B. Unaufmerksamkeit 59,9% bzw. 40,4%, Träumen 33,4% bzw. 13,5% und Nachlässigkeit 25,4% bzw. 9,9% (nach Wickman, 1928).

Verhaltensstörungen delinquenter Art ind nach der Untersuchung von Wickman bei Kindern im Grundschulalter sehr selten. So haben nach Aussagen der Lehrer nur 0,7% schon einmal Geld gestohlen. Da Verhaltensstörungen delinquenter Art aber häufiger außerhalb als innerhalb von Schulen stattfinden, dürfte die wahre Prozentzahl höher liegen. Thalmann (1971, S. 109) fand bei der Befragung von Müttern 2% der Jungen im Grundschulalter, die schon einmal einen schweren Diebstahl begangen hatten. Zu ähnlichen Prozentsätzen kamen Harnack (1958, S. 109) und Jonsson und Kälvesten (zitiert in Thalmann, S. 109). Noch höher dürfte die Häufigkeit von Delinquenz bei älteren Schülern sein. Brusten und Hurrelmann (1973) fanden in einer Untersuchung, die für 13–16jährige Schüler der Stadt Bielefeld repräsentativ ist, bei 3 bis 6% der Schüler die für den Faktor „Delinquenz" charakteristischen Verhaltensweisen: 6% hatten nach eigenen Angaben schon einmal einer „Bande" angehört,

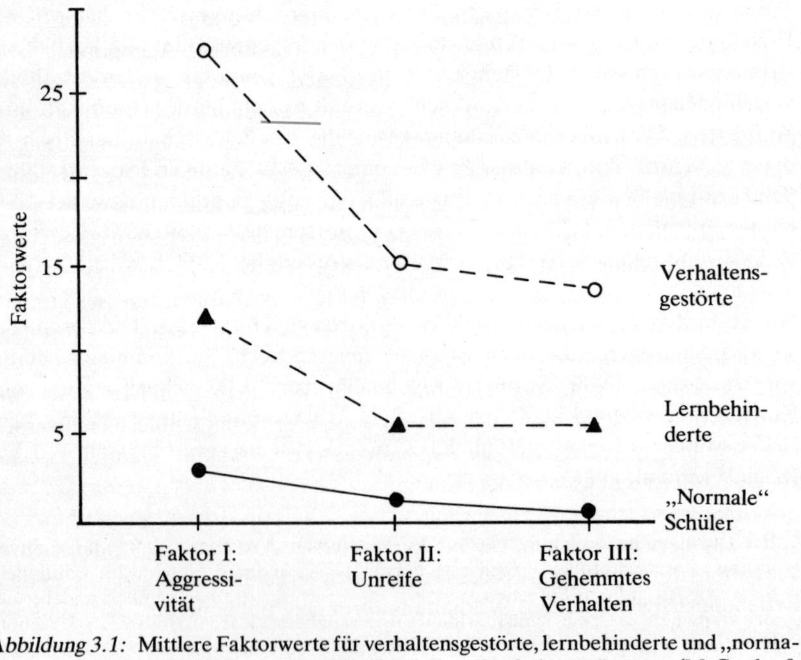

Abbildung 3.1: Mittlere Faktorwerte für verhaltensgestörte, lernbehinderte und „normale" Schüler nach der Häufigkeit ihrer Verhaltensstörungen (McCarthy & Paraskevopoulos, 1969).

ebenfalls 6% schon einmal mehr als 5 DM entwendet und 4% schon einmal einen Automaten geknackt.
Die Verhaltensstörungen delinquenter Art sind also trotz ihrer geringen Häufigkeit in Grundschulen keine Quantité negligeable. Da es jedoch im deutschen Sprachraum über dieses Thema schon eine Reihe Veröffentlichungen gibt und sich Delinquenz hauptsächlich außerhalb von Schulen abspielt, werde ich diese Gruppe von Verhaltensstörungen in der vorliegenden Arbeit weniger als die anderen Gruppen berücksichtigen.
Nach den Ergebnissen der Studie von Wickman sind die Verhaltensstörungen aggressiver und gehemmter Art und Verhaltensweisen, die für das Alter des Kindes unangemessen sind, bei Grundschülern in allgemeinen Schulen ungefähr gleich häufig. Die Unterschiede in der Zahl verschiedener Störungen innerhalb einer Kategorie und in der Häufigkeit einzelner Störungen gleichen sich gegenseitig aus. Diese Ergebnisse von Wickman werden durch eine Untersuchung von McCarthy und Paraskevopoulos (1969) zum Teil bestätigt, aber auch korrigiert. Die beiden Autoren befragten die Lehrer von 41 „normalen", 36 „lernbehinderten" und 100 „verhaltensgestörten" Schülern. Sie errechneten für alle drei Gruppen die durchschnittlichen Faktorwerte in den Faktoren „Aggressivität", „Unreife" und „gehemmtes Verhalten" (Vergl. Abbildung 3.1). Für die Gruppe der normalen Kinder ergab sich nirgendwo ein signifikanter Unterschied außer zwischen ihren Werten in den Faktoren „Aggressivität" und „gehemmtes Verhalten"[2]. Dieser Unterschied ist möglicherweise auf die Überrepräsentation von Jungen (90%) gegenüber Mädchen (10%) zurückzuführen. Bei der Gruppe der lernbehinderten Kinder sahen die Ergebnisse anders aus. Es ergaben sich hochsignifikante Unterschiede zwischen „Aggressivität" und „Unreife" sowie zwischen „Aggressivität" und „Vermeidungsverhalten". Noch deutlicher waren die Unterschiede jedoch bei den „Verhaltensgestörten". Wie die Abbildung zeigt, waren hier „Verhaltensstörungen aggressiver Art" und „Verhaltensweisen, die für das Alter des Kindes als unangemessen gelten". Die Unterschiede zwischen jeder der drei Klassen von Verhaltensstörungen waren signifikant auf dem 1%-Niveau.
Als Zusammenfassung der Ergebnisse von Wickman und McCarthy und Paraskevopoulos kann man folgendes sagen: Unter Grundschülern in allgemeinen Schulen scheinen sich die Verhaltensstörungen ihrer Häufigkeit nach ziemlich gleichmäßig auf die Kategorien „Aggressivität", „Unreife" und „Vermeidungsverhalten" zu verteilen. Bei Schülern, die als „lernbehindert" und besonders bei solchen, die als „verhaltensgestört" gelten, finden Lehrer Verhaltensstörungen aggressiver Art jedoch erheblich häufiger als andere Erziehungsschwierigkeiten. Verhaltensstörungen delinquenter Art sind bei Kindern im Grundschulalter relativ selten.

2 Auch dieser Unterschied war nur signifikant auf dem 5%-Niveau.

9. Die Anzahl erziehungsschwieriger Schüler

Was unterscheidet den erziehungsschwierigen Schüler von seinen Klassenkameraden? Es ist nicht das bloße Vorhandensein von Erziehungsschwierigkeiten, denn die Zahl der Schüler mit gelegentlich Schwierigkeiten ist erheblich größer als die Zahl derjenigen, die als „erziehungsschwierig“ bezeichnet werden. Wie im vierten Kapitel erläutert wurde, unterscheiden sich erziehungsschwierige von anderen Schülern auch nicht durch die Art ihrer Verhaltensstörungen. Die brauchbarsten der bisher vorgeschlagenen Unterscheidungskriterien sind vielmehr die Anzahl und Häufigkeit der Erziehungsschwierigkeiten und ihre Gewichtung durch die Lehrer. Wenn die Verhaltensstörungen von Schülern hinsichtlich ihrer Anzahl, Häufigkeit oder Schwere über einen bestimmten – vom einzelnen Lehrer, Forscher oder der Schulbehörde festgelegten – kritischen Wert hinausgehen, gelten Schüler als „erziehungsschwierig“ oder „verhaltensgestört“.

Da die Bezeichnung eines Schülers als „erziehungsschwierig“ so viele Elemente enthält, die von den Wertmaßstäben des Beurteilers und nicht vom Verhalten des Schülers abhängen, wäre es sehr wünschenswert, wenn zumindest empirische Untersuchungen über die Zahl verhaltensgestörter Schüler ihre Beurteilungskriterien so weit wie möglich offenlegen würden. In der englischen Untersuchung von Shepherd, Oppenheim und Mitchell (1973, S. 75 und S. 111) geschah das durch folgende Festlegungen: Jedes Verhalten, das auf den einzelnen Altersstufen bei 10% oder weniger Schülern auftrat, wurde als auffällig für das betreffende Alter oder Geschlecht bezeichnet. Schüler mit mehr als vier dieser Verhaltensweisen galten als verhaltensauffällig. Shepherds Bestimmung der „Verhaltensauffälligkeit“ von Schülern ist einigermaßen willkürlich, und es hätte der praktischen Bedeutsamkeit seiner Ergebnisse genutzt, wenn er die so gewonnene Beurteilung eines Schülers als „auffällig“ an bestimmten Außenkriterien, z.B. dem Urteil von Lehrern, Eltern oder klinischen Psychologen, validiert hätte. Die Vorgehensweise von Shepherd hat aber den bisher vorliegenden deutschen Untersuchungen voraus, daß sie die Kriterien, nach denen ein Schüler eingestuft wird, für jedermann offenlegt.

Die meisten deutschen Arbeiten nennen entweder ihre Urteilskriterien überhaupt nicht oder begnügen sich mit sehr vagen Angaben. Es kann deshalb kaum überraschen, daß der Prozentsatz verhaltensgestörter Schüler nach den Ergebnissen einer Untersuchung um das Zweihundertfache höher liegt als in einer anderen, obwohl es in beiden Fällen um den Prozentsatz der sonderschulbedürftigen Verhaltensgestörten in der Population der schulpflichtigen Kinder ging. (Vgl. Sander 1973, S. 48.)

Die deutschen Untersuchungen zur Anzahl erziehungssschwieriger Schüler lassen sich in zwei große Gruppen aufteilen, deren Fragestellung, Untersuchungsmethode und Ergebnisse sich stark voneinander unterscheiden.

In der ersten Gruppe wurden Volksschullehrer ganz global nach der Zahl „gemeinschaftsschwieriger" oder „verhaltensauffälliger" Schüler in ihren Klassen gefragt. Mücke (1957, zitiert in Sander 1973, S. 37) definierte in seiner Umfrage „Gemeinschaftsschwierige" als Schüler, „deren Verhalten auf Grund struktureller Fehlentwicklungen zu ständigen Gemeinschaftskonflikten im Klassenverbande führt, die mit allgemeinen Erziehungsmethoden und einfachen Sondermaßnahmen der Schule nicht abzustellen sind". Der Prozentsatz der von den Lehrern „gemeinschaftsschwierig" genannten Schüler lag in den verschiedenen, vom selben Autor durchgeführten Umfragen zwischen 0,94% und 3,32%.

Die unter Anleitung von Kluge durchgeführte Lehrerbefragung von Kuhlmann erklärte in der Fragebogeninstruktion: Verhaltensauffällig sind „alle Schüler, die durch ihr Verhalten in der Klasse Ihren Unterricht erschweren. Diese Kinder sind nicht erst seit kurzer Zeit, sondern schon seit langem von Ihren Erziehungsbemühungen kaum beeinflußt" (Kuhlmann, zitiert in Sander 1973, S. 43).

Weitere Kriterien erhielten die Lehrer nicht. „Was der Lehrer als Erschwerung seines Unterrichts ansehen wollte, blieb ihm überlassen" (Kuhlmann, a. a. O.). Die von Kuhlmann errechneten Prozentwerte schwankten in den einzelnen Klassen der Grundschule zwischen 1% und 3%. Im Durchschnitt betrugen sie 1,87%. Zwei andere Untersuchungen, die methodisch genauso vorgingen wie Kuhlmann, ihre Berechnungen jedoch auf klarer definierte Bezugsgrößen[1] stützten, kamen zu höheren Prozentwerten, nämlich zu 6,57% Verhaltensauffälligen in Grundschulen und 6,3% in Hauptschulen. Der Haupteinwand gegen diese Lehrerbefragungen ist, daß sie den Lehrern letztlich freistellten, nach welchen Kriterien sie als Schüler das „gemeinschaftsschwierig" oder „verhaltensauffällig" beurteilten (Sander 1973, S. 44).

Etwas genauere Kriterien für die Beurteilung finden sich in der zweiten Gruppe empirischer Untersuchungen. Der Mediziner von Harnack (1958) fragte Eltern, Lehrer und Kinder nach dem Vorkommen bestimmter Verhaltensstörungen. Nach diesen Befunden bildete er zwei Kategorien „verhaltensgestört in

1 In Kuhlmanns Arbeit ist die Zahl der insgesamt befragten Lehrer nicht klar genug definiert (Sander 1973, S. 43)

ausgeprägtem Maße" und „Verhaltensstörungen nachweisbar". Diese Klassifikation führte zu den in Tabelle 3.2 dargestellten Ergebnissen.

Tabelle 3.2: (nach Harnack 1958, S. 22)

Ausmaß, in dem das Kind als verhaltensgestört galt	Jungen N = 674	Mädchen N = 661	Zusammen N = 1335
Verhaltensgestört in ausgeprägtem Maße	5,9%	1,5%	3,7%
Verhaltensstörungen nachweisbar	19,6%	12,8%	16,3%
Insgesamt	25,5%	14,3%	20,0%

Ein Vorteil dieser Untersuchung ist zweifellos, daß sie versucht, von einem globalen Lehrerurteil als einzigem Kriterium loszukommen. Trotzdem hält diese Befragung vor etwas strengeren methodischen Ansprüchen nicht stand. Die beiden Kategorien werden nämlich nicht genau beschrieben, sondern nur exemplizifiziert. Es blieb also hier dem freien Ermessen des Forschers überlassen, ob er ein Kind als verhaltensgestört bezeichnete oder nicht.
In der Arbeit von Thalmann (1971, S. 68f.) wurden die Kategorien genauer definiert. Er unterschied zwischen fünf Graden der „Symptombelastung". Grad 1: völlig frei von Symptomen psychischer Störungen. Grad 2: symptombelastet. „Dabei können wenige Symptome in leichter Form oder ein Symptom in mittelschwerer Form auftreten." Grad 3: mäßig symptombelastet. „Das Kind zeigt eine Reiher leichter oder einige mittelschwere Symptome." Grad 4: stark symptombelastet (Problemkinder). „Einige Symptome treten in schwerer oder viele Symptome in leichter bis mäßiger Form auf." Grad 5: stark symptombelastet (Anstaltsfälle). „Das Kind kann aufgrund der auftretenden Symptome nicht mehr in seiner natürlichen Umwelt gelassen werden" (Thalmann 1971, S. 68). Obwohl Thalmann versichert, die Einteilung hätte sich nach der Behandlungsbedürftigkeit und nicht nach einer quantiativen Wertung gerichtet, beweisen die obenstehenden Zitate, daß so quantitative Gesichtspunkte wie die Anzahl, Häufigkeit und (in Punkt 6) die Gewichtung[2] bei seiner Kategorisierung eine Rolle spielten[3].

2 Gefährliche Aggressivität wird in dem Beispiel von Thalmann (S. 69) schwerer gewichtet als hochgradige Angst.

3 Die Einwände, die Thalmann (1971, S. 69) gegen eine Kategorisierung auf quantitativer Grundlage macht, sind teilweise in seinem Verständnis der Verhaltensstörung als „Symptom" einer Krankheit und teilweise in der Verwendung der Skala von Jonsson und Kälvesten begründet. Die Schwierigkeiten bei der quantitativen Auswertung dieser Skala waren jedoch in deren Skalenkonstruktion begründet und sind nicht grundsätzlicher Art. Wie Thalmann (S. 55) selber betont, wäre es durchaus möglich und

Andererseits zeigen die Beispiele, die Thalmann auf Seite 69f. bringt, wie sehr auch die subjektive Gewichtung durch das Psychologenteam, das die Einschätzungen vornahm, die Einteilung beeinflußte: Von zwei zehnjährigen Jungen näßte der eine dreimal in der Woche ein, und der andere hatte Scheu davor, sich nackt zu betrachten und wirkte in der Schule ängstlich, schüchtern und überempfindlich. Das Psychologenteam bezeichnete nur den zweiten Jungen als „stark symbolbelastet", d.h. verhaltensgestört, weil man eine Sexualneurose bei ihm vermutete.

Neben der subjektiven Wertung einzelner Verhaltensstörungen wurde die Einteilung der Schüler in Kategorien auch stark von der psychoanalytisch geprägten Definition der Verhaltensstörung beeinflußt. Diese Definition bedingte einen Wortgebrauch, der von dem der pädagogischen Alltagssprache ziemlich stark abweicht. Eine Reihe von Erziehungsschwierigkeiten, die gerade im schulischen Bereich eine große Rolle spielen, bleibt bei Thalmann unberücksichtigt, z.B. absichtliche Provokationen von Lehrern, unruhiges Betragen im Unterricht oder häufige Unpünktlichkeit. Dafür gelten zahlreiche Symptome psychosomatischer Krankheiten als Verhaltensstörungen, z.B. Schlafstörungen, Eßstörungen, nervöse Magenbeschwerden und Asthma. Dieser Sprachgebrauch ist ungewöhnlich und von der Alltagssprache so verschieden, daß Thalmann Gefahr läuft, mißverstanden zu werden. Bei der Interpretation seiner Daten muß diese Orientierung am psychoanalytischen Modell der Verhaltensstörung als „Symptom einer psychischen Krankheit" deshalb immer bewußt bleiben. Thalmann kam bei Verwendung der oben erläuterten Kategorien zu folgender Einteilung:

Tabelle 3.3: Die Verbreitung von Verhaltensstörungen bei Jungen im Grundschulalter (nach Thalmann 1971, S. 74)

Belastungsstufe	Anzahl	Prozent
1. symptomfrei	33	22,0
2. leicht symptombelastet	43	28,7
3. mäßig symptombelastet	44	29,3
4. stark belastet: Problemkinder	28	18,7
5. stark belastet: Anstaltsfälle	2	1,3
Summe	150	100,0

wünschenswert gewesen, die teils unipolaren, teils bipolaren Skalen in einheitlich unipolare Skalen umzuformen. Es ist bedauerlich, daß der Autor dieser sonst sorgfältigen Studie das unterlassen hat und deshalb auch auf die Möglichkeit eines *Vergleichs* von quantitativ gewonnenen Kategorien mit den Expertenurteilen über die Behandlungsbedürftigkeit verzichtete. In den Defintionen der „Symptombelastungsgrade", wie sie jetzt gegeben werden (S. 68), sind quantitative Aspekte und die Frage nach der „Behandlungsbedürfigkeit" miteinander vermischt, was sie nicht klarer macht.

Wenn gegen die Lehrerbefragungen der Einwand gebracht wurde, daß sie den Lehrern letztlich freistellen, nach welchen Kriterien sie Schüler als erziehungsschwierig beurteilen, so kann derselbe Einwand auch gegen die Untersuchungen von Harnack und Thalmann gemacht werden. Das Urteil fällten bei diesen Klassifizierungen nur nicht mehr Lehrer, sonder Psychologen, Sozialarbeiter und Ärzte, die ihre Kriterien zwar exemplarisch aufzeigten, aber niemals eindeutig quantifizierten. Der Zuwachs an Objektivität gegenüber den Lehrerbefragungen liegt darin, daß hier eine einzige Person oder ein Gremium von Experten nach gewissen Leitlinien die Urteile fällte, so daß sie zumindest innerhalb dieser Untersuchungen vergleichbar sind. Bei den Lehrerumfragen sind genau genommen noch nicht einmal die Urteile innerhalb derselben Untersuchung miteinander vergleichbar, weil sie von verschiedenen Personen mit unterschiedlichen Wertmaßstäben stammen.
Die Schwierigkeiten bei der Suche nach exakten Zahlenangaben über die Häufigkeit erziehungsschwieriger Schüler tauchen ebenso bei ausländischen Untersuchungen auf. Glavin und Quay (1969, S. 85) schreiben in ihrer Zusammenfassung von amerikanischen Arbeiten zu diesem Thema: „Da es keine allgemein akzeptierte Definition erziehungschwieriger Kinder gab, unterschieden sich die Zahlen über die Häufigkeit emotionaler Störungen in öffentlichen Schulen entsprechend den Definitionen und den kritischen Werten, welche die Forscher ihren Befragungen zugrunde legten.“ Nach einer Übersicht von Swift und Spivack (1975, S. 4) schwanken die Angagen für den Prozentsatz verhaltensgestörter Schüler zwischen 17 und 40%.
Zusammenfassend läßt sich also nur sagen, daß wegen der sehr uneinheitlichen Definition des Begriffs „erziehungsschwieriger Schüler“ zur Zeit keine objektiven Zahlenangaben gemacht werden können. Alle hier angegebenen Prozentwerte gelten nur, wenn man die in der jeweiligen Untersuchung verwendete Definition zugrunde legt.

10. Geschlechtsunterschiede bei der Verbreitung von Verhaltensstörungen

Bestimmte Verhaltensstörungen tauchen bei Jungen erheblich häufiger auf als bei Mädchen. Dazu gehören vor allem *„Verhaltensstörungen aggressiver Art"*. Achenbach (1966, S. 35) fand in seiner Untersuchung von 600 Klienten der Jugendpsychiatrie doppelt so viele Jungen wie Mädchen mit Störungen aggressiver Art. Peterson (1961) führte seine Untersuchung in Schulen durch und fand auch hier in allen Klassen vom Kindergarten bis zum sechsten Schuljahr bei Jungen doppelt so hohe Mittelwerte im Faktor „Aggressivität" (Vgl. Abbildung 3.1!).

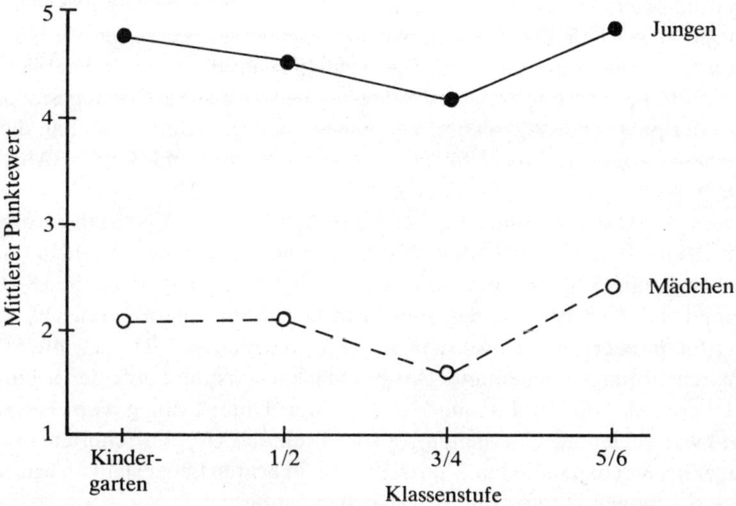

Abbildung 3.2: Mittlerer Punktewert bei Verhaltensstörungen aggressiver Art (Peterson, 1961).

Auch die im deutschen Sprachraum vorliegenden Einzelergebnisse bestätigen die amerikanischen Befunde über die größere „Aggressivität" der Jungen. Harnack (1958) fand in seiner Umfrage 17,4% der Knaben „ausgesprochen hypermotorisch", aber nur 6,8% der Mädchen. Noch deutlicher werden die

Unterschiede, wenn man Lehrer nach der Häufigkeit dieser Verhaltensstörungen bei „auffälligen" Kindern befragt. Das Wegnehmen von Schulsachen wurde von Grundschullehrern bei Jungen dreimal so oft und das Schlagen von Mitschülern elfmal so oft wie bei Mädchen beobachtet (Kluge 1974, S. 18). Die Unterschiede im Verhalten spiegeln sich auch in den Beurteilungen wider. Bei einer Befragung von 733 Lehrerinnen und 362 Lehrern in der DDR fand Otto (1970), daß die Attribute „gewalttätig", „rauflustig" und „grobe Disziplinverstöße" fast ausschließlich für Jungen abgegeben wurden. Auch hatten die Jungen in allen Klassenstufen schlechtere Betragenszensuren (Otto 1970, S. 88; Knoche 1969).

Gelegentlich hört man die Vermutung, daß die größere Aggressivität von Jungen im Grundschulalter daher rühre, daß auf dieser Schulstufe vor allem Lehrerinnen unterrichten, denen es nicht gelänge, auf die speziellen Bedürfnisse von Jungen einzugehen. Die dadurch erzeugte Frustration löse die Aggressionen aus. Diese Hypothese hält aber einer empirischen Überprüfung nicht stand. Zum einen schätzen Lehrer die Aggressivität ihrer Schüler fast genauso ein Lehrerinnen (Otto 1970), S. 76), zum anderen konnte in zahlreichen Untersuchungen nachgewiesen werden, daß schon lange vor dem ersten Schulbesuch Jungen häufiger Aggressionen zeigen als Mädchen (Mischel 1970, S. 4). Als wichtigste Ursachen für das Überwiegen aggressiver Verhaltensweisen bei Jungen betrachtet man heute Einflüsse der Sozialisation in der Familie wie Imitationslernen von aggressiven Vätern oder Brüdern, Ermutigung oder Tolerieren physischer Aggression bei Jungen, dagegen Unterdrückung dieser Verhaltensweisen bei Mädchen durch strenges Verbot und Strafen (Mischel 1970, S. 47f.).

Bei den *„Verhaltensstörungen gehemmter Art"* sind die Verhältnisse umgekehrt. Eine Reihe von Untersuchungen fand gehemmtes Verhalten bei Mädchen häufiger als bei Jungen (Achenbach 1966, Quay 1972, S. 18–19). Während das Übergewicht der Jungen in bezug auf Aggressivität auf allen Altersstufen deutlich nachweisbar ist (vgl. Abbildung 3.1), gewinnen die Verhaltensstörungen gehemmter Art bei Mädchen erst im Laufe der Schulzeit die Überhand (vgl. Abbildung 3.2). In der Untersuchung von Peterson (1961) war gehemmtes Verhalten bis zum Ende des zweiten Schuljahrs sogar häufiger bei Knaben zu finden. Vom siebten oder achten Lebensjahr an wurde es jedoch bei Jungen seltener und bei Mädchen häufiger.

Bei der Betrachung einzelner Verhaltensstörungen gehemmter Art werden diese geschlechtsspezifischen Entwicklungen noch deutlicher: Im Gegensatz zu einer weit verbreiteten Meinung *weinen* kleine Jungen genauso oft wie Mädchen. Erst im Alter von acht Jahren weinen Mädchen erheblich häufiger als Jungen (Shepherd, Oppenheim und Mitchell 1971, S. 68). Auch gelegentliches *„Sich-Verlieren in eine Traumwelt"* findet man bis zum zwölften Lebensjahr bei beiden Geschlechtern etwa gleich häufig. Danach kommt diese Verhaltensweise

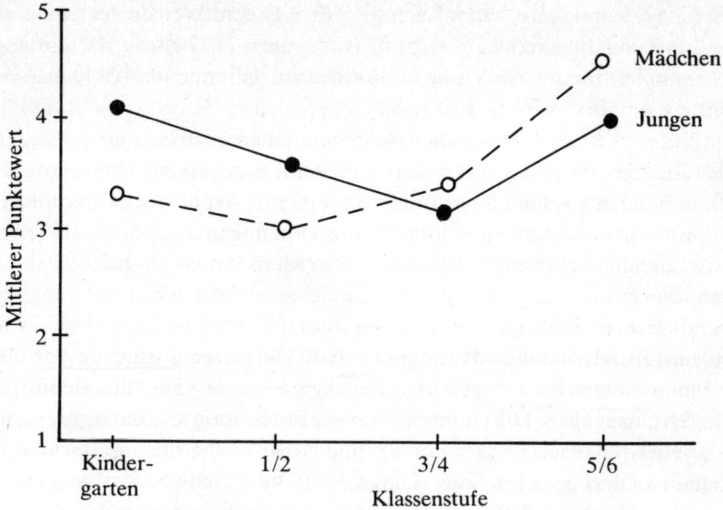

Abbildung 3.3: Mittlerer Punktewert bei Verhaltensstörungen gehemmter Art. (Peterson, 1961)

bei Jungen zunehmend seltener vor, während sie bei Mädchen etwa gleichbleibt (Shepherd, Oppenheim und Mitchell 1971, S. 76). Ebenso findet man übermäßige *Abbhängigkeit, Passivität* und *Überempfindlichkeit* vor allem bei älteren Mädchen (Macfarlane u.a. 1954, S. 115; Mussen, Conger und Kagan 1969, S. 505). Bei Mädchen im Vorschulalter und in den ersten Schuljahren bestehen dagegen in dieser Hinsicht kaum Unterschiede zum Verhalten der Jungen. Den Grund für diese unterschiedliche Entwicklung sehen die meisten maßgeblichen Autoren darin, daß Verhaltensweisen wie Weinen, Träumen und Äußerungen von übermäßiger Empfindlichkeit bei Jungen immer mehr als „unmännlich" verurteilt werden, je älter sie werden. Mädchen lernen dagegen, daß sie Weinen und Empfindlichkeit erfolgreich als Druckmittel gegen Erwachsene einsetzen können. Das Risiko, dafür abgelehnt und bestraft zu werden, ist für sie weniger groß als bei einer Selbstbehauptung durch Aggressionen (Macfarlane u.a. 1954, S. 115; Mischel 1970, S. 43f.).

Für die Gruppe der *„Verhaltensstörungen, die für das Alter des Kindes als unangemessen gelten"*, sind bisher keine Untersuchungen über Geschlechtsunterschiede bekannt geworden.

Bei den *Verhaltensstörungen delinquenter Art* findet man wieder ein deutliches Übergewicht der Jungen. Es lassen sich zwar nur Näherungswerte angeben, weil die „sozialisierte Delinquenz" im Sinne unseres Faktors nicht ganz identisch ist mit Delinquenz im juristischen Sinn. Das Übergewicht der Jungen ist in der Kriminalitätsstatistik aber so deutlich und der Prozentsatz der für „sozialisierte

Delinquenz“ charakteristischen Eigentumsdelikte gemessen an der Gesamtheit der Delikte von Jugendlichen so hoch (nach Otto (1970) ca. 90%), daß am Überwiegen der Jungen bei Verhaltensstörungen delinquenter Art kein Zweifel besteht. (Vgl. Otto 1970, S. 109.)

Da unter den Schülern mit Verhaltensstörungen aggressiver und delinquenter Art die Jungen erheblich stärker vertreten sind, dagegen das Übergewicht der Mädchen bei den Verhaltensstörungen gehemmter Art nicht erheblich ist, liegt die Vermutung nahe, daß auch insgesamt mehr Jungen als „verhaltensgestört“ oder „erziehungsschwierig“ bezeichnet werden. Hinzu kommt, daß dem „Vermeidungsverhalten“, das öfter bei Mädchen auftritt, meist von Lehrern ein geringes Gewicht beigemessen wird (Wickman 1928; Beilin 1959). Verhaltensstörungen gehemmter Art führen deshalb viel seltener dazu, einen Schüler „erziehungsschwierig“ zu nennen, als Aggressivität. Die Hypothese, daß Schüler häufiger als Schülerinnen „erziehungsschwierig“, „verhaltensgestört“ oder „disziplinschwierig“ genannt werden, wird durch die empirischen Forschungen voll und ganz bestätigt (Glavin und Quay 1969, S. 86; Otto 1970, S. 106 und S. 118; Beilin 1959, S. 503).

11. Die Häufigkeit kindlicher Verhaltensstörungen und verhaltensgestörter Kinder auf den verschiedenen Alterstufen

Wenn es darum geht, die Häufigkeit einzelner Verhaltensstörungen auf verschiedenen Alterstufen miteinander zu vergleichen, ist es wenig sinnvoll, sich in erster Linie auf Lehrerurteile zu stützen. Um einigermaßen gültige Einschätzungen zu bekommen, sollte man dieselbe Gruppe von Kindern über einen längeren Zeitraum hinweg mehrmals von derselben Person beurteilen lassen. Das ist Lehrern nicht möglich, weil sie eine Klasse meist nicht länger als zwei Jahre unterrichten. Dazu sind in der Regel nur Eltern in der Lage. Die folgenden Ausführungen stützen sich daher vor allem auf Elternaussagen. Die Verhaltensstörungen eines Kindes im Elternhaus sind zwar nicht immer identisch mit seinen Erziehungsschwierigkeiten in der Schule; die Korrelationen zwischen dem Verhalten von Kindern in den beiden Lebensbereichen sind aber hoch genug, um Rückschlüsse zuzulassen (Wahler 1969; Hewett und Blake 1973, S. 659).

Die Untersuchung, welche den oben spezifizierten Anforderungen noch am ehesten genügt, ist die Längsschnittstudie von Macfarlane, Allen und Honzig (1954). Eine repräsentative Stichprobe von Kindern, die in der nordkalifornischen Universitätsstadt Berkeley zwischen dem 1. Januar 1928 und dem 30. Juni 1929 geboren wurden, untersuchte man regelmäßig jedes Jahr einmal vom Alter von 21 Monaten bis zu ihrem vierzehnten Lebensjahr. Die Stichprobengröße betrug zu Beginn der Studie 126 Kinder, sie reduzierte auf 58, als die Kinder dreizehn, und auf 41, als sie vierzehn Jahre alt waren. An jedem Befragungszeitpunkt wurden die Mütter über Verhaltensstörungen ihrer Kinder befragt. Die angegebenen Prozentzahlen beziehen sich immer auf *alle* zum jeweiligen Zeitpunkt untersuchten Kinder, nicht nur auf die „Kerngruppe" von 41, die bis zum Schluß in der Studie blieben. Die Rangkorrelation zwischen der Häufigkeit von Verhaltensstörungen in der Gesamtgruppe und in der „Kerngruppe" war nach Ansicht der Autoren hoch genug, um dieses Vorgehen zu rechtfertigen[1]. Der von Macfarlane (1954) verwendete Interviewerleitfaden ist ähnlich dem von Thalmann (1971), allerdings ohne dessen stark psychoanalytische Ausrichtung.

Verhaltensstörungen aggressiver Art, die bei zunehmendem Alter *immer seltener* wurden, waren motorische Unruhe, Zerstören von Gegenständen, Trotz und Wutanfälle (Macfarlane u.a. 1954, S. 129 und S. 218).

---

1 Die einzige von Macfarlane u.a. zitierte Rangkorrelation zwischen „Kerngruppe" und Gesamtgruppe ist R = 0,82 für Jungen und R = 0,69 für Mädchen bei „exzessiver emotionaler Abhängigkeit" (S. 9).

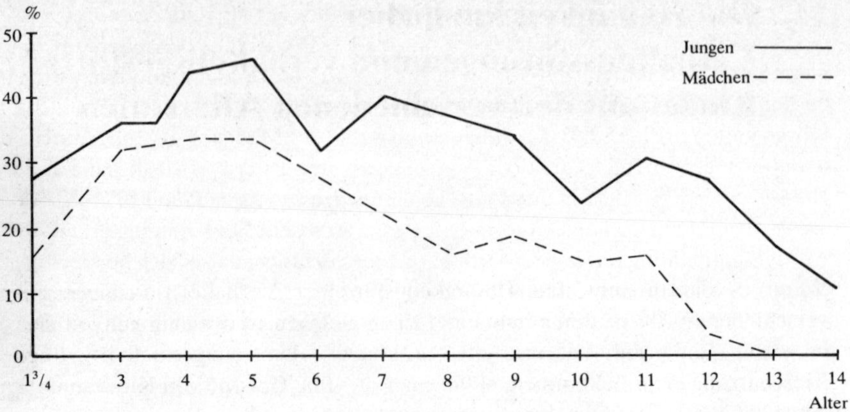

Abbildung 3.4: Motorische Hyperaktivität (Macfarlane u. a., 1954, S. 99).

Motorische Unruhe war nach den Berichten der Mütter am häufigsten im Vorschulalter und nahm ab dem sechsten Lebensjahr ständig ab, wenn man von den geringfügigen Zunahmen im Alter von 9 und 11 Jahren bei Mädchen und im Alter von 7 und 11 Jahren bei Jungen einmal absieht (Macfarlane u. a. 1954, S. 99). Wenn Mütter von ihrem Kind berichteten, es sei motorisch unruhig, so war allerdings manchmal schwer zu entscheiden, ob es wirklich um ein überdurchschnittlich unruhiges Kind handelte, ob die Mutter besonders empfindlich war oder ob die Wohnungsverhältnisse so beengt waren, daß jede altersübliche Aktivität des Kindes schon als „motorische Unruhe" betrachtet wurde. Andere Untersuchungen kamen zu ganz ähnlichen Resultaten wie Macfarlane. Praktisch alle Arbeiten berichten über eine Abnahme der „Hyperaktivität" im Laufe der Grundschulzeit (Harnack 1958, S. 9; Werry 1969, S. 487; Weiss, Minde, Werry, Douglas und Nemeth 1971; Wender 1973, S. 48 und Shepherd u. a. 1973, S. 61). Shepherd fand allerdings im Unterschied zu Macfarlane motorische Unruhe am häufigsten bei Jungen und Mädchen im Alter von sieben Jahren.

Kinder, die regelmäßig aus Wut oder Nachlässigkeit eigene oder fremde *Gegenstände zerstörten*, waren in der von Macfarlane befragten Stichprobe erheblich seltener als sehr unruhige Kinder. Bei den Mädchen waren es am meisten im Alter von drei Jahren (20%), dann wurden es immer weniger. Bei Jungen fand sich „Zerstörungslust" am häufigsten im Alter von 5 Jahren (28%). Mit 9 Jahren sind es auch bei den Jungen nur noch 10%, die von ihren Müttern „destruktiver als andere Kinder gleichen Alters" genannt werden (Macfarlane u. a. 1954, S. 30 und S. 105). Auch in der Befragung von Shepherd u. a. (1973, S. 49) nimmt die Zahl der Kinder, die gelegentlich Gegenstände zerstören, in den höheren Altersstufen ab.

Mit der Häufigkeit *trotzigen Verhaltens* ist es ähnlich wie mit dem Zerstören von Gegenständen. Diese Verhaltensstörung fand sich ebenfalls besonders oft im Alter von 3 bis 5 Jahren (mit 3 Jahren bei über 40% der Jungen), und sie wurde im Laufe der Grundschulzeit dann immer seltener. Im Alter zwischen 7 und 10 Jahren galten noch 15,6% der Jungen und 8,2% der Mädchen als „überdurchschnittlich ablehnend gegenüber Vorschlägen der Eltern" (Macfarlane u.a. 1954, S. 69 und S. 129). In der deutschen Umfrage von Thalmann (1971, S. 97) waren es in der gleichen Altersstufe 14,7%. Aus dem Fehlen eines erneuten Anstiegs der Häufigkeit in der Vorpubertät wird deutlich, daß es sich bei der von einigen deutschen Entwicklungspsychologen (z.B. Oswald Kroh) behaupteten zweiten Trotzphase im Alter zwischen 12 und 14 Jahren wahrscheinlich um eine Fiktion handelt. (Vgl. Kemmler 1957.)

Gelegentliche *Wutanfälle* fanden Macfarlane und ihre Mitarbeiterinnen bei kalifornischen Kindern außerordenlich häufig. Aber auch hier sinkt die relative Häufigkeit von 69% bei den dreijährigen Jungen und 63% bei den dreijährigen Mädchen bis auf 44% bei den zehnjährigen Jungen und 32% bei den zehnjährigen Mädchen. Die Prozentzahlen sind allerdings in keiner europäischen Untersuchung so hoch. Während von den kalifornischen Jungen im Alter zwischen 7 und 10 Jahren im Durchschnitt 51,2% und von den Mädchen 36,5% gelegentliche Wutanfälle hatten, waren es bei englischen Jungen nur 26% und bei den Mädchen 20% im Alter zwischen 5 und 15 Jahren (Shepherd u. a. 1973, S. 70). Unter deutschen Jungen im Grundschulalter fand Thalmann (1971, S. 98) Wutausbrüche bei 24%, und nach der von Thalmann zitierten schwedischen Untersuchung von Jonsson und Kälvesten waren sie bei schwedischen Jungen zwischen 7 und 17 Jahren noch seltener (7,2%). Alle Arbeiten, welche die Häufigkeit von Wutanfällen auf den verschiedenen Altersstufen untersuchten, kamen aber übereinstimmend zu dem Ergebnis, daß Wutanfälle mit steigendem Alter *seltener* werden, aber auch bei Jugendlichen im Alter von 14 oder 15 Jahren noch gelegentlich vorkommen.

Zwei Verhaltensstörungen aggressiver Art, die nach Macfarlane einen ersten Höhepunkt ihres Auftretens im Alter von ungefähr vier Jahren und einen zweiten in der Vorpubertät haben, sind „exessives Suchen nach Aufmerksamkeit" und starke Reizbarkeit.

Starke Reizbarkeit bemerkten die kalifornischen Mütter besonders bei Jungen im Alter von $3^1/_2$ und Mädchen im Alter von 4 Jahren (jeweils 24%) und dann wieder im Alter von 11 Jahren (Jungen 18%, Mädchen 13%). Shepherd u.a. (1973, S. 68) fanden auf allen Altersstufen ungefähr den gleichen Prozentsatz von Kindern, die von ihren Müttern als „gelegentlich verstimmt oder ärgerlich" bezeichnet wurden.

„Exzessives Suchen nach Aufmerksamkeit" war nach den Ergebnissen von Macfarlane u. a. wieder besonders häufig bei vierjährigen und bei zehnjährigen Jungen (27% bzw. 26%). Bei Mädchen zeigte sich diese zweigipflige Verteilung

dagegen nicht. Bei ihnen wurden diese Verhaltensweisen von drei Jahren an immer seltener.
Bei den *Verhaltensstörungen gehemmter Art* lassen sich ebenfalls unterschiedliche Häufigkeitsverteilungen identifizieren. Wie bei den Verhaltensstörungen aggressiver Art gibt es eine Gruppe von Verhaltensweisen, die besonders häufig in der Vorschulzeit und dann wieder in der Vorpubertät oder zu Beginn der Pubertät auftreten (z.B. allgemeine Ängstlichkeit, spezifische Ängste und häufige Traurigkeit).
Kinder, die wesentlich häufiger *traurig* als froh sind, findet man nach der Untersuchung von Macfarlane besonders oft im Alter zwischen 5 und 6 und zwischen 11 und 12 Jahren. Die durchschnittliche Häufigkeit für Jungen im Alter zwischen 7 und 10 Jahren war 13,5% für Mädchen 18,5%, bei den von Thalmann (1971) untersuchten deutschen Jungen in diesem Alter waren es 11,3%.
Allgemeine Ängstlichkeit ist besonders verbreitet im Alter von 3 und $3^1/_2$ Jahren (31% bei Jungen bzw. 38% bei Mädchen) und dann wieder im Alter von 10 und 11 Jahren bei Jungen (26%). Für Mädchen sinkt die relative Häufigkeit vom Alter von $3^1/_2$ Jahren an langsam ab, bei Jungen findet man einen abrupten Abfall der Häufigkeit nach dem elften Lebensjahr. Im Gegensatz dazu fanden Shepherd und seine Mitarbeiter (1973, S. 73) einen ständigen Anstieg von der frühen Kindheit bis zur Pubertät. Die unterschiedlichen Ergebnisse sind aus einer verschiedenen Fragestellung in den beiden Untersuchungen zu erklären. Bei Macfarlane ging es um Ängstlichkeit im Sinne von übertriebener Vorsicht und nervöser Gespanntheit („timidity"), bei Shepherd dagegen hat „Ängstlichkeit" die Bedeutung „sich häufig Sorgen machen" („worrying").
Spezifische Ängste wie Angst vor Hunden, der Dunkelheit und vor Schlangen zeigten noch stärker allgemeine Ängstlichkeit die Tendenz, mit steigendem Lebensalter immer seltener zu werden; einen erneuten Höhepunkt fand man für beide Geschlechter aber wieder im elften Lebensjahr. In der Befragung von Shepherd wurden die wichtigsten spezifischen Ängste genauer differenziert in „Furcht vor der Dunkelheit" und „Furcht vor Tieren". Beide Phobien wurden im Alter von ungefähr 8 Jahren an immer seltener. Ein erneutes Ansteigen der Ängste im Alter von 11 Jahren, wie es Macfarlane beobachtet hatte, ließ sich hier nicht nachweisen.
Eine Verhaltensstörung gehemmter Art nimmt hinsichtlich ihrer Verteilung auf die einzelnen Alterstufen eine Sonderstellung ein: Sie kommt vom vierten Lebensjahr an außerordentlich häufig vor und bleibt es zumindest bei Mädchen bis zu dem Alter, an dem die Untersuchung von Macfarlane abgebrochen wurde. *„Überempfindlichkeit"*, schreiben Macfarlane, Allen und Honzik (1954, S. 114), „war wie der Schnupfen. Fast jeder schien sie zu haben. Sie war die häufigste von allen berichteten Verhaltensstörungen, denn sie fand sich insgesamt bei 37,5% aller Jungen und 44,4% aller Mädchen. Sie verdient daher

eine ausführlichere Erörterung. Zwei Hauptfaktoren schienen zu diesen großen Häufigkeiten beizutragen. Die Interviewerin bekam den Eindruck, daß Mütter, die ihr Kind ‚überempfindlich' nannten, im Grunde damit sagen wollten: ‚Ich habe ein sehr wertvolles, verwundbares Kind, dem ich eine verständnisvolle und fürsorgliche Mutter bin. Obwohl seine Überempfindlichkeit mir das Leben manchmal schwermacht ..., gibt es mir doch eine erhebliche Befriedigung, ein so besonderes Kind hervorgebracht zu haben und unentbehrlich für es zu sein.' Ein zweiter Faktor schien der zu sein, daß ‚verletzte Gefühle' zu den wirksamsten Tricks gehörten, die Kinder entwickelten, um in problematischen Situationen mit ihren Eltern zurechtzukommen. Sie waren offensichtlich zum Durchsetzen gewisser Ziele viel wirksamer als offene Aggressionen oder Flucht, denn diese waren für Eltern viel offenkundiger und konnten direkt angegangen werden."
Diese Interpretation der Überempfindlichkeit als Mittel der Lebensbewältigung wird durch die Tatsache unterstützt, daß sie bei Jungen zwischen 11 und 12 Jahren plötzlich von 59% auf 21% zurückgeht, während sie bei Mädchen ungefähr gleichbleibt. Überempfindlichkeit entspricht ja bekanntlich dem Cliché eines „femininen Mädchens", aber nicht dem Stereotyp eines „echten Jungen".

Auch in der Untersuchung von Thalmann (1971, S. 97) berichten Mütter und Lehrerinnen über einen hohen Prozentsatz überempfindlicher Kinder (35,3% bzw. 37,3%). Die Interpretation der hohen Prozentanteile durch eine Tendenz der Mütter und eventuell auch der Grundschullehrer und -lehrerinnen, die Häufigkeit dieser Verhaltensstörung zu übertreiben, scheint mir realistisch zu sein.

Verhaltensstörungen delinquenter Art und *Verhaltensweisen, die für das Alter des Kindes als unangemessen gelten,* wurden von Macfarlane und Mitarbeiterinnen nicht untersucht. Es können deshalb auch hier keine Aussagen über die Verteilung dieser Verhaltensstörungen auf die einzelnen Altersstufen gemacht werden.

Als Zusammenfassung der Ergebnisse von Macfarlane u.a. wird man sagen können, daß die Mehrzahl der von diesen Forschern untersuchten Verhaltensstörungen mit steigendem Alter der Kinder seltener wurde. Die einzige wesentliche Ausnahme von dieser Regel ist das Nägelkauen, eine Verhaltensweise, die aber selten als gravierend betrachtet wird. Einige Verhaltensstörungen wie Überempfindlichkeit bleiben nach Macfarlane bis zur Pubertät auf jeder Altersstufe ungefähr gleich häufig. Shepherd, Oppenheim und Mitchell (1973) kamen bei ihrer repräsentativen Querschnittsuntersuchung im wesentlichen zu den gleichen Resultaten: Die meisten Verhaltensstörungen werden im Laufe der Zeit seltener, einige bleiben ziemlich konstant, nur wenige werden häufiger. Bei Shepherd waren die Verhaltensweisen, die bei älteren Kindern *öfter* beobachtet wurden, Nägelkauen, Abneigung gegen die Schule und Schulschwänzen.

Nachdem die einzelnen Verhaltensstörungen durchwegs die Tendenz haben, bei älteren Kindern seltener zu werden, sollte man annehmen, daß auch die *Gesamthäufigkeit* aller Störungen bei älteren Kindern kleiner ist. Das ist aber nach den Ergebnissen von Macfarlane u.a. (1954, S. 158) zumindest bis zum 12. Lebensjahr nicht der Fall. Die Diskrepanz ist dadurch zu erklären, daß auf den höheren Altersstufen einige Verhaltensweisen berücksichtigt wurden, nach denen auf den frühen Altersstufen nicht gefragt wurde, z.B. Schüchternheit (Macfarlane u.a. 1954, S. 120 und S. 158). Die Berechnung von durchschnittlichen Häufigkeiten aller Verhaltensstörungen pro Schüler wird noch problematischer durch die Tatsache, daß sich für manche Verhaltensweisen bei steigendem Alter die Problemdefinition verändert: Bettnässen gilt z.B. nicht als Verhaltensstörung bei einem zweijährigen, wohl aber bei einem zehnjährigen Kind. Die Frage nach der Gesamthäufigkeit aller Verhaltensstörungen pro Kind und die damit zusammenhängende Frage nach der Zahl bzw. dem Prozentsatz verhaltensgestörter Kinder auf den einzelnen Altersstufen sind deshalb beim gegenwärtigen Stand der Forschung nicht genau zu beantworten.

Trotz aller Vorbehalte, die man gegenüber Zahlenangaben aus Untersuchungen über die *Häufigkeit verhaltensgestörter Kinder* haben muß, verdienen doch einige Ergebnisse auch dieser Studien Beachtung. Verschiedene Befragungen kamen nämlich ganz unabhängig voneinander bei Verwendung unterschiedlicher Fragebogen und Untersuchungsmehtoden zu dem Schluß, daß es bestimmte Altersgruppen gibt, in denen Verhaltensstörungen gehäuft auftreten. Als solche *„kritischen Phasen"* gelten meist die beiden Altersstufen um das fünfte und um das zehnte Lebensjahr.
Im *Alter zwischen vier und sechs Jahren* fanden Macfarlane und Mitarbeiter einen Anstieg der Häufigkeit von mehreren Verhaltensstörungen. Auch die Statistik der durchschnittlichen Gesamthäufigkeit von Verhaltensstörungen hat den zweithöchsten Wert für Jungen und den höchsten Wert für Mädchen in diesem Alter. Ein indirektes Indiz für das Anwachsen der Verhaltensstörungen zwischen dem 4. und 6. Lebensjahr ist die Häufigkeit der Konsultationen einer Erziehungsberatungsstelle. Nach zwei deutschen Statistiken war die Ratsuche bei Müttern von Sechsjährigen dreimal so häufig wie bei Müttern von Vierjährigen (Harbauer 1968). Nach einer amerikanischen Erhebung wuchs die Häufigkeit der Konsultationen im gleichen Altersabschnitt um das Elffache (White & Charry 1966, S. 39). Es wäre sicher falsch, aus diesen Zahlenverhältnissen zu folgern, daß sich die Anzahl der verhaltensgestörten Kinder in diesem Zeitraum vervielfacht. Die Ratsuche bei einer Erziehungsberatungsstelle hängt nicht nur vom Verhalten eines Kindes ab, sondern ebensosehr von der Besorgtheit seiner Mutter und von dem Wissen um die Existenz solcher Stellen. Trotzdem scheint es aufgrund der Konvergenz verschiedener Untersuchungsergebnisse berechtigt, die Zeit des Übergangs von der „privaten Welt" der Familie in die „öffentliche Welt" des Kindergartens und der Schule als eine Periode besonderer Spannungen zu interpretieren, die sich in einer erhöhten Häufigkeit von Verhaltensstörungen auswirken (Harbauer 1968).

Eine ähnliche Erklärung bietet sich auch an für die zweite kritische Phase um das *zehnte Lebensjahr.* Bezeichnenderweise stellt sich in deutschen Untersuchungen meist das neunte Lebensjahr, die Zeit der Übergangsauslese für die höhere Schule, als besonders problematisch heraus. Thalmann (1971, S. 111) fand die neunjährigen Jungen in der Gruppe der „Problemkinder" stärker vertreten als die übrigen Altersgruppen, und auch die im Gutachten von Sander (1973, S. 43f.) zitierten Lehrerbefragungen entdeckten den höchsten Prozentsatz von „Verhaltensauffälligen" bei Schülern des vierten Schuljahrs. In der englischen Befragung von Shepherd, Oppenheim und Mitchell (1973, S. 127) war der Prozentsatz der Kinder, deren Verhaltensstörungen häufiger geworden waren, im Alter von zehn Jahren am höchsten. Das zehnte Lebensjahr war in Großbritannien der Zeitpunkt für die Eleven-Plus-Prüfung, die über die weitere Schullaufbahn jedes Schülers entschied. In den amerikanischen Untersuchungen schließlich liegt der Kulminationspunkt der zweiten „kritischen Phase" noch etwas später, nämlich meistens im elften oder zwölften Lebensjahr, dem Zeitpunkt des Übertritts von der Grundschule in die „Junior High School" (Macfarlane u.a. 1954, S. 122). Die Konvergenz dieser Beobachtungen läßt einen Einfluß situativer Faktoren wie Prüfungsdruck und Übertritt in eine andere Schule auf die Entstehung oder Steigerung von Verhaltensstörungen sehr wahrscheinlich erscheinen.

Als weiteres Ergebnis der Untersuchungen über die Verbreitung von Verhaltensstörungen in den verschiedenen Altersgruppen läßt sich sagen: Die untersuchten Verhaltensstörungen treten in der Zeit bis zum 12. Lebensjahr mit größerer Häufigkeit auf, als dies nach dem 12. Lebensjahr der Fall ist (Macfarlane u.a. 1954; Harbauer 1968; Glidewell und Swallow 1969). Die Kindergarten- und Grundschulzeit sollte also keineswegs zu der problemlosen Periode im Leben eines Kindes verharmlost werden, als die sie in der pädagogischen Literatur manchmal erscheint. Andererseits darf man aus diesem Ergebnis auch nicht schließen, daß die Zeit nach dem 12. Lebensjahr frei von Problemen sei. Andere Erziehungsschwierigkeiten, die vor der Pubertät nur selten vorkommen, treten stärker in den Vordergrund. Es handelt sich hier oft um Verhaltensstörungen, die, selbst wenn sie nur selten vorkommen und deshalb in der Statistik kaum ins Gewicht fallen, als sehr schwerwiegend gelten, z.B. oppositionelles Verhalten, Delinquenz oder Promiskuität. Es ist deshalb gelegentlich so, daß nach dem 12. Lebensjahr die Anzahl und Häufigkeit der Verhaltensstörungen zwar abnehmen, die Jugendlichen aber trotzdem von ihren Erziehern subjektiv als schwieriger erlebt werden, als dies vorher der Fall war.

12. Die Dauerhaftigkeit kindlicher Verhaltensstörungen und der Bezeichnung von Schülern als „erziehungsschwierig"

Die Frage nach der Dauerhaftigkeit kindlicher Verhaltensstörungen hängt mit der Häufigkeit dieser Störungen auf den verschiedenen Alterstufen zusammen. Die beiden Fragestellungen sind aber keineswegs identisch. Es geht zwar in beiden Fällen um Veränderung oder Gleichbleiben von Verhaltensstörungen auf verschiedenen Altersstufen. Das Thema des vorigen Kapitels waren jedoch Veränderungen bei *Gruppen* von Kindern, die jeweils verschiedenen Altersstufen angehören. In diesem Kapitel geht es um die Veränderung der Verhaltensstörungen bei *einzelnen* Kindern im Laufe ihrer Entwicklung.

Die folgenden Ausführungen sützen sich ausschließlich auf Längsschnittuntersuchungen. Während es im 4. Kapitel noch möglich war, Querschnittsstudien zum Vergleich heranzuziehen, ist ein solcher Vergleich hier nicht durchführbar. Daten über die Dauer von Verhaltensstörungen bei einzelnen Kindern können nur gewonnen werden, indem man die Eltern, Lehrer, Kameraden bzw. die Kinder selbst an mindestens zwei verschiedenen Zeitpunkten befragt oder indem man die Kinder über einen längeren Zeitraum hinweg systematisch beobachtet. Die so gewonnen Daten können nun auf verschiedene Weise miteinander verglichen werden:

1. Man kann die untersuchten Verhaltensweisen nach Intensitäts- oder Häufigkeitsgraden skalieren und dann zwischen den an jedem Befragungszeitpunkt erreichten Punktwerten den *Produkt-Moment-Korrelationskoeffizienten* errechnen. Diese unter anderem von Macfarlane u.a. (1954) verwendete Methode hat meines Erachtens erhebliche Nachteile. Zum einen handelt es sich bei den zugrundeliegenden Skalen nicht um echte Intervallskalen, sondern um Nominalskalen. Zum anderen fließen in die Korrelation auch sehr stark die Zusammenhänge zwischen ganz geringen Ausprägungsgraden der untersuchten Verhaltensweise ein, die im Grunde die Frage nach der Dauer des Problemverhaltens nicht tangieren. (Problemverhalten liegt nach den Definitionen der meisten Forscher nur dann vor, wenn die untersuchte Verhaltensweise mit großer Häufigkeit oder Intensität auftritt.) Um Scheinkorrelationen zu verhindern, wäre es deshalb meist sinnvoller gewesen, bei der Berechnung der Koeffizienten von einer einfachen Einteilung der Daten in zwei Kategorien (Auftreten oder Fehlen des *Problemverhaltens*) auszugehen. Die Beschreibung des Zusammenhangs zwischen diesen dichotomen Daten wäre ebenfalls mit Hilfe von Kontingenzkoeffizienten möglich gewesen.
2. Eine andere Möglichkeit des Vergleichs besteht ganz einfach darin, die Prozentzahl derjenigen Kinder anzugeben, von denen eine bestimmte Verhaltensstörung an mindestens zwei verschiedenen Zeitpunkten berichtet wurde. (Verhaltensstörungen, die nur bei einem geringen Prozentsatz am zweiten oder dritten Untersuchungszeitpunkt noch vorkommen, gelten als wenig dauerhaft.) Von dieser Möglichkeit der

Datenauswertung machten vor allem Shepherd, Oppenheim und Mitchell (1973, S. 111ff.) Gebrauch. Um eine Vergleichsmöglichkeit zu schaffen, habe ich aus den Angaben von Macfarlane u.a. (1954, S. 172) die entsprechenden Prozentwerte selbst berechnet.

Wie im Abschnitt über die Häufigkeit von Verhaltensstörungen auf den verschiedenen Alterstufen stützen sich auch hier die meisten Angaben über die Dauer *einzelner* Verhaltensstörungen auf Befragungen von *Eltern*.

Verhaltensstörungen aggressiver Art sind im Vergleich zu den meisten anderen Störungen relativ dauerhaft. Besonders charakteristisch sind in dieser Hinsicht *Wutanfälle*. Von Müttern, die bei einem ersten Interview über Wutanfälle ihrer Kinder berichteten, registrierten 48% drei Jahre später immer noch dieser Verhaltensstörung (Shepherd, Oppenheim und Mitchell 1973, S. 121). Von den Macfarlane befragten Müttern schilderten 55% derjenigen, die überhaupt jemals Wutanfälle bei ihren Söhnen feststellten, diese in mehr als der Hälfte aller 13 Interviews. Im Alter zwischen acht und vierzehn Jahren traten sie bei 9% aller Jungen jedes Jahr erneut auf (Macfarlane u.a. 1954). Dieser Prozentsatz sit in diesem Altersabschnitt der höchste aller von Macfarlane untersuchten Verhaltensstörungen. Trotz dieser Hartnäckigkeit, mit der Wutanfälle immer wieder auftreten, braucht die Mutter eines Fünfjährigen mit häufigen Zornesausbrüchen nicht zu befürchten, daß er sie auch mit vierzehn Jahren noch hat. Die Korrelation zwischen dem Vorkommen von Wut auf den beiden Altersstufen ist mir r = 0,22 relativ niedrig. Wesentlich höher sind diese Korrelationen zwischen benachbarten Alterssstufen, besonders im Alter über zehn Jahren, z.B. r = 0,65 zwischen elf und vierzehn Jahren. „Diese Zahlen bedeuten, daß trotz geringer Dauerhaftigkeit über längere Altersabschnitte hinweg sich das Vorkommen oder Fehlen von Wutanfällen mit steigendem Alter immer mehr stabilisiert" (Macfarlane u.a. 1954, S. 137).
Etwas geringer ist die Dauerhaftigkeit *häufigen Streitens*. Nach Shepherd berichteten 39% der Müttter, die diese Verhaltensstörung im Erstinterview angegeben hatten, auch davon im Zweitinterview drei Jahre später. Die von Macfarlane errechtneten Korrelationen zeigen jedoch, daß sich aus der Streitlust eines Fünfjährigen keine Voraussage über die Häufigkeit des Streitens im Alter von vierzehn Jahren ableiten läßt.
Noch kürzer ist in der Regel die Periode, in der von Kindern berichtet wird, daß sie häufig *Gegenstände zerstören*. Das liegt hauptsächlich daran, daß die Häufigkeit dieser Verhaltensstörung mit zunehmendem Alter stark abnimmt. (Vgl. Kapitel 11.) Nur 25% der Mütter, die Shepherd und seine Mitarbeiter im Abstand von drei Jahren befragten, berichteten beide Male, daß ihre Kinder Gegenstände zerstören. Im Unterschied zu Wutanfällen, die sich im höheren Alter der Kinder stabilisieren, wird das Zerstören von Gegenständen nicht nur seltener, sondern auch immer schwerer vorhersagbar (Macfarlane u.a. 1954, S. 168).

Hinsichtlich einer besonders häufigen „Verhaltensstörung aggressiver Art", der *motorischen Unruhe*, sind die Forschungsergebnisse nicht einheitlich. Nach Shepherd gehört sie zu den immer wieder auftretenden Verhaltensstörungen. 60% der Mütter, die sie im ersten Interview genannt hatten, berichteten sie auch noch drei Jahre später (S. 120). Nach Macfarlane ist die Hypermotorik jedoch „keine Verhaltensstörung, die über einen längeren Zeitabschnitt hinweg andauert" (Macfarlane u. a. 1954, S. 168). Die meisten der bisher vorliegenden Studien unterstützen die Ergebnisse von Macfarlane, da auch sie zeigen, daß die motorische Unruhe von Kindern im Laufe der Zeit verringert wird (Werry 1969, S. 500; Wender 1973, S. 28). Eine kanadische Forschungsgruppe an der McGill University in Montreal kam bei ihrer Längsschnittuntersuchung von hyperaktiven Kindern zu folgenden Ergebnissen: Die eigentliche Hypermotoroik geht bei den meisten Kindern um das 12. Lebensjahr tatsächlich zurück oder sie zeigt sich zumindest in Formen, die nicht zu ständigen Konflikten mit den Lehrern führen. Nach dem 12. Lebensjahr war in der Regel nicht mehr die motorische Unruhe das Hauptproblem der Kinder, sondern leichte Ablenkbarkeit, schlechte Schulleistungen und ein negatives Selbstbild. Das Verschwinden der auffälligen Formen motorischer Unruhe um das 12. Lebensjahr besagt also nicht, daß die Probleme dieser Kinder geringer werden. Die meisten von ihnen haben schon eine Lerngeschichte hintersich, die geprägt ist von ständigem Schulversagen und Ablehnung durch die Umwelt (Weiss, Minde, Werry, Douglas und Nemeth 1971; Minde, Lewin, Weiss, Lavigeur, Douglas und Skykes 1971).
Die Ergebnisse dieser Längsschnittuntersuchung zeigen sehr deutlich die Grenzen der einfach angelegten Studien über die Dauerhaftigkeit von Verhaltensstörungen. Wenn sich eine Arbeit auf die Dauer *einzelner* Verhaltensstörungen beschränkt, gerät oft die Tatsache aus dem Blick, daß ein langes Andauern eienr Störung oft wieder andere hervorruft. Diese neuen Verhaltensstörungen (z.B. negatives Selbstbild) können bleiben, nachdem die ursprüngliche Störung längst verschwunden ist. Wie andere Untersuchungen zeigten, ist die Gefahr, daß eine Verhaltensstörung von einer anderen abgelöst wird, dann besonders groß, wenn ein Kind besonders viele Verhaltensstörungen aggressiver Art aufweist (Robins 1972, S. 432).
Über *Verhaltensstörungen gehemmter Art* schreiben Shepherd, Oppenheim und Mitchell (1973, S. 122): „Rückzugs- und ängstliches Verhalten gehörten zu den am wenigsten persistierenden Verhaltensweisen. Weniger als jedes vierte Kind, über das im Jahre 1961 Furcht, Schüchternheit, Rückzugsverhalten und übermäßiger Gehorsam berichtet wurden, äußerte diese Verhaltensweisen den Angaben zufolge zur Zeit der Nachuntersuchung. ... Es hat deshalb den Anschein, daß diese Formen auffälligen Verhaltens entweder eine vorübergehende Phase in der Entwicklung oder eine vorübergehende Reaktion auf Streß darstellen könnten." Zu demselben Ergebnis kam fünf Untersuchungen, die Robins (1972, S. 432) in ihrem Sammelreferat zitiert. Alle diese Arbeiten

zeigten, daß bei Kindern mit Ängsten die Wahrscheinlichkeit einer spontanen Besserung sehr viel größer ist als bei Kindern mit überwiegend Verhaltensstörungen aggressiver Art.
Die Regel, daß Verhaltensstörungen gehemmter Art im Laufe der Zeit von selbst nachlassen, gilt jedoch nicht uneingeschränkt. Sie bezieht sich nämlich in den oben zitierten Untersuchungen hauptsächlich auf extreme Ausprägungsgrade dieser Störungen. Werden zum Beispiel auch leichtere Formen von Schüchternheit in die Untersuchung miteinbezogen, so zeigt sich, daß Kinder, die mit 7 Jahren schüchtern sind, diese Schwierigkeit auch oft noch mit 14 haben ($r = 0{,}6$; Macfarlane u. a. 1954, S. 121). Dasselbe gilt für starke Zurückhaltung (Macfarlane u. a. 1954, S. 144). Wenn von einer realtiv geringen Dauerhaftigkeit der Verhaltensstörungen gehemmter Art gesprochen wird, so bedeutet das also nicht, daß schüchterne Kinder über Nacht draufgängerisch werden. Wenig dauerhaft sind vor allem diejenigen Formen des gehemmten Verhaltens, die von der Umwelt als „echte Verhaltensstörungen" betrachtet werden.
Eine Verhaltensstörung gehemmter Art ist auch in ihren extremen Ausprägungsgradem sehr dauerhaft, die *Überempfindlichkeit"*. Mehr als 40% aller von Macfarlane befragten Mütter klagten darüber in mehr als der Hälfte aller Interviews. Die Diskrepanz zu der nur geringen Dauer der anderen Störungen aus dieser Kategorie ist allerdings leicht erklärlich, wenn es sich bei der Überempfindlichkeit" mehr um eine Strategie der Kinder zur Durchsetzung ihrer Interessen als um echtes gehemmtes Verhalten handelt, wie es Macfarlane und ihre Mitautoren vermuten (Vgl. Kapitel 11 dieser Arbeit!).
Verhaltensweisen, die für das Alter des Kindes als unangemessen gelten, sind nach den Untersuchungsergebnissen von Victor und Halverston (1976) bei Mädchen über einen Zeitraum von zwei Jahren hinweg zwar relativ dauerhaft, nicht jedoch bei Jungen.
Verhaltensstörungen delinquenter Art haben besonders dann, wenn sie schon einmal zur Verurteilung eines Jugendlichen zu einer Gefängnisstrafe geführt haben, eine hohe Rückfallquote. Glueck und Glueck (1940) fanden bei ihrer Untersuchung von 1000 jugendlichen Delinquenten mit dem Durchschnittsalter von 14 Jahren, daß nach fünf Jahren 80% wieder straffällig geworden waren. Zu einem ähnlichen Ergebnis kam Roberts (1967) bei jugendlichen Drogenbenutzern: 82% von ihnen wurden im Zeitraum von fünf Jahren nach ihrer ersten Verhaftung wieder festgenommen.
Die große Rückfallwahrscheinlichkeit bei echter Delinquenz sollte allerdings nicht dazu führen, schon einen gelegentlichen Diebstahl bei Kindern für ein Anzeichen späterer Kriminalität zu halten. Nach Macfarlane (1954, S. 173) gehört das gelegentliche „Klauen" zu den am seltensten wiederkehrenden Verhaltensstörungen überhaupt. Anders verhält es sich mit den Bandendiebstählen von Jugendlichen, die, wenn sie häufig vorkommen, in einem engen Zusammenhang zur allgemeinen Delinquenzbelastung stehen.

Zusammenfassend läßt sich sagen: Es ist das übereinstimmende Ergebnis der einschlägigen Untersuchungen, daß die meisten Verhaltensstörungen von Kindern *nicht* dauerhaft sind (Macfarlane, Allen und Honzik 1954, S. 174; Levitt 1957; Levitt 1963; Glavin und Quay 1969, S. 86; Robins 1972, S. 430; Shepherd, Oppenheim und Mitchell 1973, S. 165). So gut gesichert dieses Ergebnis in dieser Allgemeinheit auch ist, so bedarf es doch einiger Präzisierungen und Einschränkungen:

1. Obwohl die große Mehrzahl der Verhaltensstörungen im Laufe der Jahre seltener wird, gibt es *einige Störungen*, die *ziemlich dauerhaft* sind, z.B. Wutanfälle oder die verschiedenen Formen sozialisierter Delinquenz.
2. Störungen, die im Zusammenhang mit Psychosen wie dem frühkindlichen Autismus auftreten, sind sogar *außerordentlich dauerhaft*. Sie kommen aber bei Schülern öffentlicher Schulen so extrem selten vor, daß sie in der vorliegenden Arbeit unberücksichtigt bleiben können.
3. Es scheint *Zeitpunkte* zu geben, in denen sich das Verhalten der Kinder besonders stark verändert. Alte Verhaltensstörungen verschwinden, neue treten auf. Diese Zeitpunkte sind oft identisch mit Übergangsperioden im Leben von Jugendlichen, z.B. Übertritt von der Grundschule in die höhere Schule, Eintritt ins Berufsleben (Vgl. Macfarlane u.a. 1954, S. 174!).
4. Es gibt Verhaltensstörungen, z.B. motorische Unruhe, die im Laufe der Jahre seltener werden, an deren Stelle jedoch *andere Störungen* treten. Das Verschwinden einer Störung hat also nicht notwendig zur Folge, daß sich das Gesamtverhalten verbessert.
5. Die hier referierten Untersuchungen gehören zwar zu den gründlichsten ihrer Art, sie sind aber keineswegs frei von *methodischen Schwächen*, die besonders die Interpretation von Einzelergebnissen erschweren. Die wichtigsten dieser Fehlerquellen sind folgende:
   a) Die geringe *Validität* mancher Elternurteile über ihre Kinder. Wie Schnelle (1974) nachweisen konnte, sagen Eltern oft nicht die Wahrheit, wenn man sie nach Verhaltensweisen ihrer Kinder fragt, die sie selber mißbilligen.
   b) Die Fragebogen und Interviewleitfäden waren oft so allgemein gehalten, daß dem *persönlichen Ermessensspielraum* der Eltern bei der Einschätzung bestimmter Verhaltensweisen ein zu breiter Raum gelassen war.
   c) Die *statistische Auswertung* hatte einige erhebliche Schwächen (Vgl. die Bemerkungen am Anfang dieses Kapitels!).
   d) Aufgrund des „*Regressionseffekts*“ ist von vornherein zu erwarten, daß die Zahl der Kinder mit extremen Ausprägungsgraden einer Störung im Laufe der Zeit abnimmt (Vgl. Schwarz 1970, S. 471!).

Die methodischen Schwächen sind wichtig genug, daß man sie bei zukünftigen

Untersuchungen vermeiden oder in Rechnung stellen sollte. Sie sind jedoch nicht so gravierend,daß sie die Gültigkeit der bisherigen Forschungen überhaupt in Frage stellen.
Da man weiß, daß die meisten Verhaltensstörungen von Kindern wenig dauerhaft sind, überrascht es nicht, wenn viele Schüler in einem Schuljahr als „erziehungsschwierig“ bezeichnet werden, im nächsten dagegen als „normal“. Da man außerdem weiß, daß die Kriterien, nach denen man einen Schüler als „erziehungsschwierig“ einstuft, von Lehrer zu Lehrer recht verschieden sind, könnte man sogar erwarten, daß die Zahl der dauernd Erziehungsschwierigen sehr klein ist. Die empirischen Untersuchungen bestätigen in der Tat, daß bei Lehrerbefragungen in aufeinanderfolgenden Jahren meist nicht genau die gleichen Schüler als „erziehungsschwierig“ bezeichnet werden. Andererseits ist die Zahl derjenigen, die immer wieder als erziehungsschwierig gelten, keineswegs so niedrig, wie man aufgrund der vorangehenden Überlegungen hätte vermuten können. In einer westdeutschen Befragung von Lehrern an Sonderschulen für Lernbehinderte fand Winterroth (1973), daß 50,5% der Schüler, die 1972 von ihren Lehrern als „verhaltensgestört“ bezeichnet wurden, auch noch 1973 als „verhaltensgestört“ galten. Zwei amerikanische Untersuchungen kamen zu ähnlichen Resultaten: Nach zwei Jahren betrachtete man noch 50% der ursprünglich genannten Kinder als „problematisch“ oder „emotional gestört“, und nach vier Jahren waren es noch 30% (Robins 1972, S. 431). Es ist sehr wahrscheinlich, daß diese Untersuchungen wegen des Abgangs einiger besonders „schwieriger“ Schüler von der Schule und wegen des auch hier wirksamen Regressionseffektes den Anteil der Schüler, die „erziehungsschwierig“ blieben, sogar noch zu niedrig einschätzen. Angesichts der oft nur kurzen Dauer der zugrundeliegenden Erziehungsschwierigkeiten bedarf also der relativ hohe Anteil derjenigen Schüler einer Erklärung, die von einem Schuljahr zum anderen von verschiedenen Lehrern immer wieder als „erziehungsschwierig“ angesehen werden. Es bieten sich hierfür mehrere Erklärungsmöglichkeiten.

1. Zu der Bezeichnung „erziehungsschwierig“ führen in der Regel die relativ *dauerhaften Verhaltensstörungen* aggressiver und delinquenter Art und nicht die oft kurzlebigen Störungen gehemmter Art. (Vgl. Kapitel 4 und Abbildung 3.1.)
2. Das Verhalten des typischen erziehungsschwierigen Schülers, d.h. des aggressiven Schülers, ist besonders *auffällig* und für den Lehrer unmittelbar *störend.* Die Wahrscheinlichkeit, daß sein abweichendes Verhalten von verschiedenen Lehrern bemerkt wird, ist größer als bei schüchternen oder ängstlichen Schülern.
3. Besonders bei Schülern mit Verhaltensstörungen aggressiver und delinquenter Art ist es oft so, daß eine Störung eine andere ablöst. Die schlechteste Prognose haben Schüler mit einer *Vielzahl* solcher Verhaltensstörungen

(Robins 1972, S. 432). Genau diese Gruppe von Schülern wird besonders häufig als „erziehungsschwierig“ bezeichnet. (Vgl. Kapitel 4.)

4. Schwierige Schüler bekommen sehr bald in Lehrerkollegien einen Ruf, der selbst dann konstant bleibt, wenn sich das Verhalten des Schülers ändert. „Ein Schüler, der im Kindergarten oder im ersten Schuljahr als ‚Störenfried‘ bekannt wurde, behielt diesen Ruf in allen Schuljahren. Der komplexe Interaktionsprozeß zwischen Persönlichkeitselementen, Behandlung durch Lehrer und Mitschüler und Rollenerwartungen sorgte dafür, daß sein Ruf ihm vorausging, wenn er einmal als Erziehungsschwieriger identifiziert worden war, und daß sein späteres Verhalten als erziehungsschwierig interpretiert wurde“ (McPherson 1972, S. 101).

13. Auswirkungen der Verhaltensstörungen von Kindern und Jugendlichen auf ihr späteres Leben als Erwachsene

Untersuchungen über die Auswirkungen von Verhaltensstörungen auf das Erwachsenenleben sind zur Zeit noch recht selten. Die Notwendigkeit solcher Studien ist unbestritten, denn sie können Wesentliches zur Beantwortung der Frage beitragen, wie schwerwiegend die einzelnen Störungen in bezug auf die spätere Entwicklung sind. Diese Untersuchungen erfordern aber einen Zeitaufwand, der so groß ist, daß die meisten Forschungsgruppen davor zurückschrecken.
Eine der wenigen ausführlichen Arbeiten auf diesem Gebiet stammt von der amerikanischen Medizinsoziologin Lee Robins. Trotz mancher Schwächen gilt diese Arbeit als die gründlichste und methodisch zuverlässigste ihrer Art (Glavin und Quay 1969, S. 88).

Die Untersuchung von Robins (1966) basiert auf der Befragung von 524 Versuchspersonen und 100 Kontrollpersonen. Bei den *Versuchspersonen* handelte es sich um ehemalige Klienten einer Erziehungsberatungsstelle („child guidance clinic"), die dort dreißig Jahre vorher wegen Verhaltensstörungen befragt worden waren. Die *Kontrollgrupppe* bestand aus Bewohnern derselben Stadt, die als Kinder weder diese Erziehungsberatungsstelle noch jemals Fürsorgeerziehung in Anspruch genommen hatten. Hinsichtlich Rasse, Alter, Geschlecht und Sozialstatus wurden die beiden Gruppen so weit wie möglich parallelisiert. Beide Gruppen enthielten nur Personen, die als Kinder einen Intelligenzquotienten von über 80 hatten, gemessen mit dem Otis- bzw. Stanford-Binet-Test.
Robins benutzte in ihrer Arbeit eine Klassifikation kindlicher Verhaltensstörungen, die von der in der vorliegenden Arbeit verwendeten abweicht. Sie teilt die Verhaltensstörungen in zwei große Gruppen, die gegen die Gesellschaft gerichteten („antisozialen") und die nicht gegen die Gesellschaft gerichteten („nicht antisozialen") Verhaltensstörungen. Unter der Bezeichnung *„antisoziale Verhaltensstörungen"* versteht Robins (1966, S. 139) folgende Verhaltensweisen oder Eigenschaften: häufiger Wechsel des Arbeitsplatzes und Abbruch der Berufsausbildung; ständiger Ungehorsam; nachts über die erlaubte Zeit hinaus von zu Hause fortbleiben; Alkoholismus; körperliche Aggressionen; Verbindung mit Kindern, die einen schlechten Ruf haben; deutlich impulsives und rücksichtsloses Verhalten; Schule schwänzen; Zerstörungswut; von zu Hause fortlaufen und ohne Erlaubnis außer Haus übernachten; „pathologisches" Lügen (d.h. Lügen, das nicht als Versuch, ein Fehlverhalten zu verbergen, interpretiert werden konnte); Schwierigkeit, mit Altersgenossen zurechtzukommen; Gebrauch von Decknamen oder Versuch, Fremde über die eigene Familienzugehörigkeit zu täuschen; Fehlen von Schuldbewußtsein bei „antisozialen" Handlungen; Unverantwortlichkeit gegenüber Zeit oder Geld; Diebstähle; verbale Aggressionen; sexuelle Perversion; Masturbation (wurde miteinbezogen, wenn

die Eltern sich darüber beschwerten, nicht allein deshalb, weil ein Kind sie in der Exploration erwähnte); Teilnahme an einer Vergewaltigung; Teilnahme an Inzest; unerlaubte heterosexuelle Beziehungen; vor- oder außereheliche Schwangerschaft oder Vaterschaft; Heirat als Minderjähriger; Exhibitionismus; exzessive sexuelle Gespräche oder Spiele.

Von diesen „antisozialen" Verhaltensweisen gelten nach der von mir verwendeten Klassifikation drei als „Verhaltensstörungen aggressiver Art" (körperliche und verbale Aggression sowie rücksichtsloses Verhalten) und vier als „Verhaltensstörungen delinquenter Art" (nachts von zu Hause fortbleiben, Freundschaft mit Kindern, die einen schlechten Ruf haben, Schule schwänzen und Diebstahl).

Als *„nicht antisoziale Verhaltensstörungen"* bezeichnete Robins (1966, S. 140): Sprachstörungen; Schmerzen ohne Hinweise auf eine körperliche Ursache; Ohnmachtsanfälle, die nicht Folgen einer Hirnverletzung waren; Appetitlosigkeit als Grund für die Konsultation oder 15% Untergewicht bei der medizinischen Untersuchung; abwegige Eßgewohnheiten, z.B. aus Abfallkübeln essen; Betteln; keine Reaktion auf Ablehnung durch andere; Schlaflosigkeit; Bettnässen bei Kindern über sechs Jahren; Alpträume; Schlafwandeln; Nägelkauen; Daumenlutschen bei Kindern über sechs Jahren; übertriebene Ängste oder Phobien; sich von anderen absondern; Schüchternheit oder Kommunikationsmangel; Schmutzigkeit (wenn dies als Problem vorgetragen und nicht bloß beobachtet wurde); Gesichtszucken oder gespreiztes Gehabe; chronische Traurigkeit; ungewöhnliche oder paranoide Vorstellungen oder ein Gefühl von Unwirklichkeit; chronische Übererregbarkeit; Überempfindlichkeit oder häufiges Weinen; Unruhe und Ablenkbarkeit; sehr häufiges Träumen und Unaufmerksambarkeit; Übelkeit und Erbrechen; Selbstmordpläne oder -versuche; chronische Müdigkeit oder Faulheit; Unfähigkeit zu lernen trotz ausreichender Intelligenz; Grübeln oder übertriebenes Sich-Sorgen-Machen; übermäßige Abhängigkeit; emotionale Kälte oder Mangel an Zuneigung; Wutanfälle und schließlich „Nervosität" (wurde nur notiert, wenn die Einzelheiten nicht für eine präzisere Diagnose ausreichten).

Von diesen „nicht antisozialen" Verhaltensstörungen sind mindestens acht „Verhaltensstörungen gehemmter Art", nämlich übertriebene Ängste und Phobien, sich von anderen absondern, Schüchternheit, paranoide Vorstellungen, Überempfindlichkeit, Nägelkauen, häufiges Weinen und Grübeln. Praktisch alle in der empirischen Klassifikation von Quay (1972, S. 12) enthaltenen „Verhaltensstörungen gehemmter Art" tauchen hier wieder auf. Auch ungefähr drei „Verhaltensstörungen, die für das Alter des Kindes als unangemessen gelten", zählt Robins zu den „nicht-antisozialen Verhaltensstörungen": Träumen, Trägheit und Übererregbarkeit.

Die beiden Klassen von Verhaltensstörungen in der Kindheit, die Robins verwendet, dienen als *Prädiktoren* für spätere Soziopathie oder andere psychiatrische Leiden. Sie sind also das, *womit* vorhergesagt wird. Die *Kriterien* (das, *was* vorhergesagt wird) sind in der Arbeit von Robins Soziopathie, Alkoholismus, Schizophrenie, Angstneurose, chronisches psychoorganisches Syndrom und Hysterie im Erwachsenenalter.

Für die Diagnose *Soziopathie* im Erwachsenenalter benutzte Robins folgende Indikatoren: häufiger Wechsel des Arbeitsplatzes, häufige Scheidungen oder Verlassen des Ehepartners, übermäßiger Drogengebrauch, starke Trinksucht, wiederholte Verhaftungen, körperliche Aggressionen, Promiskuität oder sexuelle Perversionen, Selbstmord(versuche), impulsives Verhalten, Schulprobleme und Schuleschwänzen, Abhängigkeit von der Sozialhilfe, Disziplinarvergehen während des Wehrdienstes, Landstreicherei, viele körperliche Beschwerden, pathologische Lügen, Fehlen von Freunden, Gebrauch von Decknamen, Fehlen von Schuldgefühlen bei Verbrechen, sexuellem Mißbrauch und Rücksichtslosigkeit als Jugendlicher. Ein Erwachsener wurde nur dann als „Soziopath" diagnostiziert, wenn er mindestens fünf dieser Verhaltensweisen gezeigt hatte. Die

Diagnose richtete sich aber nicht allein nach der Zahl der Störungen, sondern auch noch dem Gesamturteil der beiden Psychiater, die diese Diagnose stellten.
Als *Alkoholiker* galten alle Personen mit „unzweifelhafter Alkoholsucht ohne eine erkennbare zugrundliegende Ursache". Soziopathen, Schizophrene und andere psychiatrische Patienten, die gleichzeitig trunksüchtig waren, wurden nicht in diese Kategorie aufgenommen, wohl aber Angstneurotiker (Robins 1966, S. 244).
Die Definition von *Schizophrenie, Angstneurose, chronischem, psychoorganischen Syndrom* folgte den Kriterien des Diagnostic Manuals der American Psychiatric Association (1952). Wie bei der Diagnose von Soziopathie und Alkoholismus war auch hier letztlich das Gesamturteil der beiden untersuchenden Psychiater ausschlaggebend.

Das wichtigste Ziel der Untersuchung von Robins war eine Antwort auf die Frage, ob Verhaltensstörungen in der Kindheit und Jugend Soziopathie im Erwachsenenalter vorhersagen. Aufgrund ihrer Untersuchungsergebnisse kann Robins diese Frage bejahen: „Antisoziales Verhalten in der Kindheit sagt nicht nur das vollentwickelte Krankheitsbild voraus, das als Soziopathie diagnostiziert wird, es sagt sogar die Häufigkeit antisozialen Verhaltens voraus bei Erwachsenen, die nicht genug antisoziales Verhalten zeigen, um als Soziopathen diagnostiziert zu werden" (Robins 1966, S. 158).
Die Frage nach dem Zusammenhang zwischen antisozialen Verhaltensstörungen in der Kindheit und Soziopathie im Erwachsenenalter kann aber noch genauer beantwortet werden. Man kann untersuchen, welche *einzelnen* Verhaltensstörungen besonders zuverlässige Anzeichen für spätere Soziopathie sind, ob eine Beziehung besteht zwischen der *Zahl* dieser Verhaltensstörungen und Soziopathie und welche von diesen oder welche anderen Prädikatoren am besten Soziopathie vorhersagen.
Von den ehemaligen Klienten der Erziehungsberatungsstelle wurden insgesamt 22% in ihrem Erwachsenenleben als Soziopathen diagnostiziert. Die folgende Tabelle zeigt, welche einzelnen Verhaltensstörungen in der Kindheit einen signifikant höheren Prozentsatz als 22% „Soziopathen" vorhersagten.

Tabelle 3.4: Einzelne Verhaltensstörungen in der Kindheit, die bei signifikant mehr als 22% der von Robins befragten Personen Soziopathie im Erwachsenenalter vorhersagten (nach Robins 1966, S. 149)

Verhaltensstörung in der Kindheit	Anzahl	Prozentsatz derjenigen, die diese Verhaltensstörung als Kinder zeigten und die später als Soziopathen diagnostiziert wurden
„Antisoziale" Verhaltensstörungen:		
Pathologisches Lügen	62	39
Fehlendes Schuldbewußtsein	78	38
Sexuelle Perversion	46	37
Impulsives Verhalten	103	35
Schuleschwänzen	182	34
Von zu Hause fortlaufen	200	33
Körperliche Aggressionen	131	32
Häufiger Wechsel des Arbeitsplatzes	129	32
Vorehelicher Geschlechtsverkehr	85	31
Diebstahl	243	31
Sehr häufiger Ungehorsam	251	30
Nachts über die erlaubte Zeit hinaus von zu Hause fortbleiben	171	30
„Schlechte Freunde"	177	30
Rücksichtslosigkeit	114	29
„Nicht-antisoziale" Verhaltensstörungen:		
Schmutzigkeit	88	34
Bettnässsen	103	29

Das sind vierzehn der insgesamt 26 „antisozialen" Verhaltensstörungen. Die zwölf anderen „antisozialen" Verhaltensstörungen leisteten dagegen – für sich genommen – keinen signifikanten Beitrag zur Vorhersage von Soziopathie. Insbesondere die sexuellen Abweichungen wie sexuelle Spiele, Exhibitionismus sowie auffällige Masturbation waren die Vorhersage späterer Soziopathie gänzlich ungeeignet (Robins 1966, S. 148).

Diese Ergebnisse von Robins (1966) stimmen mit den Resultaten anderer Untersuchungen überein. Verschiedene amerikanische und britische Befragungen kamen zu dem Ergebnis, daß spätere Delinquente als Kinder schlechte Schulleistungen und häufige Aggressionen zeigten. Wichtige Prädiktoren waren ebenfalls Impulsivität und Schuleschwänzen (Glueck und Glueck 1940; Robins 1972, S. 424). In einer westdeutschen Untersuchung fand Pinkert (1974) folgende Prädiktoren der Bedürftigkeit für öffentliche Erziehung (Freiwillige Erziehungshilfe und Fürsorgeerziehung): Schulminderleistung, Gewalttätig-

keit, Streitsucht, Stören in der Schule, Schuleschwänzen, Fortlaufen und Streunen, Abbruch der Berufsausbildung, Arbeitsscheu und Bettnässen.
Die zweite Frage bei der genaueren Untersuchung des Zusammenhangs zwischen „antisozialen Verhaltensstörungen" im Kindesalter und Soziopathie als Erwachsener lautet: Welche Beziehung besteht zwischen der *Anzahl, Gewichtung* und *Häufigkeit* dieser Störungen und späterer Soziopathie? Zunächst stellt Robins fest, daß Anzahl, Gewichtung und Häufigkeit miteinander korrelieren, d.h. Kinder mit einer großen Anzahl verschiedenartiger Verhaltensstörungen zeigen diese auch meist häufig und Kinder mit vielen „antisozialen" Verhaltensstörungen haben darunter meist einige, die so schwerwiegend sind, daß sie zu einer Verhaftung oder Verurteilung durch das Jugendgericht führen.
Wenn man Anzahl, Häufigkeit und Schweregrad unabhängig voneinander auf den Einfluß hin untersucht, den sie für die Entstehung von Soziopathie im Erwachsenenalter haben, dann ergibt sich folgendes: Der Einfluß der drei Variablen ist etwa gleich groß. Die beste Vorhersage späterer Soziopathie erhielt man bei Berücksichtigung aller drei Variablen (Robins 1966, S. 146). Wenn man die Anzahl, Häufigkeit und den Schweregrad der kindlichen Verhaltensstörungen zusammen oder auch einzeln als Prädiktoren benutzte, ergab sich eine erheblich größere Vorhersagegenauigkeit als bei der Verwendung einzelner Verhaltensstörungen als Prädiktoren (Robins 1966, S. 152).
Auch dann ließ sich eine große Vorhersagegenauigkeit erzielen, wenn man die Kinder in zwei Gruppen teilte, solche mit weniger als sechs und solche mit sechs oder mehr „antisozialen" Verhaltensstörungen. Die besten Prädiktoren der ersten Gruppe waren: 1. das Verbüßen einer Jugendstrafe in einer geschlossenen Anstalt, 2. ein Soziopath oder Alkoholiker als Vater, 3. vier oder mehr strafbare Handlungen, 4. stark impulsives Wesen, 5. Aggressivität gegenüber fremden Altersgenossen. Für die zweite Gruppe waren die besten Prädiktoren: 1. das Verbüßen einer Jugendstrafe, 2. vier oder mehr strafbare Handlungen, 3. fehlende Konsequenz und Strenge im Elternhaus, 4. keine Geschwister oder drei Geschwister, 5. Diebstahl. Es hängt also offensichtlich *nicht ausschließlich* vom Verhalten in der Kindheit ab, ob sich im Erwachsenenalter eine Soziopathie entwickelt, obwohl die Zahl, Häufigkeit und Intensität kindlicher Verhaltensstörungen für die Vorhersage späterer Soziopathie die größte Rolle spielen. Besonders das Verbüßen einer Jugendstrafe scheint eine zusätzliche unheilvolle Wirkung auf die Entwicklung von Jugendlichen zu haben. Auch dieser Befund wird von anderen Untersuchungen bestätigt (Robins 1972, S. 438f.). Die Behauptung, daß Jugendstrafen der Resozialisierung dienen, ist angesichts dieser Daten mehr als fragwürdig.
Nachdem der Einfluß kindlicher Verhaltensstörungen auf spätere Soziopathie nachgewiesen werden konnte, untersuchte Robins auch die Beziehungen zwischen kindlichen Verhaltensstörungen und Alkoholismus, Schizophrenie,

Tabelle 3.5: Die Vorhersage der Diagnosen Alkoholismus, Schizophrenie, Angstneurose, chronisches psychoorganisches Syndrom und Hysterie durch Verhaltensstörungen in der Kindheit (nach Robins 1966, S. 150)

Verhaltensstörungen in der Kindheit	Zahl	Prozentsatz derjenigen mit einer bestimmten Verhaltensstörung, bei denen später diagnostiziert wurde:				
		Alkoholismus	Schizophrenie	Angstneurose	Chronisches psychoorganisches Syndrom	Hysterie
„Antisoziale" Verhaltensstörungen:						
Schule schwänzen	182	11[s]	7	5	2	2
Von zu Hause weglaufen	200	11[s]	6	3	3	5
Diebstahl	243	10[s]	6	5	2	2
Körperliche Aggressionen	131	8	9	5	5[s]	2
Impulsives Verhalten	103	9	7	4	6[s]	4
Schwierigkeiten mit Altersgenossen	174	8	8	6	5[s]	5
Auffällige Masturbation	57	12	4	9	7[s]	4
Häufiger Berufswechsel und abgebrochene Berufsausbildung	129	6	5	2	2	9[s]
Trinken	28	11	0	0	4	14[s]
Vulgäre Sprache	156	8	7	6	4	8[s]
Vorehelicher Geschlechtsverkehr	85	7	4	6	1	13[s]
Sexuelle Spiele etc.	50	8	2	6	4	12[s]
Andere Verhaltensstörungen und Symptome:						
Unaufmerksamkeit, Träumen	56	20[s]	2	7	5	4
Körperliche Symptome	54	7	15[s]	9	4	13[s]
Nägelkauen	88	10	12[s]	8	3	3
Depressionen	41	10	15[s]	5	0	7
Grübeln, Sich-Sorgen-Machen	14	0	29[s]	0	0	7
Übermäßige Abhängigkeit	34	9	21[s]	6	0	3
Anfälle	31	10	0	0	16[s]	6
Betteln	17	18	12	0	23[s]	0
Schlafwandeln	137	9	4	4	5[s]	4
Wird für dumm gehalten	90	8	6	9	6[s]	8
Geringe Energie	87	9	5	2	2	10[s]

s = Der Prozentsatz ist signifikant höher als erwartet (5%-Niveau)

Angstneurose, chronischem psychoorganischem Syndrom und Hysterie. In Tabelle 3.5 wird gezeigt, wie sich diese psychiatrischen Störungen im Erwachsenenalter durch Verhaltensstörungen in der Kindheit vorhersagen lassen.
Aus dieser Tabelle wird deutlich, daß „antisoziale“ Verhaltensstörungen vor allem einen signifikanten Beitrag zur Vorhersage von *Alkoholismus, chronischem psychoorganischem Syndrom* und *Hysterie* leisten.
Das *chronische psychoorganische Syndrom* wird allerdings ebensogut von einigen „nicht-antisozialen“ Verhaltensstörungen vorhergesagt. Im Falle der *Soziopathie* (Tabelle 3.4), des *Alkoholismus* und der *Hysterie* (Tabelle 3.5) tragen zumindest einige „nichtantisoziale“ Verhaltensstörungen in der Kindheit zur Verbesserung der Vorhersage bei.
Ein Sonderfall ist die Vorhersage späterer *Schizophrenie*. Geht man von den einzelnen Verhaltensstörungen aus, so sind es nur „nicht-antisoziale“ Störungen, besonders Grübeln und übermäßige Abhängigkeit, die einen signifikant höheren Prozentsatz von Schizophrenen vorhersagen als durch Zufall zu erwarten wäre (Tabelle 3.5). Andererseits ist aber die Gesamtzahl der antisozialen Verhaltensstörungen plus der Gesamtzahl der nicht-antisozialen Störungen (vorausgesetzt, daß es in beiden Gruppen mehr als sechs sind) ebenfalls als Prädiktor späterer Schizophrenie geeignet (Robins 1972, S. 437).
Ebenso wie Michael u.a. (1957) fand Robins (1966), daß Schüchternheit und Zurückgezogenheit im Kindesalter, die so oft als Anzeichen späterer Schizophrenie gelten, weder Schizophrenie noch irgendein anderes psychiatrisches Leiden vorhersagen. Auch eine Schweizer Längsschnittuntersuchung bestätigt, daß die Voraussage von Schizophrenie aufgrund der sogenannten „schizoiden“ Charakterzüge ein außerordentlich fragwürdiges Unterfagen ist (Witzig 1973, S. 146).
Als noch schwieriger erwies sich die Vorhersage im Falle der *Angstneurose*. Es wurden überhaupt keine Verhaltensstörungen in der Kindheit gefunden, die einen größeren als den durch Zufallsvariation zu erwartenden Anteil späterer Angstneurotiker vorhersagten.
Insgesamt waren die „nicht-antisozialen“ Verhaltensstörungen zur Vorhersage viel weniger geeignet als die „antisozialen“ Störungen. Zwanzig von insgesamt dreiunddreißig hatten überhaupt keine Beziehung zu einem psychiatrischen Leiden oder zur Soziopathie im Erwachsenenalter. Zu den Verhaltensstörungen, bei denen sich überhaupt keine Beziehung zu späteren Beschwerden nachweisen ließ, gehörten die meisten „Verhaltensstörungen gehemmter Art“ und viele, die in der Praxis von Erziehungsberatungsstellen eine große Rolle spielen, z.B. Ängstlichkeit, Überempfindlichkeit, Schüchternheit, Zuckungen und Sprachstörungen. Während diese Verhaltensweisen Eltern oft erhebliche Sorgen machen, ist die Prognose hier verhältnismäßig günstig (Robins 1966, S. 152).
Anders verhält es sich dagegen mit den „antisozialen“ Verhaltensstörungen

(Verhaltensstörungen aggressiver und delinquenter Art). Soziopathie im Erwachsenenalter wurde bei 28% derjenigen festgestellt, die als Kinder wegen antisozialer Störungen die Erziehungsberatungsstelle aufgesucht hatten. Wenn bei der Untersuchung in der Kindheit sechs oder mehr verschiedene antisoziale Verhaltensstörungen festgestellt wurden, lautete die Diagnose später bei 33% auf Soziopathie. Bei 10 oder mehr antisozialen Störungen fand man Soziopathie in 43% aller Fälle. Je höher die Anzahl und Häufigkeit antisozialer Verhaltensweisen in der Kindheit war, um so häufiger wurde die Diagnose „Soziopathie“ im Erwachsenenalter gestellt. Ebenfalls fand man bei den Kindern mit vielen antisozialen Verhaltensstörungen später häufiger Hysterie und Alkoholismus als im Durchschnitt der Bevölkerung.

Diese Untersuchungsergebnisse stehen nicht nur in Übereinstimmung mit den Resultaten anderer Forscher (vgl. Lewis 1965; Clarizio 1968), sondern stimmen auch überein mit den Befunden über die Dauer von Verhaltensstörungen, die im vorigen Abschnitt referiert wurden. Dort hatte sich gezeigt, daß Verhaltensstörungen aggressiver und delinquenter Art relativ dauerhaft sind, während die Verhaltensstörungen gehemmter Art eine größere Wahrscheinlichkeit hatten, von selbst zu verschwinden oder zumindest in ihrer Intensität nachzulassen.

Am Beispiel der Hypermotorik wurde im vorigen Abschnitt gezeigt, daß oft eine Verhaltensstörung eine andere ablöst. Das war besonders bei Kindern mit einer Vielzahl unterschiedlicher Störungen der Fall. Die schlechteste Prognose hatten regelmäßig diejenigen, die schon einmal öffentlich als „Erziehungsschwierige“, „Fürsorgefälle“ oder „Kriminelle“ etikettiert worden waren. Ähnliches zeigte sich auch hier: Wer als Kind oder Jugendlicher eine große Zahl „antisozialer“ Verhaltensstörungen zeigte und besonders, wer schon einmal eine Jugendstrafe abgesessen hatte, wurde häufig im Erwachsenenalter als „Soziopath“ diagnostiziert. Dabei waren die einzelnen Verhaltensstörungen auf den verschiedenen Altersstufen häufig nicht die gleichen, gehörten aber in der Regel derselben Klasse, z.B. den antisozialen Störungen an.

Eines der wichtigsten Forschungsergebnisse der Längsschnittstudien über die Dauer kindlicher Verhaltensstörungen und ihre Auswirkung auf das Erwachsenenleben ist die Entdeckung, daß Verhaltensstörungen gehemmter Art eine größere Aussicht auf spontane Besserung haben als Verhaltensstörungen aggressiver und delinquenter Art. Dieser Befund steht im Widerspruch zu einer Auffassung, die seit Jahren in der pädagogischen und psychologischen Fachliteratur vertreten wird. So bezeichneten die von Wickman im Jahre 1928 befragten Psychologen Zurückgezogenheit, Ängstlichkeit und Empfindlichkeit als die schwerwiegendsten Verhaltensstörungen und als Gefahrensignal für noch schwere Probleme in der Zukunft. Aggressivität, zumindest Aggressivität gegen Sachen, hielten sie dagegen für wenig bedenklich. Diese Auffassungen, die nie durch empirische Untersuchungen belegt wurden, dienten jahrelang in den

Vereinigten Staaten als Richtschnur für die Ausbildung von Lehrern. Vor kurzem wurde diese These auch in Westdeutschland aufgegriffen, und R. Fatke schrieb in einem Aufsatz, in dem er sich auf Wickman beruft, kontaktscheues und gehemmtes Verhalten wirke sich in späterer Zeit „besonders verhängnisvoll" aus und die scheuen, zurückgezogenen Schüler seien „in besonderem Maß gefährdet" (Fatke 1974, S. 97 und 102). So wünschenswert es auch ist, Lehrer auf die oft so vernachlässigten Verhaltensstörungen gehemmter Art hinzuweisen, die Begründung, die hierfür gegeben wird, entspricht jedoch nicht den oben referierten Forschungsergebnissen. Die ungünstigsten Zukunftsaussichten haben nach den bisherigen Erkenntnissen nicht die ängstlichen und kontaktscheuen Schüler, sondern die aggressiven und delinquenten, besonders aber diejenigen, die schon einmal öffentlich als „Verhaltensgestörte" oder „Kriminelle" etikettiert worden sind. Diese Erkenntnisse sollten allerdings die Bemühungen von Lehrern um ängstliche und kontaktarme Schüler nicht behindern, sondern fördern. Mit diesen Schülern wird ein Lehrer am ehesten Erfolge haben, auch ohne Hilfe durch Psychologen. Am stärksten gefährdet und deshalb auch am meisten hilfebedürfig sind die aggressiven und delinquenten Schüler. Um diesen Schülern zu helfen, reicht der Einfluß eines Lehrers meist nicht aus, und eine wirksame Unterstützung durch ausgebildete Fachleute wäre notwendig.

Trotz ihrer Bedeutung ist die Arbeit von Robins nicht frei von Schwächen. Das Festhalten der Autorin am Krankheitsmodell der Verhaltensstörung läßt sie sehr stark die Kontinuität der „antisozialen" Störungen in Kindheit und Erwachsenenalter betonen und wichtige situative und entwicklungsmäßige Einflüsse manchmal übersehen. Auch mutet die Einordnung von Masturbation, Heirat als Minderjähriger und vorehelichem Geschlechtsverkehr unter der Rubrik „antisoziale Verhaltensstörungen" schon etwas eigenartig an. Die Autorin vermerkt allerdings selbst, daß sich diese Klassifikation an den Normen von 1920 orientiert habe und daß man heute andere Wertmaßstäbe zugrunde legen würde.

Hinzu kommen einige methodische Schwächen wie die Tatsache, daß sich die gesamte Untersuchungspopulation aus den Klienten einer einzigen Erziehungsberatungsstelle zusammensetzte. Deren Aufnahmepraktiken wirkten natürlich als Selektionsfaktor und beeinträchtigten die Repräsentativität der Ergebnisse. Robins versuchte diesen Nachteil durch den Vergleich mit einer Kontrollgruppe zu eleminieren, war in dem Versuch, die beiden Gruppen zu paralellisieren, allerdings nicht besonders erfolgreich. (Vgl. Glavin und Quay 1969, S. 87.) Die mangelnde Repräsentativität der Stichprobe scheint aber die Gültigkeit der Ergebnisse von Robins nicht beeinträchtigt zu haben, da andere Untersuchungen durchwegs zu ähnlichen Resultaten kamen (Lewis 1965; Clarizio 1968; Robins 1972).

4. Teil
Die schulischen Normen und der Etikettierungsprozeß als „konstituierende Ursachen" von Erziehungsschwierigkeiten

Fragt man Lehrer oder Psychologen nach den Ursachen schulischer Erziehungsschwierigkeiten, so erhält man häufig zur Antwort, die Erziehungsschwierigkeit beruhe auf gestörten Familienverhältnissen oder werde durch schulische Mißerfolge ausgelöst. In dem vorliegenden Teil geht es nicht um Ursachen in diesem Sinn. Es soll vielmehr die grundlegendere Frage beantwortet werden, was eine Verhaltensweise überhaupt zur Erziehungsschwierigkeit macht. Eine erste Antwort auf diese Frage gibt unsere Definition der Erziehungsschwierigkeit: Es handelt sich immer um eine *Regelübertretung* eines Schülers, die von einem schulischem Erzieher als störend oder unangemessen *beurteilt* wird. Im ersten Kapitel dieses Teils wird untersucht, um welche Regeln es sich handelt, wie sie legitimiert sind und worin ihre Funktion besteht. Bei der Frage nach der Legitimation stütze ich mich vor allem auf das zur Zeit geltende Schulrecht, bei der Frage nach der Funktion auf Theorieelemente aus dem strukturellen Funktionalismus, der versucht, die Normen eines Sozialgebildes in Zusammenhang mit seinen Zielen zu sehen. Das 15. Kapitel stellt die Frage, wie die Ähnlichkeit der Normen in verschiedenen Schulen und bei verschiedenen Lehrern zu erklären ist. Das 16. Kapitel schließlich fragt nach den Gründen für die individuellen Unterschiede in der Interpretation und Anwendung dieser Normen.

14. Die schulischen Normen, ihre Legitimation und funktionale Bedeutung

Die schulischen Normen lassen sich nach ihrer juristisch verstandenen Legitimation in drei Gruppen einteilen. Die erste Gruppe besteht aus denjenigen „Pflichten des Schülers", die ausdrücklich im Schulrecht genannt werden. Die zweite und zugleich größte Gruppe besteht aus Normen, die zwar durch das Schulrecht legitimiert sind, aber nicht ausdrücklich dort genannt werden. Zur dritten Gruppe schließlich gehören diejenigen Verhaltenserwartungen, die ohne Legitimation durch das Schulrecht mit Hilfe schulischer Sanktionen aufrechterhalten werden.

Normen, die ausdrücklich im Schulrecht genannt werden

Die wichtigste der im Schulrecht ausdrücklich erwähnten Pflichten des Schülers ist die Verpflichtung zum Schulbesuch überhaupt. Die Schulpflichtverletzung kann entweder durch Verwaltungsbußverfahren oder durch Strafverfahren geahndet werden, und es besteht die Möglichkeit, einen schulunwilligen Schüler zwangsweise der Schule zuzuführen (Heckel und Seipp 1969).
Der Schüler ist nicht nur zur Teilnahme am Unterricht, sondern auch zur Teilnahme an den für verbindlich erklärten Schulveranstaltungen verpflichtet. Er soll sich gründlich auf den Unterricht vorbereiten, die erforderlichen Arbeitsmittel bereithalten und im Unterricht mitarbeiten (Allgemeine Schulordnung 1975, § 38, Abs. 2). Weitere Pflichten des Schülers sind nach der „allgemeinen Schulordnung" (1975) für das Land Bayern: pflegliche Behandlung der Einrichtungs- und Ausbildungsgegenstände (§ 4, Abs. 3), Sauberhaltung des Schulgebäudes, des Schulgrundstücks und der sonstigen im Rahmen schulischer Veranstaltungen besuchten Einrichtungen (§ 4, Abs. 3) und Teilnahme an Untersuchungen im Rahmen der Schulgesundheitsfürsorge (§ 38, Abs. 5). Ausdrücklich verboten sind innerhalb des Schulbereichs Rauchen, Genuß alkoholischer Getränke und sonstiger Rauschmittel (§ 38, Abs. 4), der Gebrauch unerlaubter Hilfsmittel in Prüfungen (§ 20, Abs. 7) und in Volksschulen das Mitbringen von Gegenständen, die die Unterrichts- und Erziehungsarbeit oder die Ordnung der Schule stören können (Allgemeine

Schulordnung 1975, S. 53, ergänzende Bestimmung Nr. 38.1). Außerdem verpflichtet das Schulrecht die Schüler zur Einhaltung der Hausordnung, in der Normen, die für die ganze Schule gelten, schriftlich fixiert sind, z. B. Vorschriften über den Schulbeginn und das Verhalten in den Pausen (Allgemeine Schulordnung 1975; Heckel und Seipp 1969, Anhang). Das Auffälligste an dieser Liste der Pflichten und Verbote ist ihre Heterogenität. Nur einige von ihnen stehen in einer direkten Verbindung zu Lern- und Erziehungsszielen der Schule. Die meisten dienen dem Ziel, einen ordnungsgemäßen Schulbetrieb aufrechtzuerhalten.

Die in dieser Schulordnung genannten Normen können durch die üblichen Ordnungsmaßnahmen geahndet werden, z. B. durch Verweis, verschärften Verweis, Ausschluß vom Unterricht für zwei bis vier Wochen, Androhung der Entlassung, Entlassung und Ausschluß von allen Schulen des Landes (Allgemeine Schulordnung 1975, § 39). Die Strafe für den Gebrauch unerlaubter Hilfsmittel bei einer zu benotenden schriftlichen oder praktischen Arbeit ist die Bewertung der Arbeit mit der Note 6 (Allgemeine Schulordnung, § 20, Abschn. 7). Außer in diesem letzten Fall legt die Schulordnung nie das Ausmaß der Strafe für eine Pflichtverletzung fest. Der Lehrer hat also auch bei der Durchsetzung der im Schulrecht ausdrücklich genannten Pflichten und Verbote einen erheblichen Ermessungsspielraum. In der schulischen Praxis werden die in der Schulordnung ausdrücklich erwähnten Normenverstöße keineswegs strenger bestraft als viele Verstöße gegen den ungeschriebenen Normenkodex der Schule. Zum Beispiel wird Schuleschwänzen oft weniger streng geahndet als grobe Beleidigung von Lehrern oder die Verbreitung obszöner Schriften.

Normen, die zwar durch allgemeine Bestimmungen des Schulrechts legitimiert sind, aber nicht ausdrücklich dort genannt werden

Diese Normen machen mit Abstand den größten Teil der schulischen Verhaltenserwartungen aus. Die Schwierigkeit besteht hier darin, diese Normen inhaltlich zu bestimmen, weil sie nirgendwo schriftlich fixiert sind. Jackson (1968) spricht in diesem Zusammenhang treffend vom „heimlichen Lehrplan". Da die Normen des heimlichen Lehrplans" nirgendwo formuliert sind, müssen sie aus Äußerungen von Lehrern und Schülern und der direkten Beobachtung der Lehrer-Schüler-Interaktion erschlossen werden. Mir sind keine Untersuchungen bekannt, die Lehrer direkt nach ihren Normen in Hinsicht auf Erziehungsschwierigkeiten fragen. Aber es gibt eine ganze Reihe von Befragungen, in denen Lehrer einzelne Erziehungsschwierigkeiten als mehr oder weniger schwerwiegend beurteilten und damit indirekt zu dem Problem Stellung nahmen. Wenn bestimmte Verhaltensstörungen als besonders schwerwiegend beurteilt werden, läßt das Rückschlüsse auf die zugrundeliegenden Normen zu. Solche Rückschlüsse sind ebenfalls möglich, wenn man beobachtet, welche Verhaltensweisen im schulischen Alltag gelobt und welche getadelt oder auf andere Weise bestraft werden. Schließlich läßt sich auch die Internalisierung von Normen ermitteln, indem man Schüler nach ihren Pflichten und nach in der Schule verbotenen Verhaltensweisen fragt.

Zu den Normen, die zwar durch allgemeine Bestimmungen des Schulrechts legitimiert sind, aber nicht ausdrücklich genannt werden, gehören die meisten „Verstöße gegen die Arbeitsanforderungen der Schule", die meisten Verstöße gegen „Interaktionsregeln für den Umgang mit Schulkameraden und Lehrern", einige Verstöße gegen die „Normen von Schulklasse und Schule" sowie die meisten Verstöße gegen „Residualregeln". (Vgl. Kapitel 2 und Kapitel 6.)

Verstöße gegen die Arbeitsanforderung der Schule sind zum Beispiel die Angewohnheit, eine begonnene Arbeit nicht zu Ende zu führen, Unaufmerksamkeit, „Träumen", schlampige Durchführung oder Unterlassen der Hausaufgaben, Unordentlichkeit oder Trödeln beim Arbeiten in der Schule und mangelnde Beteiligung am Unterricht. Wie im zweiten Kapitel ausgeführt wurde, gehören diese Verstöße zu den häufigsten Erziehungsschwierigkeiten. Sie sind für den Lehrer oft Anlaß für Ermahnungen oder Strafen im Unterricht (Tausch 1958). Allerdings messen Lehrer und Schüler ihnen nur eine relativ geringe Bedeutung bei. Lehrer, die aufgefordert wurden, Verhaltensstörungen nach ihrem Schweregrad einzustufen, nannten Unaufmerksamkeit an 39., Träumen an 42. und Unordentlichkeit an 43. Stelle von insgesamt 50 Erziehungsschwierigkeiten (Ellis und Miller 1936). Bei Schülern stand Nachlässigkeit und Träumen an 42. bzw. 47. Stelle (Mutimer und Rosemier 1967). Dementsprechend sind auch die Strafen meist nicht sehr drastisch. Der unaufmerksame Schüler wird ermahnt; wer sich selten beteiligt, wird aufgerufen, wenn sich sonst niemand meldet; die schlampig geschriebene Hausaufgabe muß noch einmal gemacht werden. Die schärfsten Sanktionen in diesem Normenbereich sind schlechte Noten in „Fleiß" und „Beteiligung am Unterricht" oder eine Mitteilung an die Eltern.

Wenn auch die negativen Sanktionen nicht sehr streng sind, wird doch wünschenswertes Arbeitsverhalten durch Lob, Ermutigung und gute Noten so sehr gefördert, daß an der grundsätzlichen Bedeutung dieses Normenbereichs kein Zweifel bestehen kann. Die juristische *Legitimation* für die Arbeitsanforderungen der Schule sind Bestimmungen des Schulrechts, die beispielsweise vom Schüler fordern, sich gründlich auf den Unterricht vorzubereiten, die erforderlichen Arbeitsmittel bereitzuhalten und im Unterricht mitzuarbeiten (Allgemeine Schulordnung 1974, § 38, Abs. 2).

Unter der *funktionalen Bedeutung* schulischer Normen verstehe ich die Bedeutung der Normen für die Erreichung schulischer Ziele. Die funktionale Bedeutung einer Norm ist zum Beispiel dann eindeutig gegeben, wenn sich aufzeigen läßt, daß die Einhaltung der Norm schulisches Lernen fördert. So gelten auch Arbeitsanforderungen erst dann als funktional, wenn Schüler, die sich danach richten, tatsächlich mehr lernen als solche, die sich nicht daran halten. Einige Verstöße gegen Arbeitsanforderungen der Schule tragen mit Sicherheit dazu bei, daß weniger gelernt wird. Dazu gehören insbesondere „unaufmerksame" Verhaltensweisen wie z.B. sich von Klassenkameraden ablenken lassen, aus dem Fenster schauen und Nicht-Zuhören bei Anweisungen des Lehrers (Cobb 1972; McKinney u.a. 1975). Andere Verstöße gegen Arbeitsanforderungen, wie z.B. seltenes Aufzeigen, stehen dagegen in keinem nachweisbaren Zusammenhang zur Schulleistung (McKinney u.a. 1975, S. 200). Die funktionale Bedeutung der Normen über das Aufzeigen scheint demnach nicht in ihrer Bedeutung für schulisches Lernen zu liegen. Sie haben jedoch eine unmittelbare Bedeutung für die Unterrichtsplanung. Ein Schüler, der seine Hand hebt, weiß zwar nicht immer die richtige Antwort, aber er signalisiert doch dem Lehrer, daß er nicht geistesabwesend ist. Da Schüler aber im Laufe ihrer Schulzeit herausbekommen, wie wichtig es in den Augen von Lehrern ist, aufzupassen und sich am Unterricht zu beteiligen, gewöhnen sich nicht wenige von ihnen daran, Interesse und Mitarbeit zu heucheln (Jackson 1968, S. 34). Wenn dies der Fall ist, verlieren die entsprechenden Normen ihre funktionale Bedeutung, denn sie dienen nicht mehr dem Ziel, dem Lehrer eine zutreffende Information über die Aufmerksamkeit des Schülers zu geben.

Verstöße von Schülern gegen *Interaktionsregeln für den Umgang mit Schulkameraden* werden sehr unterschiedlich bewertet und geahndet. Einige von ihnen werden meist als harmlos beurteilt, z.B. Hänseleien oder Beschimpfen von Mitschülern. Andere gelten als schwerwiegend, z.B. Stehlen, gewohnheitsmäßiges Lügen, Verbreitung pornographischer Bilder oder Texte und physische Aggressionen gegen Mitschüler (Ellis und Miller 1936; Mutimer und Rosemier 1967; Ziv 1970). Obwohl sich Lehrer in der Verurteilung dieser Verhaltensweisen relativ einig sind, gibt es keine einheitlichen Maßstäbe für ihre Bestrafung. Manche Lehrer entwickeln bei Diebstählen den Ehrgeiz von Kriminalbeamten, um den Täter zu finden und öffentlich bloßzustellen. Andere versuchen solche Vorfälle so unauffällig wie möglich zu bewältigen. Aggressionen der Kinder untereinander werden von manchen Erziehern mit den Kindern besprochen, von anderen geflissentlich übersehen, getadelt oder bestraft. Besonders unterschiedlich sind die Reaktionen von Lehrern auf die Verbreitung pornographischer Bilder und Texte unter den Schülern. Sie reichen vom bewußten Ignorieren über das klärende Gespräch ohne weitere disziplinarische Maßnahmen bis zum Rat an die Eltern, ihr Kind von der Schule zu nehmen, und zur förmlichen Entlassung (Brüggemann 1967, S. 33f.).

Die *Legitimität* dieser Normen ist bei denjenigen Interaktionsregeln leicht zu klären, die mit Bestimmungen des Strafrechts übereinstimmen, z.B. Diebstahl und Körperverletzung in der Schule. Die Legitimation der anderen Interak-

tionsregeln (Lügen, Aggressionen) ist nicht so deutlich gegeben. Sie läßt sich teils aus der Aufsichtspflicht, teils aus der Erziehungs- und Fürsorgeaufgabe der Schule ableiten. (Vgl. Heckel und Seipp 1969, S. 367.)
Die *Funktion* der Interaktionsregeln für den Umgang mit Klassenkameraden dürfte ebenfalls in der Erziehungs- und Fürsorgeaufgabe begründet sein. Unter der *Fürsorgeaufgabe* versteht man die Verpflichtung, die Schüler auch vor ihren eigenen Klassenkameraden zu schützen. Ohne diesen Schutz sind oft die Schwächeren der Tyrannei der Stärkeren wehrlos ausgeliefert. Der *Erziehungsauftrag* wird von den meisten Lehrern in dem Sinne interpretiert, daß die Schüler angeleitet werden sollten, sich im Umgang mit ihren Klassenkameraden an elementare Moralprinzipien zu halten. Als besonders verwerflich gelten deshalb Verhaltensweisen wie Aggressionen gegen Schwächere, Stehlen und sexuelle Verfehlungen.
Typische Verstöße gegen *Interaktionsregeln für den Umgang mit Lehrern und anderen Erziehern* sind Ungehorsam, Provokationen und Wutanfälle. Verhaltensstörungen dieser Art gelten allgemein bei Lehrern und auch bei Schülern als sehr schwerwiegend (Wickman 1928; Mutimer und Rosemier 1967; Ziv 1970). McPherson (1972, S. 90) berichtet von ihren Erfahrungen an einer Kleinstadt-Volksschule: Echter Ungehorsam war hier so selten, daß schon Frechheit als Angriff auf die Autorität des Lehrers betrachtet wurde: „Frechheit war eine ernste Bedrohung für das Selbstbewußtsein des Lehrers, für sein Ansehen und seine Autorität. Frechheit mußte daher sofort ausgemerzt werden.“ Nach Domke (1973, S. 19) gehören die absichtlichen Provokationen des Lehrers zu den „entnervendsten Störungen, die es gibt“. Der Einschätzung dieser Erziehungsschwierigkeiten entspricht auch die Schärfe der Strafen. Wenn Lehrer Schüler drakonisch bestrafen, dann geschieht das am ehesten in diesen Fällen. Verweise, Strafarbeiten und Arrest werden oft ohne Vorwarnung erteilt, wenn sich ein Lehrer von einem Schüler provoziert fühlt. Offener Ungehorsam zählt zu den seltenen Fällen, in denen Lehrer gelegentlich ihre Kollegen oder den Direktor um Hilfe bitten.
Die *Legitimation* dieser Normen ist im Schulrecht deutlich verankert. So heißt es in der Allgemeinen Schulordnung: „Im Rahmen des Schulverhältnisses hat der Schüler den Anordnungen des Schulleiters, der Lehrer und der Personen zu folgen, denen bestimmte Aufgaben in der Schule übertragen sind“ (§ 38, Abs. 3).
Die *Funktion* dieser Interaktionsregeln besteht in erster Linie in der Herstellung oder im Aufrechterhalten der Machtposition des Lehrers in seiner Klasse (Ulich 1974). Eine solche Machtposition erleichtert besonders in Konfliktsituationen die Arbeit des Lehrers. Es ist naheliegend, daß gesellschaftskritische Autoren an diesem Punkt mit ihrer Kritik ansetzen: „Eine Einschleifung systemkonformer Verhaltensweisen wird vor allem durch die institutionellen Bedingungen der Schule im Kapitalismus bewirkt: Sie schaffen im Unterricht ein Erfahrungsfeld,

das durch inner-institutionellen Anpassungszwang auf angepaßtes Verhalten in der Gesellschaft vorbereitet. ... Schüler, die sich langjährig in ein solches soziales Feld einüben, erwerben eine Verhaltensdisposition, die als Konformitätsorientierung gekennzeichnet werden kann: Die generelle Bereitschaft gegenüber machtbetonten Ansprüchen von Institutionen und Personen konform zu reagieren" (Tillmann 1974). Ob der Gehorsam gegenüber Lehrern in der Schule tatsächlich so weitreichende Folgen hat, ist nach den Ergebnissen der Generalisationsforschung eher fragwürdig. Es ist außerdem zweifelhaft, ob diese Sozialisationsfunktion der Schule an die spätkapitalistische Wirtschaftsform gebunden ist. Der Vergleich von Schulen in sozialistischen mit solchen in kapitalistischen Ländern spricht gegen diese Annahme. Studien von Autoren aus sozialistischen Ländern, z.B. Otto (1970), und Arbeiten über das Erziehungswesen in sozialistischen Staaten, z.B. Bronfenbrenner (1973), zeigen übereinstimmend, daß dort ein ebenso großes oder noch größeres Gewicht auf Gehorsam und diszipliniertes Verhalten gelegt wird wie in nicht-sozialistischen Ländern.

Zu den Normen, die zwar durch allgemeine Bestimmungen des Schulrechts legitimiert sind, aber nicht ausdrücklich dort genannt werden, gehören ferner die übrigen *„Normen der Schulklasse"*. In diesen Bereich fallen einige der am häufigsten vorkommenden Erziehungsschwierigkeiten, z.B. Schwätzen und Dazwischenrufen. A. Tausch (1958) fand, daß 65% aller Anlässe, die zu besonderem Eingreifen von Lehrern im Unterricht führten, „Störungen durch Unruhe" waren. Dazu gehörten insbesondere: Schwätzen, Lärmen, Aufspringen, nach vorne laufen, in die Klasse rufen, Lachen, albern sein, sich gegenseitig stören, knipsen beim Melden und den Namen des Lehrers rufen. Jackson (1968, S. 106) zählt hierzu auch die sogenannten „Etiketteregeln", z.B. die Verpflichtung aufzuzeigen, wenn man etwas sagen will. Gerade in diesem Bereich sind die Unterschiede zwischen einzelnen Lehrern sehr groß: Während manche Lehrer ihren Schülern erlauben, während des Unterrichts in der Klasse umherzulaufen, ist dies bei anderen streng verboten. In manchen Klassen dürfen die Schüler auch während des Unterrichts essen, in anderen wird dieses Verhalten bestraft (Klink 1974, S. 50).

Die juristische Grundlage dieser Normen findet man im Schulrecht nur in sehr allgemeiner Form. So heißt es etwa in der Allgemeinen Schulordnung (1975): „Jeder Schüler hat sich so zu verhalten, daß die Aufgabe der Schule erfüllt und das Bildungsziel erreicht werden kann. Er hat alles zu unterlassen, was den Schulbetrieb oder die Ordnung der von ihm besuchten oder einer anderen Schule stören könnte." (§ 38, Abs. 1.) Weil die Normen der Schulklasse vom Alter der Schüler und ihre Durchsetzung von den konkreten Umständen abhängt, sind sie einer detaillierteren Regelung in den Schulordnungen nicht zugänglich (Amberg und Schiedermair 1974, S. 359).

Die *funktionale Bedeutung* der Regeln für die Klassenordnung besteht vor allem in der Vermeidung von Störungen des Unterrichts. Dabei ist manchmal unklar, ob es dem Lehrer mehr um seine persönliche Ruhe geht oder um das Lernen seiner Schüler. Da es erwiesen ist, daß eine Unterhaltung von Schülern über den behandelten Gegenstand den Lernfortschritt fördert, kann es unter Umständen dem eigentlichen Ziel der Schule förderlich sein, wenn Schüler während des Unterrichts miteinander reden (Cobb 1972). Eine Klassenordnung, die auch solche Gespräche unter Strafe stellt und während des gesamten Unterrichts von den Schülern absolute Stille fordert, kann demnach dysfunktional, d.h. dem eigentlichen Ziel der Schule entgegengesetzt sein.

Die letzte Gruppe schulischer Normen, die hier besprochen werden soll, sind die *„Residualregeln"*. (Vgl. Kapitel 2.)

Verstöße gegen Residualregeln, die in Grundschulen häufig beobachtet werden, sind z.B. Äußerungen von Angst bei geringfügigen Anlässen, häufiges Weinen, Daumenlutschen, Nägelkauen, ungewöhnliche Zuckungen oder Grimassen und Verdrehen der Augen. Ihre Existenz kann weder aus bestimmten Vorschriften noch aus der Bestrafung solcher Verhaltensweisen, sondern allenfalls aus Ermahnungen erschlossen werden. Auch wenn man Grundschullehrer auffordert, verschiedene Verhaltensstörungen ihrer Schüler aufzuzählen, werden Verstöße gegen Residualregeln fast immer genannt. (Vgl. Kluge 1974, Kluge u.a. 1975, S. 52.)

Die *Legitimation* dieser Regeln läßt sich nur schwer aus dem Schulrecht ableiten. Es entspricht aber sicherlich dem Erziehungsauftrag der Schule, wenn Lehrer ihren Schülern helfen, Ängste zu überwinden oder Verhaltensweisen, die für das Alter des Kindes unangemessen sind (z.B. Daumenlutschen), im Laufe der Zeit abzubauen.

Die *Funktion* der Residualregeln besteht teils in der Aufrechterhaltung der schulischen Ordnung und teils in der Erfüllung schulischer Erziehungsziele. Manche Verstöße gegen Residualregeln wie Grimassen oder Weinen ziehen die Aufmerksamkeit der Mitschüler auf sich und stören deshalb den Unterricht. Andere behindern mehr die Funktionsfähigkeit des Kindes selbst, z.B. starke Ängste. Wenn Lehrer Schülern helfen, ihre Ängste zu überwinden oder sich Verhaltensweisen abzugewöhnen, die im Klassenverband stören, entspricht das dem Erziehungsziel der Schule. Wenn Lehrer jedoch Kinder mit solchen Verhaltensstörungen vor der Klasse bloßstellen oder als „Heulsusen" bezeichnen, so ist das den Erziehungsaufgaben der Schule diametral entgegengesetzt. Die Verpflichtung, Schüler zu Toleranz und Achtung vor anderen Menschen zu erziehen, gehört zu den wichtigsten Erziehungsaufgaben der Schule.

Normen, die nicht durch das Schulrecht legitimiert sind

Nach der Besprechung schulischer Normen, die ausdrücklich im Schulrecht erwähnt werden, und solcher, die durch allgemeine Bestimmungen des Schulrechts legitimiert sind, soll nun von Normen die Rede sein, denen diese Legitimation fehlt. Es handelt sich bei diesen Normen im wesentlichen um zwei große Gruppen. Die erste Gruppe läßt sich umschreiben als *„Eingriffe von Lehrern in Rechte der Schüler innerhalb der Schule"*. Man kann zum Beispiel beobachten, daß von Lehrern das Recht der Schüler auf freie Meinungsäußerung beschnitten wird. Die entsprechenden Normen lauten etwa: Ein Schüler hat nicht das Recht, die Unterrichtsführung eines Lehrers zu kritisieren. Wer sich nicht an diese Regel hält, gilt als „frech" oder „unverschämt". Oder: Ein Schüler hat nicht das Recht, einen Lehrer vor der Klasse auf Fehler hinzuweisen. Wer gegen diese Norm verstößt, muß damit rechnen, bei der nächsten Gelegenheit „hereingelegt" zu werden. Weitere Beispiele für diese Normen finden sich in einem Interview, das Halbfas (1974) mit Schülern durchführte. Auch die Soziologin McPherson (1972) bestätigt in ihrer Fallstudie „Small town teacher" diese Beobachtungen: „Die Lehrer lehnten einen erfolgreichen Schüler, der ihnen häufig widersprach, stärker ab als andere Problemschüler" (S. 97). Ein Schüler, der einfach den Unterricht störte, „bedrohte das Selbstbewußtsein des Lehrers weit weniger als ein Schüler, der durchblicken ließ, daß der Lehrer nicht qualifiziert genug sei, ihn zu unterrichten" (S. 97).
Mit dem Hinweis auf das bedrohte Selbstbewußtsein wird auch schon die *funktionale Bedeutung* dieser Normen deutlich. Dem eigentlichen Ziel der Schule ist eine gelegentliche Kritik zwar eher förderlich, weil sie dazu beitragen kann, den Unterricht zu verbessern (Gage 1972, S. 178f.), aber die Angst vor einem Autoritätsverlust wiegt oft schwerer als das Bedürfnis nach ehrlicher Rückmeldung und Kritik.
Andere Eingriffe von Lehrern in die Rechte von Schülern bestehen in Regeln über Kleidung, Haartracht oder den Gebrauch von Kosmetika. Besonders Schulleiter, die um das Ansehen ihrer Schule besorgt sind, stellen in diesem Bereich manchmal Vorschriften auf, die sie dann als für ihre Schule geltende Norm ausgeben. (Vgl. Heckel und Seipp 1969, S. 395.)
Allen oben geschilderten Normen fehlt *eine Legitimation* durch das Schulrecht. Sie stellen unerlaubte Übergriffe auf Rechte der Schüler dar. Weil solche Übergriffe offenbar nicht selten sind, garantieren neuere Schulordnungen ausdrücklich das Recht des Schülers auf freie Meinungsäußerung. (Vgl. Allgemeine Schulordnung 1975, § 37, Abs. 3.) Heckel und Seipp (1969) weisen in ihrem Standardwerk „Schulrechtskunde" ausdrücklich darauf hin, daß Lehrer und Schulleiter ihre Kompetenzen überschreiten, wenn sie ihren Schülern Vorschriften über Kleidung, Haartracht und den Gebrauch von Kosmetika machen (S. 395f.).

Die zweite Gruppe von schulischen Normen, deren rechtliche Legitimation höchst fragwürdig ist, besteht aus *Vorschriften über das Verhalten von Schülern außerhalb der Schule*[1]. Mit Hinweis auf den „guten Ruf" einer Schule versuchen Schulleiter hin und wieder auch die außerschulische politische Betätigung oder die Sexualmoral ihrer Schüler zu beeinflussen. Brüggemann (1967) berichtet von mehreren Fällen, in denen Schüler wegen nichtehelicher sexueller Beziehungen von der Schule verwiesen wurden. Bezeichnenderweise erfolgte in den meisten der von Brüggemann erwähnten Fälle keine offizielle Entlassung, sondern den Eltern wurde nahegelegt, ihr Kind von der Schule zu nehmen. Eine öffentliche Schule hat nämlich keineswegs das Recht, Schüler wegen unehelicher Schwangerschaft oder Vaterschaft zu entlassen (Heckel und Seipp 1969, S. 398; Amberg und Schiedermair 1974, S. 331). Ebensowenig hat ein Schulleiter das Recht, Schülern die politische Betätigung in oppositionellen Gruppen außerhalb der Schule zu verbieten (Heckel und Seipp 1969, S. 398).
Ordnungsmaßnahmen der Schule sind allerdings dann gerechtfertigt, wenn sich das außerschulische Verhalten eines Schülers unmittelbar gegen die Schule oder deren Angehörige richtet, z.B. Aufruf zum Unterrichtsboykott oder anonyme Drohungen gegen einen Lehrer.
Die *funktionale Bedeutung* der Vorschriften über das Verhalten von Schülern außerhalb der Schule dürfte neben der Sorge um das Ansehen der Schule in der Öffentlichkeit auch in einem bestimmten Verständnis des Erziehungsauftrag in einem umfassenden Sinn interpretiert, schließt er das Verhalten außerhalb der Schule mit ein. Ein solcher Erziehungsauftrag läßt sich leichter verwirklichen, wenn Lehrer oder Schulleiter ein Mitspracherecht in außerschulischen Belangen haben. Früher war man eher bereit, ihnen dieses Mitspracherecht einzuräumen. Die Rechtsauffassung hat sich in diesem Punkt geändert. Es wird heute stärker betont, daß der Erziehungsauftrag der Schule begrenzt wird durch das Elternrecht und das Selbstbestimmungsrecht der Schüler. Die schulischen Normen sind also auch hinsichtlich ihrer Bedeutung und Legitimität dem Wandel unterworfen.

1 Es gibt Bereiche außerhalb der Schule, bei denen eine schulische Mitsprache legitim ist, z.B. das Anfertigen von Hausaufgaben und zu einem gewissen Umfang das Verhalten auf dem Schulweg.

15. Das Erlernen schulischer Normen im Laufe der Lehrersozialisation

Im vorigen Kapitel wurden die funktionale Bedeutung und Legitimation der einzelnen schulischen Normen erörtert. Diese Überlegungen haben gezeigt, daß die Normen in der Regel keinen Willkürakten von Lehrern entspringen, sondern meist den Zielen der Schule entsprechen und durch das Schulrecht legitimiert sind. Damit ist aber noch nicht viel darüber gesagt, wie die Lehrer selbst zu diesen Normen gekommen sind. Bei denjenigen Normen, die ausdrücklich im Schulrecht erwähnt werden, kann man annehmen, daß Lehrer sie irgendwann im Verlaufe ihrer Ausbildung oder Berufstätigkeit kennengelernt haben.

Bei den Normen, die zwar durch allgemeine Bestimmungen des Schulrechts legitimiert sind, aber nicht ausdrücklich dort genannt werden, gibt es zwei Hypothesen, weshalb Lehrer diese Normen übernehmen. Die erste besagt, daß nur Menschen mit ganz bestimmten Werten und Persönlichkeitsmerkmalen den Beruf des Lehrers ergreifen und daß alle Lehrer deshalb ähnliche normative Vorstellungen haben („Selektionshypothese"). Die konkurrierende Hypothese nimmt hingegen an, daß Lehrer durch eine ähnliche Sozialisation in Schule, Hochschule und Beruf diese Normen erwerben („Sozialisationshypothese").

Eine Variante der *Selektionshypothese* behauptet u. a., daß sich mit Vorliebe Ich-schwache Persönlichkeiten mit zwanghaften Zügen dem Lehrerberuf zuwenden (Müller-Bek 1958/59). Nach Adorno (1965) werden vor allem Personen mit neurotischen Zügen Lehrer, die Angst vor dem Leben haben und ihre Schwäche an den Kindern abreagieren. Diese Abreaktion äußert sich nach Ansicht dieser Autoren in Wutausbrüchen und unangemessenen Strafen beim geringsten Ungehorsam, in Pedanterie, Kleinkrämerei und „Sauberkeitsfanatismus in jeder Beziehung und Richtung" (Müller-Bek 1958/59). Die Untersuchungen einer Konstanzer Forschergruppe zeigten allerdings, daß es für keine dieser Behauptungen auch nur die Spur eines Beweises gibt (Müller-Fohrbrodt 1973): Angehende Lehrer erwiesen sich weder als neurotischer, Ich-schwächer, autoritärer oder aggressiver als Abiturienten, die sich für andere Studienrichtungen entschieden.

Ernster zu nehmen ist die soziologische Variante der Selektionshypothese. Diese besagt im wesentlichen, daß sich Lehrer vor allem aus der unteren Mittelschicht rekrutieren und daß sie ihre Mittelschichtsnormen auf die schulischen Verhältnisse übertragen. Für diese Hypothese scheint zu sprechen, daß es eine Reihe schulischer Normen gibt, die sich nicht aus den Zielen der Schule ableiten lassen, dafür aber genau den Mittelschichtsnormen entsprechen, z. B. das Verbot von Schimpfwörtern oder Obszönitäten. Die Identität einiger schulischer Normen mit Normen der Mittelschicht ist aber so lange noch kein schlüssiger Beweis für die Selektionshypothese, wie der Nachweis dafür aussteht, daß nur oder vor allem Lehrer, die selber der Mittelschicht entstammen, die Einhaltung solcher Normen fordern. Ein solcher Nachweis konnte bisher noch nie geführt werden. Im Gegenteil: die einschlägigen Untersuchungen stellten *keine* Unterschiede im Hinblick auf Einstellungen und Normen bei Lehrern aus verschiedenen Sozialschichten fest (Koch 1972, S. 123).

Anhänger der Selektionshypothese versuchen manchmal, ihre Auffassung durch die Behauptung zu retten, Einstellungsunterschiede ließen sich deshalb nicht nachweisen, weil Lehrer aus anderen Sozialschichten sich den Mittelstandsnormen der Mehrheit anpaßten. Diese Behauptung mag zwar zutreffen, aber mit ihr wird die Selektionshypothese praktisch aufgegeben. Wenn zukünftige Lehrer aus allen Sozialschichten sich den Mittelstandsnormen anpassen, ist nicht mehr die Selektion aus der Mittelschicht das Entscheidende, sondern das Erlernen der Lehrerrolle, wozu unter Umständen auch eine Übernahme der Mittelschichtsnormen gehört. (Vgl. McPherson 1972, S. 102.)

Empirisch besser belegt ist die *Sozialisationshypothese,* die die Ähnlichkeit der Normen verschiedener Lehrer auf die gemeinsamen Charakteristika ihrer beruflichen Sozialisation zurückführt. Der Terminus „Sozialisation" beinhaltet mehr als die eigentliche Lehrerausbildung, so z. B. das Erlernen moralischer Normen und Werte in der Kindheit, das Vertraut-Werden mit schulischen Normen während der eigenen Schulzeit, die Auswirkungen der Hochschulausbildung und die Übernahme von Normen während der eigenen Berufstätigkeit als Lehrer.

Psychoanalytische Autoren, die aufgrund ihrer Theorie wesentliche Sozialisationseinflüse vor allem in der frühen *Kindheit* suchen, vermuten, daß sich im Handeln und Denken von Lehrern gegenüber ihren Schülern ihr eigenes Verhältnis zu den Eltern widerspiegelt: „In der Begegnung mit dem Kind kommt es bei Erwachsenen zu einer unbewußten Wiederbelebung ihres ‚Ödipuskomplexes', d. h. all der Trieb-, Gefühls- und Einstellungsvorgänge, die ihre Auseinandersetzung mit den Eltern in ihrer eigenen Kindheit bestimmt haben und unbewußt (latent) wirksam geblieben sind" (Fürstenau 1964). Da sich Fürstenau vor allem auf unbewußte seelische Vorgänge beruft und seine Behauptungen nicht empirisch belegt, ist es kaum möglich, deren Wahrheitsgehalt zu überprüfen.

Wesentlich besser fundiert ist eine andere Annahme über den Erwerb von Normen in der Kindheit, die ebenfalls psychoanalytischen Ursprungs ist: Die wichtigsten Vorstellungen darüber, was gut und böse, richtig und falsch ist, werden in der Kindheit durch Identifikation mit den Eltern gelernt (Mussen, Conger und Kagan 1969, S. 508). Eine Reihe der schulischen Normen, und zwar besonders diejenigen, die Lehrer für besonders wesentlich halten (z. B. Verbot des Lügens, Stehlens und der Aggressivität), werden in dieser Sozialisationsphase erworben.

Neben den Moralvorschriften allgemeiner Art sind es vor allem die sogenannten „Residualregeln", die schon in der Kindheit gelernt werden. Auf diesen Zusammenhang hat besonders Scheff (1973, S. 53) aufmerksam gemacht.

Die Mehrzahl der schulischen Normen, insbesondere die Arbeitsanforderungen, die Regeln für den Umgang mit Lehrern und die Normen der Schulklasse, lernen zukünftige Lehrer während ihrer eigenen *Schulzeit* kennen. „Wenn ein Schüler die höhere Schule verläßt, hat er zehntausende Stunden in direktem Kontakt mit Lehrern verbracht ... Dieser Strom von Einflußnahmen von einer Generation zur anderen ist wahrscheinlich in unseren bisherigen Untersuchungen von Schulen und Unterricht zu wenig berücksichtigt worden. Er spielt möglicherweise eine große Rolle bei der Entstehung des Konservatismus, den viele Beobachter in Schulen und bei Lehrern feststellen" (Lortie 1966, S. 55 f.).

Zu dem gleichen Ergebnis kam auch Dietrich (1967, S. 40) bei einer Befragung junger Lehrer in Norddeutschland: „Bereits im Studium, während der Praktikumszeiten, erinnert man sich gelegentlich lebhafter an die alten Lehrer und man interpretiert ... manche ihrer früheren Maßnahmen unter dem Eindruck der eigenen jungen Erfahrungen. Aber in der Bedrängnis der ersten Schulwochen ... wird der Versuch gemacht, den Komplex der eigenen halbvergessenen Schulerfahrungen auf ihren Wert als Verhaltensmuster hin zu überprüfen. Einzelne Lehrer werden dabei oft zu Leitbildern erhoben ... Bei didaktischen Schwierigkeiten erinnert man sich ihrer weniger; vorwiegend wurden sie angesichts der eigenen disziplinären Unsicherheit beschworen."

Der nächste Abschnitt in der Lehrersozialisation ist nach der Schulzeit das *Studium* an Pädagogischer Hochschule oder Universität. Mehrere einschlägige Arbeiten zeigen, daß sich nach dem Übergang vom Gymnasium auf die Hochschule bei vielen Studenten ein Einstellungswandel vollzieht. Nach der Untersuchung von Müller-Fohrbrodt (1973) sind die Einstellungen von Studenten weniger dominant und ihre Normen liberaler und progressiver als die von Abiturienten. Das Bemerkenswerteste an dieser Einstellungsänderung ist jedoch, daß sie, von wenigen Ausnahmen abgesehen, das Ende des Studiums *nicht* überdauert. Eine graphische Darstellung der Einstellungen zu Autorität und Hierarchie („Konservatismus") zeigt deutlich eine Liberalisierung während des Studiums und eine Rückkehr zu konservativeren Vorstellungen nach dem Berufseintritt. (Vgl. Abbildung 4.1, S. 103.)

Koch (1972, S. 164) kommt in seiner Untersuchung zu einem ganz ähnlichen Ergebnis: „Das Studium an der Universität bzw. an der Pädagogischen Hochschule bleibt, was wesentliche berufsbezogene Einstellungen der Lehr-

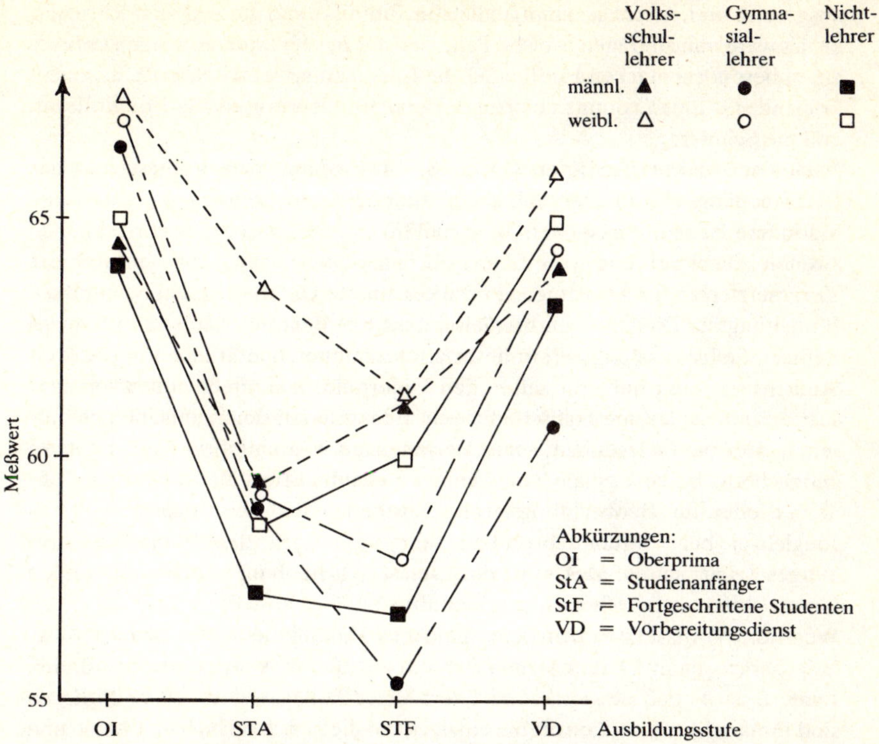

Abbildung 4.1: Einstellungen zu Autorität und Hierarchie (Konservatismus) auf verschiedenen Ausbildungsstufen (Müller-Fohrbrodt 1973, S. 108)

amtskandidaten anbetrifft, weitgehend Episode. Es werden während dieser Zeit keine Einstellungen aufgebaut, die gegenüber den Einflüssen, denen der junge Lehrer bereits unmittelbar zu Beginn seiner Berufspraxis ausgesetzt ist, auch nur einigermaßen resistent wären.“

Ein ganz entscheidender Abschnitt für die berufliche Sozialisation des Lehrers und für seine Übernahme des schulischen Normensystems ist nach den vorliegenden Untersuchungen der *„Vorbereitungsdienst“*, d.h. die erste Phase seiner eigentlichen Berufsausübung (Hoy 1968; Liebhart 1970; Koch 1972, S. 144f.). Die außerordentliche Bedeutung dieser Phase kann als eine Begleiterscheinung des sogenannten Praxisschocks interpretiert werden. Für viele junge Lehrer sind die ersten Monate im Beruf eine Zeit außerordentlicher psychischer Belastung. Sie fühlen sich durch die Unterrichtsvorbereitung überfordert und sind den Disziplinschwierigkeiten nur selten gewachsen. In ihrer Ratlosigkeit suchen sie nach einer Orientierungshilfe, und der psychische Streß, dem sie

ausgesetzt sind, macht sie empfänglich für Einflüsse und gutgemeinte Ratschläge. Es wäre nun zu fragen, welche Personen aus der Umwelt des jungen Lehrers einen besonders starken Einfluß auf die Entwicklung seiner Normen ausüben. Folgende Gruppen kommen hierfür in Betracht: die Vorgesetzten, die Kollegen und die Schüler.
Nach der Ansicht von Koch (1972, S. 148) kommt den *Vorgesetzten* des Berufsneulings (Schulleiter, Schulrat, Leiter des Studienseminars) deshalb eine besondere Bedeutung zu, weil ihr Urteil für das Ergebnis der bevorstehenden zweiten Dienstprüfung von beträchtlichem Gewicht ist. Der Einfluß der Vorgesetzten erstreckt sich jedoch stärker auf die Unterrichtsmethode und die Einhaltung der Dienstvorschriften als auf die hier interessierenden Normen des Lehrers. Selbst bei Junglehrern besuchen Schulleiter, Schulräte und Leiter von Studienseminaren nur sehr selten den Unterricht, und ihre Kritik beschränkt sich dann meist auf methodische Fragen. Ebenfalls hat der Berufsanfänger nur selten oder nie Gelegenheit, seine Vorgesetzten während ihres Unterrichts zu beobachten. Es ist deshalb nur wenig Gelegenheit für eine direkte Einflußnahme oder für Beobachtungslernen gegeben. Es ist zwar richtig, daß sich Junglehrer bei Prüfungslehrproben sehr stark nach den Wünschen ihrer Vorgesetzten richten, aber es ist doch sehr fraglich, ob ihr Verhalten in diesen Unterrichtsstunden sich nachhaltig auf ihre Normen auswirkt.
Wenn die Vorgesetzten trotzdem manchmal Einfluß auf die Normenentwicklung haben, dann ist dies weniger in ihrer Rolle als Vorgesetzte begründet, sondern darin, daß sie gleichzeitig ältere Berufskollegen sind. *Ältere Kollegen* sind für den Berufsneuling oft die einzigen, an die er sich mit seinen Fragen und Problemen wenden kann. Wenn Ratschläge tatsächlich gegeben werden, ist er meistens bereit, sie zu erproben. Oft sind aber auch die älteren Kollegen, gerade in Hinblick auf Erziehungsschwierigkeiten, nicht sehr auskunftbereit. In vielen Lehrerkollegien ist dieses Thema tabu, und der Junglehrer erfährt nur durch mahnende und erstaunte Blicke, mitleidige Fragen oder vertrauliche Ermunterungen, daß seine Kollegen seinen Unterrichtsstil ablehnen und er nicht mit ihrem Normensystem übereinstimmt (Grell 1970; McPherson 1972, S. 63f.). Neben dieser indirekten Beeinflussung gibt es allerdings auch direkte Kritik besonders am Betragen der Kinder außerhalb des Klassenzimmers. Der Neuling lernt auf diese Weise, daß es gewisse Standards für das Schülerverhalten gibt, nach denen er selbst von seinen Kollegen beurteilt wird. Obwohl diese Fragestellung bisher noch wenig empirisch erforscht wurde, spricht vieles dafür, daß der Einfluß älterer Kollegen in der zweiten Phase der Lehrerausbildung zu den wichtigsten Faktoren der Lehrersozialisation gehört.
Neben den älteren Kollegen haben auch die *gleichaltrigen Lehrer*, besonders ehemalige Studienkollegen, einen Einfluß auf die Sozialisation des jungen Lehrers. Gespräche mit gleichaltrigen Kollegen bieten oft mehr die Möglichkeit zu einer offenen Aussprache als Kontakte mit älteren oder Diskussionen im

Studienseminar. Dietrich (1967, S. 39) sieht den Wert dieser kollegialen Gespräche vor allem darin, daß sie das Selbstwertgefühl stabilisieren und dem Anfänger Gelegenheit geben, seine Erfahrungen zu objektivieren. In bezug auf das Erlernen der Normen bieten ihm diese Gespräche entweder eine Möglichkeit der Korrektur der eigenen Auffassung oder Gelegenheit, das persönliche Erziehungsziel zu finden, auch wenn er von den älteren Kollegen kritisiert und abgelehnt wird.

Außer Kollegen und Vorgesetzten haben auch die *Schüler* einen erheblichen Einfluß auf die Sozialisation von Lehrern. Manchmal ist diese Einflußnahme ganz direkt, wenn zum Beispiel Schüler ihrem Lehrer sagen, er sei zu streng oder nicht streng genug (Klink 1974, S. 43). In mehreren experimentellen Studien konnte nachgewiesen werden, daß Lehrer unter dem Einfluß solcher Schüleräußerungen ihr Verhalten veränderten und die Schüler zum Beispiel mehr lobten und weniger bestraften (Gage, Runkel und Chatterjee 1963; Graubard, Rosenberg und Miller 1971).

Der indirekte Einfluß ist jedoch noch häufiger und deshalb wahrscheinlich auch wirkungsvoller. Jedem Lehrer ist die emotionale Belastung bekannt, die durch große Unruhe oder Unaufmerksamkeit einer Klasse entstehen kann. In der Fallstudie von Klink (1974) beschreiben junge Lehrer ihre Gefühle bei Störverhalten der Schüler: „Ich hatte mir vor dem Praktikum kaum vorstellen können, wie ich im Unterricht über Störungen erregt sein können. Jetzt habe ich es erfahren ... Ich weiß, daß die Schüler mich nicht reizen wollten. Trotzdem nahm ich das Schwatzen persönlich. Ich bekam einen roten Kopf, weil ich dachte: Die schwatzen, weil du so langweilig unterrichtest!" Es wird in der gegenwärtigen pädagogischen Diskussion viel zu wenig beachtet, daß Lehrer nicht nur rationale Planer von Unterrichtsverläufen sind, sondern auch am unmittelbaren Erfolg ihrer Bemühungen im Unterricht emotionalen Anteil nehmen. Schülerverhalten, das die Bedürfnisse des Lehrers nach Überschaubarkeit, einem erträglichen Lärmpegel und einem sichtbaren Lernfortschritt laufend frustriert, kann deshalb durchaus „autoritäres" Lehrerverhalten und die entsprechenden Verhaltensregeln provozieren.

Obwohl sich die Normen der Lehrer im Laufe ihrer Berufstätigkeit unter dem Einfluß von Vorgesetzten, Kollegen und Schülern noch weiter ändern können, spricht vieles dafür, daß der Vorbereitungsdienst die „kritische Phase" für den Erwerb und die Stabilisierung der schulischen Normen ist.

16. Die Bezeichnung einer Verhaltensweise oder eines Schülers als „erziehungsschwierig" in der Sicht der Etikettierungstheorie

Auch ältere Definitionen bestimmen „schulische Verhaltensstörung" und „Erziehungsschwierigkeit" als Abweichung von einer Norm (Denk 1967). Diese Begriffsbestimmung ist zwar richtig, sie reicht aber nicht aus. Ein Verstoß gegen eine schulische Norm gilt nicht als Erziehungsschwierigkeit, wenn kein Lehrer sie jemals bemerkt oder wenn diese Verhaltensweise niemanden stört. Im schulischen Sprachgebrauch gilt deshalb ein Regelverstoß erst dann als Erziehungsschwierigkeit, wenn er von einem schulischen Erzieher als störend und unangemessen beurteilt worden ist. (Vgl. Kapitel 2.)

Den Hinweis auf den Unterschied zwischen Regelverstoß und abweichendem Verhalten verdanken wir vorwiegend soziologischen Arbeiten, deren theoretischer Ansatz als „labeling approach" oder „Etikettierungstheorie" bezeichnet wird.

Da die Etikettierungstheorie in der deutschen Pädagogik und Sonderpädagogik noch wenig bekannt ist, möchte ich ihre Grundgedanken im folgenden kurz umreißen. Eine zentrale Auffassung der Etikettierungstheorie drückt Becker (1963, S. 9) so aus: „Abweichendes Verhalten ist *keine* Eigenschaft der Handlung einer Person, sondern die Folge der Anwendung von Regeln und Sanktionen auf einen ‚Täter' durch andere." Erziehungsschwierigkeiten können deshalb ebensowenig wie andere Formen abweichenden Verhaltens als Eigenschaften einer Handlung *entdeckt* werden, sie werden vielmehr dadurch *konstituiert,* daß ein Erzieher eine bestimmte Verhaltensweise mit dem Etikett „abweichend", „problematisch" oder „erziehungsschwierig" versieht. „Ob eine Handlung abweichend ist oder nicht, hängt deshalb nur teilweise von der Natur dieser Handlung ab (d.h. ob damit eine Verhaltensregel verletzt wird oder nicht), teilweise jedoch von der Reaktion anderer Menschen auf diese Handlung" (Becker 1963, S. 14).

Charakteristisch für die Etikettierungstheorie ist außerdem die Betonung des prozeßhaften Charakters abweichenden Verhaltens. H. S. Becker (1963, S. 22f.) betont, daß nicht alle Ursachen für abweichendes Verhalten zur gleichen Zeit wirken, daß sich vielmehr Verhaltensmuster in einer strukturierten Sequenz entwickeln. Becker spricht deshalb von einer „Abweichungskarriere".

---

1 Erst in neuester Zeit beschäftigen sich auch im deutschen Sprachraum einige pädagogische Veröffentlichungen mit der Etikettierungstheorie, z.B. Keckeisen 1974, Homfeld 1974.

Um diesem prozessualen Ansatz gerecht zu werden, unterscheide ich im folgenden zwischen der *„Bezeichnung* eines Regelverstoßes als Erziehungsschwierigkeit", der *„Etikettierung* eines Schülers mit Erziehungsschwierigkeiten als erziehungsschwieriger Schüler" und der Übernahme des Etiketts in das Selbstkonzept des Schülers, der sogenannten *„sekundären Abweichung"*. Mit den beiden Ausdrücken „Bezeichnung" und „Etikettierung" wurden bewußt zwei verschiedene Übersetzungen für das englische Wort „labeling" gewählt mit dem Ziel, den dynamischen Charakter des Etikettierungsprozesses stärker hervorzuheben. Diese beiden ersten Stufen des Etikettierungsprozesses fasse ich auch unter dem Stichwort primäre Abweichung zusammen.

Folgende Merkmale scheinen bei der Bezeichnung einer Verhaltensweise als „Erziehungsschwierigkeit" eine Rolle zu spielen: Die Persönlichkeitsmerkmale des Schülers, die Merkmale des Regelverstoßes und Persönlichkeitsmerkmale des Lehrers.

Die Persönlichkeitsmerkmale des Schülers

Im Falle des Schülers ist es besser von *„Persönlichkeitsmerkmalen"* zu sprechen, *„so wie der Lehrer sie wahrnimmt"*. Einige der im folgenden erwähnten Merkmale sind zwar auch objektiv feststellbar, andere sind dagegen stärker subjektiv, z.B. das „Bild", das sich ein Lehrer von einem bestimmten Schüler gemacht hat. Zu den objektiv feststellbaren Persönlichkeitsmerkmalen gehören Alter und Geschlecht des Schülers. Beim *Alter* ist diese Beobachtung schon beinahe trivial: Von allen Schülern wird erwartet, daß sie ihre Hausaufgaben machen, aber dem Zweitkläßler wird eher als dem Hauptschüler oder Gymnasiasten verziehen, wenn er sie einmal vergißt. Die unterschiedliche Regelanwendung auf *Jungen und Mädchen* läßt sich ebenso gut nachweisen, obwohl sie weniger bekannt ist: Häufiges Weinen in der Schule wird nicht gerne gesehen, einem Mädchen räumt man das Recht, in der Öffentlichkeit zu weinen, aber eher zu als einem Jungen. Umgekehrt verhält es sich bei Raufereien. Diese gelten zwischen Jungen als normal; ein rauflustiges Mädchen lenkt dagegen sehr schnell die Aufmerksamkeit von Lehrern auf sich. Ein besonders extremes Beispiel unterschiedlicher Regelanwendung bei den beiden Geschlechtern ist die verschiedene Reaktion auf sexuelle Aktivität im Jugendalter. Deutsche und ausländische Untersuchungen zeigen übereinstimmend, daß fast ausschließlich Mädchen wegen „sexueller Verwahrlosung" an die öffentliche Fürsorgeerziehung überwiesen werden, obwohl die sexuelle Aktivität der Jungen keineswegs geringer ist (Chesney-Lind 1974; Pinkert 1974).
Zu einer höheren Toleranz des Lehrers gegenüber Regelübertretungen tragen wahrscheinlich auch gute Schulleistungen, hohe Intelligenz oder vorteilhafteres Aussehen eines Schülers bei. Regelübertretungen von *guten Schülern* werden leicht übersehen, während bei schlechten Schülern häufig von vornherein auch

Disziplinschwierigkeiten erwartet werden (Höhn 1967, S. 47f.). Schulleistungen korrelieren bekanntlich mit *Intelligenz.* Deshalb ist es in diesem Zusammenhang kaum überraschend, daß in einer Untersuchung von Barnard, Zimbardo und Sarason (1968) Grundschullehrer den intelligenteren Schülern auch wesentlich wünschenswertere Persönlichkeitseigenschaften zuschrieben und ihr Verhalten in der Schule günstiger beurteilten. Schließlich dürfte auch das *hübsche oder gepflegte Aussehen* eines Schülers bzw. ein ungepflegtes oder abstoßendes Äußeres das Urteil des Lehrers beeinflussen. In einem sozialpsychologischen Experiment konnten Dion, Berscheid und Walster (1972) nachweisen, daß von körperlich attraktiveren Personen angenommen wird, daß sie mehr wünschenswerte Persönlichkeitseigenschaften besitzen als unattraktive und daß man auch von ihnen erwartet, daß sie ein besseres Leben führen. Die Autorinnen kommentieren diese Befunde ironisch mit einem Zitat von Schiller, in dem der Dichter behauptet, körperliche Schönheit sei das Zeichen für eine innere, eine geistige und moralische Schönheit ...

Ähnlich positive Erwartungen wie gegenüber intelligenten und gut aussehenden Schülern haben Lehrer häufig gegenüber Schülern aus der Ober- und Mittelschicht. Umgekehrt erwartet man von Kindern aus der Unterschicht oft eher erziehungsschwieriges Verhalten. Regelverstöße werden deswegen bei Unterschichtskindern schneller bemerkt, als „Erziehungsschwierigkeiten" bezeichnet und aufgrund anderer Informationen, die man noch von diesem Schüler hat, zu einem negativen Gesamteindruck vervollständigt. Folgende Schilderung eines 14jährigen Volksschülers durch seinen Lehrer ist in dieser Hinsicht bezeichnend, wenn auch nicht unbedingt typisch: „Er ist faul, der Kerl, das gehört ja dazu. Auch schlecht, sehr schlecht begabt. Der Vater ist Melker, das sagt alles" (Höhn 1967, S. 47).

Die Schichtzugehörigkeit eines Schülers wird besonders dann bedeutsam, wenn es darum geht, einen Schüler wegen bestimmter Regelverstöße (z. B. Diebstahl) anzuzeigen oder zu bestrafen. Bei einem Schüler aus der Unterschicht ist die Wahrscheinlichkeit viel größer, daß er wegen eines solchen Vergehens vor das Jugendgericht kommt oder daß die Fürsorge eingeschaltet wird (Becker 1963, S. 13; Quensel 1972). Bei Kindern aus der Mittel- und Oberschicht sind nicht nur die Lehrer leichter bereit, einen solchen Vorfall ohne Einschaltung der Gerichte zu regeln. Auch die Eltern versuchen meist ihr möglichstes, um ihn herunterzuspielen. Eltern aus der Unterschicht sind dagegen aus Mangel an Alternativen viel eher bereit bzw. gezwungen, die Polizei, die Gerichte oder Fürsorgeerziehung als Mittel zur Disziplinierung ihrer Kinder einzusetzen (Chesney-Lind 1974).

Noch wichtiger als die einzelnen Persönlichkeitsmerkmale dürfte die Art und Weise sein, wie der Lehrer seine verschiedenen Einzeleindrücke zu einem *Gesamteindruck* organisiert. Die Psychologie der „Personenwahrnehmung" hat auf die Bedeutung sogenannter „zentraler Eigenschaften" bei der Urteilsbil-

dung über andere Personen hingewiesen (Hastorf, Schneider u.a. 1970, S. 38 und S. 41; Ulich und Mertens 1973, S. 107). Die „zentrale Eigenschaft“ ist quasi der Haupteindruck, um den herum sich die einzelnen Eindrücke gruppieren. Statistisch ist die „zentrale Eigenschaft“ diejenige mit der höchsten Kommunalität, d.h. eine Eigenschaft mit relativ hohen Korrelationen zu verhältnismäßig vielen anderen Eigenschaften. Hofer (1969) entdeckte, daß die von ihm befragten westdeutschen Lehrer die Eigenschaft „uninteressiert“ als „zentrale Eigenschaft“ bei der Beurteilung ihrer Schüler verwendeten. Hofer schreibt: „Diese Eigenschaft hat ... höhere Ladungen als alle anderen Eigenschaften. Sie hat auf drei Faktoren Ladungen über .25, auf den Faktoren ‚Arbeitsverhalten‘ .32, ‚Begabung .35 und ‚Zurückgezogenheit‘ .27. Der Lehrer schließt also aus dieser Eigenschaft bis zu einem gewissen Ausmaß auf drei Persönlickeitsfaktoren von Schülern ... Die Eigenschaft ‚uninteressiert‘ soll hier als zentrale Eigenschaft angesprochen werden. Offenbar liegt für die meisten Lehrer in dieser Eigenschaft der ‚Schlüssel‘ zum Verständnis der Schülerpersönlichkeit; ein Verständnis, das von der Sicht des Lehrers geprägt ist: Ein uninteressierter Schüler verhindert jede Bemühung, er mag nicht lernen, hat geistig nicht die nötigen Voraussetzungen dazu und ist auch menschlich nicht ansprechbar“ (Hofer 1969, S. 50). Vor allem ist aber der uninteressierte Schüler eine Provokation für den Lehrer, weil er dessen Bemühungen laufend frustriert (Höhn 1967, S. 80; Jackson 1968). Bei einem solchen Schüler werden Regelverstöße viel rascher bemerkt und als störend oder sogar als Herausforderung empfunden als bei einem Schüler, der sich meistens angepaßt verhält.
Mit dem Gesamteindruck, den ein Lehrer von einem Schüler hat, hängt auch die *Sympathie* zusammen, die er für ihn empfindet. Ein uninteressierter Schüler wird auf weniger Sympathie stoßen als ein interessierter. Die Sympathie für einen Schüler dürfte darüber hinaus auch noch abhängen von dem bisherigen Betragen dieses Schülers, der wahrgenommenen Ähnlichkeit zwischen Lehrer und Schüler und dem Aussehen des Schülers. (Vgl. Berscheid und Walster 1969.) Regelverstöße von Schülern, die einem Lehrer sympathisch sind, werden wahrscheinlich viel eher übersehen oder verharmlost als die von unsympathischen Schülern.

Die Merkmale des Regelverstoßes

Die Bezeichnung eines Regelverstoßes als Erziehungsschwierigkeit hängt auch ab von den Merkmalen dieses Regelverstoßes, so wie der Lehrer sie wahrnimmt. Ähnlich wie bei der Wahrnehmung der Schülerpersönlichkeit gibt es auch hier wieder ein Kontinuum, das von leicht objektivierbaren Merkmalen, z.B. der Häufigkeit, bis zu stark subjektiven Faktoren reicht.

Ob ein Regelverstoß zum Problem und damit zur Erziehungsschwierigkeit wird, hängt zum großen Teil mit seiner *Auffälligkeit* zusammen. Diese wiederum ist davon determiniert, wie oft ein Schüler während eines bestimmten Zeitraums gegen die Regel verstößt, wie oft er zum Beispiel innerhalb einer Stunde seinen Banknachbarn stößt oder tritt. Die Auffälligkeit eines Regelverstoßes hängt neben der *Häufigkeit* aber auch von der wahrgenommenen *Intensität* des Schülerverhaltens ab. So ist ein lautes Reden selbstverständlich auffälliger als ein leises Flüstern, eine gelegentliche Schüchternheit unauffälliger als eine totale Isolierung von allen Klassenkameraden.

Zur Auffälligkeit eines Regelverstoßes, aber noch mehr zu seiner Bezeichnung als Problem tragen auch die *Folgen des Regelverstoßes* bei. Eine Rauferei, die mit blutigen Nasen endet, wird deshalb viel eher als Erziehungsschwierigkeit bezeichnet als eine ebenso intensive aber unblutige Prügelei unter Kindern. Andere Folgen, die einen Regelverstoß zum Problem machen, sind beispielsweise Unaufmerksamkeit, die sich in einer Verschlechterung der Leistungen auswirkt; Lärmen, das zu Protesten anderer Lehrer führt; undiszipliniertes Verhalten, das dem Klassenlehrer einen Rüffel des Rektors einbringt.

Stärker von der subjektiven Wahrnehmung des Lehrers bestimmte Merkmale des Verhaltens sind die vom Lehrer angenommene Ursache und Intention des Verhaltens. Annahmen über die *Intention* eines Regelverstoßes liegen zum Beispiel immer dann vor, wenn Lehrer meinen, eine bestimmte Handlung sei absichtlich geschehen oder gegen sie gerichtet. Diese Verhaltensweisen wiegen im Urteil von Lehrern viel schwerer als Regelverstöße, von denen man annimmt, sie seien unabsichtlich passiert und richteten sich nicht gegen den Lehrer.

Eine Annahme über die *Ursache* ist zum Beispiel die Vermutung, ein Schüler habe etwas aus reinem Mutwillen getan. Wenn die Ursache für das Verhalten im Schüler selber gesucht wird, beurteilt man es meist strenger, als wenn man glaubt, die Ursachen außerhalb der Verantwortung des Schülers finden zu können. Solche „Ursachen außerhalb“ sind zum Beispiel das Wetter, die Nähe der Ferien, die eigene Nervosität des Lehrers und in gewisser Hinsicht auch schwache Begabung eines Schülers, weil er für diese ja nicht verantwortlich gemacht werden kann. (Vgl. Höhn 1967, S. 55.)

Die Persönlichkeitsmerkmale des Lehrers

Kognitive Komplexität des Lehrers bei der Beurteilung von Menschen dürfte hier eine große Rolle spielen. Personen mit einem hohen Grad an kognitiver Komplexität benutzen bei der Beurteilung anderer Personen relativ viele Kategorien, die auch untereinander hierarchisch gegliedert sind. Menschen mit einem geringen Grad an kognitiver Komplexität kommen dagegen mit einem viel einfacheren Begriffsinstrumentarium aus. Sie neigen eher zu Pauschalurteilen und sehen andere Menschen entweder in einem ganz positiven oder ganz negativem Licht (Hastorf, Schneider und Polefka 1970, S. 57; Ulich und Mertens 1973, S. 72). Amerikanische Untersuchungen aus dem Vorschulbereich konnten zeigen, daß die komplexer und abstrakter denkenden Erzieherinnen weniger Verhaltensregeln aufstellten, Abweichungen eher auf mehr als nur eine Ursache zurückführten und in der Anwendung der Regeln einen größeren Spielraum ließen als die „konkreter" denkenden (Harvey, White u.a. 1966; Beller 1973, S. 584). Geringe kognitive Komplexität ist oft auch gekoppelt mit der Überzeugung, man wüßte schon aufgrund von Intuition und Alltagserfahrung, warum Kinder sich auf eine bestimmte Weise verhalten, während differenziertere Beobachter kindlichen Verhaltens immer wieder betonen, daß „Erziehungsschwierigkeiten oft nicht einfühlbar sind" (Wegener 1962, S. 332). Es ist anzunehmen, wenn auch noch nicht schlüssig nachgewiesen, daß kognitiv komplexere Lehrer aufgrund ihres differenzierteren Verständnisses für kindliches Verhalten weniger Regelverstöße als problematisch erleben.

Die *Interpretation schulischer Normen* ist nicht bei allen Lehrern gleich. Unterschiede der Interpretation sind neben den schon genannten Ursachen wahrscheinlich abhängig vom Alter, Geschlecht und der Weltanschauung des Lehrers. Zeiher (1973, S. 199) konnte signifikante Altersunterschiede bei westdeutschen Gymnasiallehrern hinsichtlich einer Gruppe von Normen und Einstellungen feststellen, die sie „autoritäre Distanz" nannte. Dazu gehört zum Beispiel die Auffassung, daß Schüler in der Unter- und Mittelstufe noch nicht reif genug seien, um Kritik am Unterricht zu äußern. Lehrer im Alter zwischen 24 und 42 Jahren zeigten autoritäre Distanz signifikant seltener als ihre Kollegen im Alter zwischen 43 und 70 Jahren. Zeiher (1973, S. 203) fand in dieser Hinsicht keine signifikanten Unterschiede zwischen Lehrern und Lehrerinnen. Amerikanische Forscher berichteten jedoch, daß sich die Einstellungen zu verschiedenen Normen unterscheiden: Lehrer beurteilen Petzen und Zerstören von Schuleigentum als schwerwiegender im Vergleich zum Urteil der Lehrerinnen, diese hielten dagegen Obszönitäten und Frechheit für größere Probleme (Beilin und Werner 1957; Beilin 1959). Die Interpretation der schulischen Normen hängt schließlich auch zusammen mit der Weltanschauung des Lehrers, zum Beispiel seinen politischen, ethischen oder religiösen Einstellungen. Ein konservativer Lehrer wird mit Sicherheit einige Normen anders interpretieren als ein Anhänger der „antiautoritären Erziehung". Besonders tiefgreifende Unterschiede findet man etwa auf dem Gebiet der Sexualmoral. Für den konservativen Kollegen gilt unter Umständen ein Schüler, der öffentlich über seine sexuellen Erlebnisse berichtet, als verhaltensgestört. Für einen stark „antiautoritär" denkenden Pädagogen gilt dagegen eher derjenige als verhaltensgestört, der dies nicht tut.

Ein Einflußfaktor, der nach Ansicht fast aller Experten zur Bezeichnung eines

Regelverstoßes als Erziehungsschwierigkeit beiträgt, ist *Unsicherheit oder Angst des Lehrers.* So schreibt Bärsch (1968, S. 23): „Ein selbstunsicherer oder nervöser Lehrer hat mit Sicherheit mehr schwierige Kinder in seiner Klasse als ein innerlich sicherer und ausgeglichener Kollege in der Nachbarklasse. Der erste Lehrer wird viel eher ein Verhalten als schwierig beurteilen als der andere." Im selben Sinne äußerten sich Smith (1934, S. 51), Bernart (1958, S. 12), Klink (1962, S. 83) und Woody (1969, S. 17). Sosehr auch die Experten in der Meinung übereinstimmen, daß ängstliche und unsichere Lehrer mehr Verhaltensweisen für problematisch halten als selbstbewußte Lehrer, so steht doch der empirische Nachweis eines solchen Zusammenhangs bisher noch aus (Coates und Thoreson 1974, S. 11). Daß dieser Nachweis bisher noch nicht geführt werden konnte, liegt allerdings mit ziemlicher Sicherheit an der schwachen Aussagekraft der bisher verwendeten Meßinstrumente (Fragebogenerhebungen statt direkter Beobachtung unter kontrollierten Bedingungen) und nicht daran, daß es sehr schwierig oder sogar unmöglich wäre, diesen Nachweis zu erbringen. (Vgl. Coates und Thoreson 1974, S. 18.)

Die Etikettierung eines Schülers als „erziehungsschwierig"

Während es bisher um die Frage ging, welche Faktoren dazu beitragen, daß ein Regelverstoß als „Erziehungsschwierigkeit" *bezeichnet* wird, soll im folgenden gefragt werden, unter welchen Bedingungen aus einem „Schüler mit gelegentlichen Erziehungsschwierigkeiten" ein „erziehungsschwieriger Schüler" wird. Es geht also um das Phänomen der Eitekettierung. Hierbei sind wieder zwei Teilfragen zu unterscheiden: 1. Wie kommt es überhaupt zur Etikettierung eines Schülers als erziehungsschwierig? 2. Was trägt dazu bei, daß diese Etikettierung bleibend und nicht nur vorübergehend ist?
Die Etikettierung eines Schülers als „erziehungsschwierig" hängt zunächst von der *Häufigkeit* ab, mit der einzelne Erziehungsschwierigkeiten auftreten, und der *Anzahl* verschiedener Schwierigkeiten. Da dieser Aspekt schon im vierten Kapitel behandelt wurde, braucht er hier nur erwähnt zu werden.
Bei der Frage nach den Determinanten der Etikettierung, um die es hier geht, interessiert uns mehr die Reaktion des Lehrers auf das erziehungsschwierige Verhalten. Wann ist die *„Toleranzschwelle"* oder der „kritische Wert" erreicht, von dem an ein Lehrer einen Schüler „erziehungschwierig" nennt? Dieser kritische Wert hängt nicht allein von der Anzahl und Häufigkeit der Erziehungsschwierigkeiten ab, sondern auch von all den Merkmalen des Schülers, des Lehrers und des Verhaltens, die bei der Besprechung der primären Abweichung erwähnt wurden. So wird zum Beispiel ein unsicherer und ängstlicher Lehrer nicht nur schneller einen Regelverstoß als „Erziehungsschwierigkeit" bezeich-

nen, sondern er wird auch eher bereit sein, einen Schüler mit gelegentlichen Erziehungsschwierigkeiten als „erziehungsschwierig" oder „verhaltensgestört" zu etikettieren. Dasselbe gilt vermutlich für Lehrer mit einem geringen Grad an kognitiver Komplexität und einem wenig liberalen Wertesystem. Von den Persönlichkeitsmerkmalen des Schülers dürften auch hier wieder Geschlecht, Alter, körperliche Attraktivität, Intelligenz und Sozialstatus eine Rolle spielen. Eine zusätzliche Variable, die bei der Bestimmung der Toleranzschwelle berücksichtigt werden sollte, ist der *Schweregrad* einzelner Erziehungsschwierigkeiten nach Ansicht des Lehrers. Schwerwiegende Erziehungsschwierigkeiten wie Stehlen führen leichter zu dem Etikett „erziehungsschwierig" als Verhaltensweisen, die zwar auch als störend und unangemessen, aber als viel weniger schwerwiegend gelten, wie zum Beispiel Schwätzen und Unaufmerksamkeit. Nicht bei allen Erziehungsschwierigkeiten ist die Einschätzung des Schweregrades so wenig umstritten wie bei den genannten Beispielen. Seit der Arbeit von Wickman (1928) haben zahlreiche Untersuchungen gezeigt, daß Lehrer in der Regel „Verhaltensstörungen aggressiver Art" für schwerwiegender halten als Psychologen. Diese wiederum hielten „Verhaltensstörungen gehemmter Art" für bedenklicher. Tolor, Scarpetti und Lane (1967) konnten darüber hinaus nachweisen, daß Lehrer mit geringer Unterrichtserfahrung dazu neigten, eine größere Zahl von kindlichen Verhaltensweisen für anormal zu halten als erfahrene Lehrer.

Schließlich sollte bei einer Untersuchung des Etikettierungsprozesses auch eine noch genauer zu definierende Variable untersucht werden, die man den *„Etikettierungsstil"* oder die „Etikettierungsbereitschaft" eines Lehrers nennen könnte. Diese Variable hängt zwar möglicherweise mit kognitiver Komplexität bzw. Neigung zu Pauschalurteilen oder anderen Merkmalen der Lehrerpersönlichkeit zusammen, ist aber nicht einfachhin damit identisch. Ähnlich wie die Übernahme der schulischen Normen könnte der Erwerb eines Etikettierungsstils als ein Teilaspekt der Lehrersozialisation untersucht werden.

Der zweite Teilaspekt des Problembereichs Etikettierung ist – wie schon erwähnt – die *Frage nach der Stabilität des Etiketts „erziehungsschwieriger Schüler"*. Es sollen im folgenden vor allem diejenigen Aspekte herausgearbeitet werden, die noch nicht bei der Erörterung der Dauer kindlicher Verhaltensstörungen zur Sprache kamen. (Vgl. Kapitel 12.)

Die Bezeichnung eines Schülers als „frech", „neurotisch", „unehrlich" oder „erziehungsschwierig" hat vor allem dann Aussicht, zu einem dauerhaften Etikett für diesen Schüler zu werden, wenn sie *öffentlich* geschieht. „Öffentlich" heißt hier entweder vor der ganzen Klasse, bei Gesprächen mit Kollegen im Lehrerzimmer oder bei Gesprächen mit den Eltern. Besonders die Gewohnheit mancher Lehrer, Schüler vor ihren Klassenkameraden mit einem gängigen und für Schüler einprägsamen Etikett (wie „Heulsuse" oder „Muttersöhnchen") zu versehen, führt häufig dazu, daß der betroffene Schüler die Bezeichnung von

seinem Lehrer zwar nur einmal, von seinen Klassenkameraden aber täglich mehrmals hört.
Eine Steigerung des Öffentlichkeitscharakters wird noch durch eine *schriftliche Fixierung* der verschiedenen Bezeichnungen für erziehungsschwierige Schüler erreicht. Solche Etikettierungen findet man in Zeugnisbemerkungen und Schülerbogen, Gutachten für den Übergang auf weiterführende Schulen und für die Berufsschule, aber besonders in Beobachtungsbogen für auffällige Grundschulkinder, Meldebogen zur Überprüfung der Sonderschulbedürftigkeit und Schulberichten an das Jugendamt oder an die Polizei. In manchen dieser Beobachtungsbogen werden Etikette wie „Mitläufer", „Störenfried" oder „Spielverderber" schon als Antwortmöglichkeit vorgegeben. (Vgl. Brusten 1971, S. 107.) Homfeld (1974, S. 113f.) schildert anschaulich, wie die Beurteilung durch die Lehrer auch in späteren Anträgen auf Fürsorgeerziehung immer wieder zitiert wird. Das negative Gutachten eines Lehrers signalisiert oft den Anfang einer „Abweichungskarriere".
Den höchstmöglichen Grad an Öffentlichkeit erhält die Etikettierung als Erziehungsschwieriger durch die Überweisung an eine Sonderschule für Erziehungsschwierige, durch Anordnung von Fürsorgeerziehung oder schließlich durch Verurteilung zu einer Jugendstrafe. Wie die Untersuchungen von Robins (1966) gezeigt haben, gehört die Jugendstrafe zu den sichersten Prädiktoren späterer Delinquenz oder Soziopathie.
Nach Ansicht vieler Vertreter der Etikettierungstheorie ist der wichtigste Abschnitt der Abweichungskarriere derjenige Zeitpunkt, an dem das Etikett des Abweichlers in das eigene Selbstkonzept übernommen wird. Von diesem Zeitpunkt an beginnt nach Ansicht dieser Theoretiker die Reorganisation der eigenen Rolle, die eigentliche „sekundäre Abweichung". Lemert (1967, S. 41) schreibt: „Der sekundär Abweichende ... ist eine Person, deren Leben und Identität sich um die Fakten der Abweichung herum organisieren."
Brusten und Hurrelmann (1973, S. 89f.) versuchten in einer Untersuchung, die auf Befragungsergebnissen bei Bielefelder Schülern und Lehrern beruht, den Nachweis, daß Schüler die Etikettierung als Delinquenter bzw. Delinquenzgefährdeter von Lehrern übernehmen und in ihr Selbstkonzept integrieren. Die Korrelations- und Pfadkoeffizienten, die als Beleg für diese These aufgeführt werden, sind allerdings so niedrig, daß sie kaum ausreichen, um diese Hypothese empirisch zu fundieren. Der Rangkorrelationskoeffizient zwischen „Konformitätsstatus bei Lehrern" und „Selbstwahrnehmung des Konformitätsstatus" durch die Schüler ist zwar signifikant, aber mit $R = 0{,}31$ keineswegs hoch. Außerdem läßt die Berechnung eines Korrelationskoeffizienten keinerlei Rückschlüsse über die Richtung der Beeinflussung zu. Die Verfasser berechneten deshalb auch Pfadkoeffizienten, die eher geeignet sind, das Ausmaß eines direkten Einflusses statistisch zu erfassen, obwohl auch sie experimentelle Versuchsbedingungen nicht ersetzen können. Der errechnete Pfadkoeffizient

zwischen „Konformitätsstatus“ und „Selbstwahrnehmung des Konformitätsstatus“ war mit 0,17 sehr niedrig (Brusten und Hurrelmann 1973, S. 144). Es ist mir unverständlich, warum die Autoren immer wieder Korrelationen, Kontingenzkoeffizienten und Pfadkoeffizienten um 0,1 als „intensive“ bzw. „enge“ Zusammenhänge (ebd., S. 94 und S. 112) und die generell sehr niedrigen Koeffizienten als Belege für ihre Ausgangshypothesen betrachten.
Die Untersuchungen von Brusten und Hurrelmann haben zwar nicht, wie sie behaupten, den Nachweis erbracht, daß „sich die Selbstdefinition eines Individuums im Zuge sozialer Interaktionen tendentiell an den Fremddefinitionen orientiert und diese weitgehend übernimmt“ (Brusten und Hurrelmann 1973, S. 159). Das bedeutet aber noch nicht, daß diese Hypothese falsch ist. Es wäre nur an der Zeit, daß die Annahmen der Labeling-Theoretiker auch durch experimentelle Untersuchungen und etwas zurückhaltendere Interpretationen der korrelationsstatistischen Befunde untermauert würden.

5. Teil
Ursachen und Korrelate erziehungsschwierigen Verhaltens

Während es im vierten Teil um die Frage ging, warum bestimmte Verhaltensweisen als „Erziehungsschwierigkeiten“ bezeichnet werden, soll im folgenden untersucht werden, was mögliche Ursachen dieser Verhaltensweisen sind. Da auf diesem Gebiet kaum Untersuchungen vorliegen, die es erlauben, eindeutige Kausalzusammenhänge festzustellen, wird eher von „Korrelaten“ und „Risikofaktoren“ als von Ursachen die Rede sein.
In den Kapiteln 17 und 18 geht es um organisch bedingte Risikofaktoren, in den Kapiteln 19 bis 23 um verschiedene Umwelteinflüsse in der Familie, und in den Kapiteln 24 und 25 kommen Umwelteinflüsse in der Schule zur Sprache. Im 25. Kapitel wird außerdem das für diese Arbeit grundlegende theoretische Modell erläutert.

17. Anlagebedingte Risikofaktoren für die Entstehung von Erziehungsschwierigkeiten

Die Entdeckung genetisch bedingter Anomalien hat in den letzten Jahrzehnten erheblich zu einem besseren Verständnis einiger psychiatrischer Zustandsbilder beigetragen. Es konnte nachgewiesen werden, daß Abweichungen im Chromosomenbestand und erblich bedingte Enzymdefekte niedrige Intelligenz oder Schwachsinn bei Kindern verursachen können. Es liegt daher nahe, hier einen Einflußfaktor für die Entstehung kindlicher Verhaltensstörungen zu suchen.

Die Methoden zur Feststellung genetisch bedingter Anomalien sind inszwischen so weit entwickelt, daß zumindest bei den bisher bekannten genetischen Abweichungen eine fehlerfreie Diagnose möglich ist. *Chromosomenanomalien* lassen sich schon vor der Geburt und beim Neugeborenen aus dem „Karyotyp" erkennen, d.h. aus der Gesamtheit der in den Zellen enthaltenen Chromosomen, die sich mit Hilfe stimulierter Zellen mikroskopisch diagnostizieren lassen. Genetisch bedingte *Enzymdefekte* dagegen äußern sich erst einige Tage nach der Geburt durch Anhäufung der nicht abgebauten Stoffe oder durch Auftreten von abnormen Abbauprodukten (Keil 1974).
Da die genetisch bedingten Anomalien häufig mit vererbten Störungen gleichgesetzt werden, sollte noch erwähnt werden, daß z.B. die bekannteste Chromosomenanomalie, das Down-Syndrom („Mongolismus"), nur in seltenen Fällen auf Vererbung beruht. In den meisten Fällen handelt es sich bei den Chromosomenanomalien um Veränderungen im Chromosomeninventar, deren Vorkommenshäufigkeit mit dem Alter der Mutter in Zusammenhang steht (Lenz 1970, S. 17).

Anomalien im Bestand der *nicht-geschlechtsspezifischen Chromosomen*, d.h. der Chromosomenpaare 1–22, sind z.B. Abweichungen am Chromosom Nr. 5 (Katzenschrei-Syndrom), am Chromosom Nr. 18 (Edwards-Syndrom) oder am Chromosom Nr. 21 (Down-Syndrom oder „Mongolismus"). Alle diese Anomalien führen zu Intelligenzdefekten. Trotzdem kommen sie als direkte Ursachen schulischer Erziehungsschwierigkeiten kaum in Betracht. Kinder mit einer Anomalie am 18. Chromosomenpaar überleben nur selten die ersten Monate. Kinder mit Abweichungen an den Chromosomenpaaren 5 und 21 (Katzenschrei-Syndrom und Mongolismus) sind schon äußerlich in ihrer Behinderung zu erkennen. Die betroffenen Kinder werden deshalb meist frühzeitig erkannt und in Schulen für geistig Behinderte überwiesen. Während das Katzenschrei-Syndrom sehr selten ist, gehört der Mongolismus zu den häufigsten Chromosomenanomalien. Er findet sich etwa bei 2–3 von 1000 Neugeborenen. Mongolismus

geht einher mit verminderter Intelligenz; die Kinder gelten jedoch meist als eher freundlich, gutmütig und fröhlich (vgl. Lempp 1967, S. 167).
Die häufigsten Abweichungen im Bestand der *Geschlechtschromosomen* sind das Turner-Syndrom (nur ein einziges X-Chromosom), das Klinefelter-Syndrom (zwei X-Chromosomen, ein Y-Chromosom) und das XYY-Syndrom. Bei den Mädchen mit *Turner-Syndrom* fällt auf, daß sie zwar manchmal schwachsinnig sind, oft aber ganz normale Intelligenz zeigen und auch emotional ausgeglichen sind. Die Häufigkeit beträgt etwa 1: 5000. Jungen mit *Klinefelter-Syndrom* neigen zur Unterbegabung und zu einer gewissen sexuellen Labilität. Von 1000 Männern haben 1–3 diese Chromosomenanomalie. Über eine besondere Häufigkeit von schulischen Erziehungsschwierigkeiten bei diesen Jungen ist nichts bekannt. Die einzige Chromosomenabweichung, die man gelegentlich mit einem häufigen Auftreten von Verhaltensstörungen in Verbindung bringt, ist das XYY-Syndrom. Doch haben genauere Untersuchungen diese Vermutungen nicht bestätigen können (vgl. Bandura 1973, S. 25).
Die genetisch bedingten *Enzymdefekte* können ebenso wie die Chromosomenanomalien zu Schwachsinn führen. Im Unterschied zu den Chromosomenabweichungen läßt sich hier diese Entwicklung durch eine geeignete Diät oder medikamentöse Behandlung jedoch oft vermeiden. Über einen direkten Zusammenhang zwischen diesen genetisch bedingten Stoffwechselstörungen, z. B. Phenylketonurie, und Verhaltensstörung ist nichts bekannt. Allerdings gibt es ebenso wie bei den Chromosomenanomalien zahlreiche Fälle, in denen die Krankheit des Kindes zu einem verwöhnenden oder inkonsistenten Verhalten der Erzieher führt, was bei jedem Kind Verhaltensstörungen auslösen kann.
Die Frage nach einem direkten Zusammenhang zwischen genetischen Defekten und dem Vorkommen von Verhaltensstörungen muß also im ganzen negativ beantwortet werden. Dieses Problem wurde hier trotzdem relativ ausführlich behandelt, weil immer wieder behauptet wird, bestimmte unerwünschte „Charaktereigenschaften" von Kindern seien vererbt oder zumindest angeboren. Im folgenden wird zwar gezeigt, daß sich tatsächlich einige durch Veranlagung mitbedingte Risikofaktoren für kindliche Verhaltensstörungen nachweisen lassen. Aber diese „Dispositionen" sind alle auch teilweise umweltbedingt. Eine direkte Verursachung schulischer Verhaltensstörungen allein aufgrund genetischer Defekte konnte dagegen bisher nicht bewiesen werden.

Im Unterschied zu den eindeutig physiologisch nachweisbare Chromosomenanomalien und Enzymdefekten läßt es sich nur mit indirekten Methoden aufzeigen, daß bestimmte Persönlichkeitseigenschaften, die mit dem Auftreten von Verhaltensstörungen in Zusammenhang stehen, anlagebedingt sind. Meistens bedient man sich hier der Zwillingsforschung.

„Eineiige Zwillinge haben ... gleiches Erbgut, da sie aus einer einzigen Eizelle entstanden sind. Zweieiige Zwillinge dagegen haben verschiedenes Erbgut und gleichen sich darin nicht mehr als Geschwister, denn sie stammen von zwei verschiedenen Eizellen ab. Stimmen nun eineiige Zwillinge in einer Eigenschaft häufiger und stärker überein als zweieiige ..., so drückt sich darin die Wirkung der Erbanlage aus. Sind sich zweieiige Zwillingspartner, selbst wenn sie getrennt aufgewachsen sind, immer noch ähnlicher als zweieiige Zwillinge, die zusammen aufgewachsen sind, so ist dies ein weiterer und sehr energischer Hinweis auf Erblichkeit" (Zerbin-Rüdin 1974, S. 13).

Es soll im folgenden für vier Gruppen von Persönlichkeitsmerkmalen gezeigt werden, daß sie zumindest teilweise anlagebedingt sind und daß sie mit einem gehäuften Auftreten von Verhaltensstörungen in Zusammenhang stehen. Diese Gruppen von anlagebedingten „Risikofaktoren" sind: niedrige Intelligenz, geringe Kontaktfähigkeit, starke Impulsivität und überdurchschnittlich hohe bzw. geringe Reaktivität des autonomen Nervensystems.

Niedrige Intelligenz als anlagebedingter Risikofaktor für schulische Erziehungsschwierigkeiten

Die überzeugendsten Argumente für die relativ hohe Erblichkeit der Intelligenz kommen aus den Untersuchungen von eineiigen Zwillingen, die in unterschiedlichen Familien aufwuchsen. Seit der inzwischen schon klassischen Studie von Newmann, Freeman und Holzinger (1937) fanden verschiedene Untersuchungen solcher Zwillingspaare immer wieder Korrelationen zwischen den Intelligenzquotienten in der Größenordnung um 0,75. Bei Geschwistern, die in derselben Familie aufwuchsen, finden sich dagegen nur durchschnittliche Korrelationen um 0,55; bei nicht verwandten Kinder, die in derselben Familie erzogen wurden (z. B. Adoptiv- und Pflegekinder), sogar nur Korrelationen um 0,24 (nach Dobzhansky 1975, S. 23).
Neben diesem indirekten Nachweis der Erblichkeit von Intelligenz aus der Zwillingsforschung gibt es noch eine Reihe anderer Argumente, die dafür sprechen, daß die Erblichkeit der Intelligenz ziemlich hoch ist. Erstens ist die Korrelation der Intelligenz unter Verwandten genauso hoch, wie man es unter Voraussetzung der genetischen Grundlage der Intelligenz vorhersagen würde, und zweitens zeigt die Intelligenz ebenso wie andere vererbte Merkmale eine deutliche Regression zum Mittelwert, d. h. Kinder weit unterdurchschnittlich begabter Eltern erzielen im Intelligenztest meist etwas höhere Werte als ihre Eltern, Kinder von überdurchschnittlich begabten Eltern dagegen niedrigere Werte.
Es ist nicht verwunderlich, daß konservative Kreise die Erblichkeit der Intelligenz immer wieder als Argument dafür anführen, daß die bestehende Ungleichheit der Sozialchancen nur die natürliche Ordnung widerspiegele und nichts mit einer Benachteiligung der unteren Sozialschichten zu tun habe. Die

Bemühungen um gezielte Intelligenzförderung gelten deshalb als vergeblich, wenn nicht gar suspekt. Dem ist entgegenzuhalten, daß selbst die konservativsten Schätzungen davon ausgehen, daß mindestens 20% der Intelligenzunterschiede innerhalb der Bevölkerung durch Umwelteinflüsse erklärt werden. Auch die Intelligenz des einzelnen Individuums ist durch Erblichkeit keineswegs fest determiniert, sondern es ist lediglich eine bestimmte Reaktionsbreite festgelegt. Innerhalb dieser Reaktionsbreite ist die Intelligenzleistung sehr variabel. Sie ändert sich in bestimmtem Umfang von Jahr zu Jahr und ist zu jedem Zeitpunkt abhängig von Umwelteinflüssen. Amerikanische Untersuchungen haben gezeigt, daß sich durch gezielte vorschulische Förderung sozial benachteiligter Kinder besonders in Zusammenarbeit mit deren Eltern der IQ-Wert um durchschnittlich 10 Punkte verbessern ließ (Beller 1973, Bronfenbrenner 1974).

Ein Zusammenhang zwischen der Höhe des Intelligenzquotienten und der Anzahl der schulischen Verhaltensstörungen zeigte sich in den meisten Untersuchungen, die dieser Frage nachgingen (Stennet 1966, White u.a. 1966, Thalmann 1971, S. 240, Miller 1972). In der Regel ist dieser Zusammenhang aber nicht eng, und die Untersuchungsergebnisse sind wenig aussagekräftig, solange man nicht die Zusammenhänge zwischen der Intelligenz und den verschiedenen *Klassen* von Erziehungsschwierigkeiten untersucht. Von den oben angeführten Untersuchungen tut das allein die Arbeit von L. C. Miller 1972.

Miller führte eine schriftliche Befragung bei 3335 Grundschullehrern im amerikanischen Bundesstaat Kentucky durch. Jeder Lehrer wurde aufgefordert, an Hand einer Skala, die 96 Feststellungen enthielt, das Verhalten von einem oder zwei Schülern in der Klasse einzuschätzen. Die Rücksendequote der Fragebogen betrug 92%. Insgesamt 3919 ausgefüllte Fragebogen enthielten auch Angaben über den Intelligenzquotienten des jeweiligen Kindes. Die Antworten auf diese Einschätzskalen wurden faktorenanalysiert, und es ergaben sich sechs Faktoren: 1. „Niedrige Leistungsmotivation", ein Faktor, der durch Festellungen wie die folgenden gekennzeichnet war: „Macht seine Aufgaben nicht" oder „Gibt leicht auf, wenn er eine Aufgabe zu schwierig findet". Wenn man allein vom beobachtbaren Verhalten ausgeht, handelt es sich hier weniger um eine Motivationsstörung als um eine Störung des Arbeitsverhaltens. 2. Aggressives Verhalten, 3. ängstliches Verhalten, 4. Lernstörungen, 5. soziale Isolation und 6. Extraversion. Leider ließ Miller keine Korrelationen zwischen den Faktorwerten dieser Skalen und den Intelligenzquotienten errechnen, sondern teilte lediglich die Ergebnisse einer Varianzanalyse mit.

Es ist kaum überraschend, daß sich in allen Skalen hochsignifikante Unterschiede zwischen den einzelnen Intelligenzgruppen finden, da die Signifikanzgrenze für eine so große Stichprobe sehr niedrig ist. Auch war es zu erwarten, daß sich die deutlichsten Unterschiede zwischen den Intelligenzgruppen im Faktor Lernstörungen fanden. Aufschlußreich sind dagegen die anderen Ergebnisse: Miller fand ebenfalls sehr deutliche Intelligenzunterschiede für den Faktor 1 „niedrige Leistungsmotivation" ($F = 110{,}34$), mittlere Unterschiede für aggressives und ängstliches Verhalten (F = 21,13 bzw. 44,36) und die geringsten F-Werte für soziale Isolation und Extraversion (F = 9,09 bzw. 5,26). Ich kann mich Millers Interpretation nicht anschließen, wenn er aufgrund seiner Ergebnisse die Hypothese aufstellt, daß geringe Intelligenz bei der Entstehung *aller* Verhaltensstörungen eine Rolle spielt. Seine Daten zeigen jedoch deutlich, daß eine Gruppe spezifisch schulischer Erziehungsschwierigkeiten mit der Höhe der Intelligenz in Zusammenhang steht. Es sind dies Verhaltensweisen wie Weigerung, mit einer Aufgabe anzufangen, Abbrechen der Arbeit, sobald Schwierigkeiten auftauchen, und häufiges „Vergessen“ der Hausaufgaben; also Störungen des Arbeitsverhaltens bzw. „Verstöße gegen die Arbeitsanforderungen der Schule“, wie wir sie an anderer Stelle genannt haben[1]. Tatsächlich ist dieses Ergebnis sehr plausibel, wenn man bedenkt, daß für einen schwach begabten Schüler viele schulische Aufgaben eine Überforderung darstellen, der er ausweicht, sobald sich ihm eine Gelegenheit bietet.

Überhaupt scheint die Höhe der Intelligenz eher mit schulischen als mit außerschulischen Verhaltensstörungen in Zusammenhang zu stehen. Denn neben dem Problem der Überforderung tritt in der Schule noch eine zweite Gruppe sehr spezifischer Schwierigkeiten auf, die das Entstehen und Aufrechterhalten von Erziehungsschwierigkeiten begünstigt. Es ist dies die Interdependenz von niedriger Intelligenz, schlechten Schulleistungen und Verhaltensstörungen. Der Zusammenhang zwischen Intelligenz und Schulleistung ist von der pädagogischen Psychologie hundertfach belegt, aber auch die negative Korrelation zwischen der Qualität der Schulleistung und der Anzahl von Verhaltensstörungen ist vielfach nachgewiesen worden (Kossakowski und Otto 1967, S. 147; Douglas 1968; Glavin und Quay 1969, S. 86; Bleidick 1969, S. 110f.; Schumacher 1971, S. 84). Der Zusammenhang zwischen Verhaltensstörungen und Schulleistungen ist in fast allen Untersuchungen, die dieser Frage nachgingen, stärker als der zwischen Verhaltensstörungen und Intelligenz. Möglicherweise liegt das daran, daß sich intellektuelle Begabung eher auf indirektem Weg über die Schulleistung auf Verhaltensstörungen auswirkt als direkt. Experimentelle Untersuchungen konnten nachweisen, daß sich Verhaltensstörungen von Schülern reduzieren ließen, wenn man ihnen half, ihre Schulleistungen zu verbessern (Glavin, Quay und Werry 1971; Ayllon, Layman und Burke 1972; Winett und Roach 1973). Es war aber auch umgekehrt möglich, durch einen Abbau der Erziehungsschwierigkeiten die Leistungen zu verbessern (Kaufman und O'Leary 1972). Es ist also eher berechtigt, den

---

1 Dieser durch die Ergebnisse der Varianzanalyse nahegelegte Zusammenhang wird bestätigt, wenn man die einzelnen Korrelationen zwischen den Antworten auf die betreffenden Feststellungen und der Einschätzung der Intelligenz durch den Lehrer untersucht. Die Interkorrelationsmatrix ist erhältlich beim National Auxiliary Publications Service, New York.

Zusammenhang zwischen Schulleistungen und Verhaltensstörungen im Sinne einer Wechselwirkung zu interpretieren, statt ein Ursache-Wirkung-Verhältnis in nur einer Richtung anzunehmen.

Reaktionsbereitschaft des autonomen Nervensystems

Die Persönlichkeitspsychologie kennt seit langem eine Reihe faktorenanalytisch gewonnener Verhaltensdimensionen, die unter verschiedenen Namen bekannt sind, aber Ähnliches beinhalten. Cattell nennt eine der Hauptdimensionen für die Beschreibung von Persönlichkeitsmerkmalen „Ängstlichkeit und Gehemmtheit", Eysenck nennt sie „Neurotizismus". Gemeinsam ist diesen Verhaltensdimensionen, daß sie in engem Zusammenhang stehen mit der Reaktionsbereitschaft des autonomen Nervensystems (ANS). Kinder unterscheiden sich von Geburt an in einer Reihe von Reaktionen, die in erster Linie über das autonome Nervensystem gesteuert werden, z. B. im Ausmaß, in dem sie auf unangenehme Umweltreize wie helles Licht oder plötzlicher Lärm mit erhöhter Herzschlagfrequenz, schnellerem Atmen oder Schweißausbrüchen reagieren. Vergleiche zwischen eineiigen und zweieiigen Zwillingen haben eine größere Ähnlichkeit der Reaktionsbereitschaft des ANS bei eineiigen Zwillingen gezeigt (Vandenberg, Clark und Samuels 1965). Die Ergebnisse der Erbforschung sprechen also dafür, daß es so etwas wie eine genetische Komponente des Persönlichkeitsmerkmals „Angstbereitschaft" gibt. Das heißt aber keineswegs, daß Ängstlichkeit bei Kindern ausschließlich genetisch determiniert sei. Lernprozesse, besonders klassische Konditionierung und Modellernen, spielen hier eine mindestens ebenso große Rolle.
Auch eine unterdurchschnittliche Reaktionsbereitschaft des ANS kann sich möglicherweise auf die Entstehung von Verhaltensstörungen auswirken. Vor allem Hare (1970) hat in einer Reihe von Arbeiten aufgezeigt, daß Erwachsene mit Verhaltensstörungen aggressiver und delinquenter Art („Psychopathen") eine geringere Reaktionsbereitschaft auf unangenehme Umweltreize, z. B. auf Elektroschock, zeigten und daß sie Furchtreaktionen langsamer lernten als die Personen der Kontrollgruppe. Die Vermutung liegt nahe, daß eine stark verminderte Reaktionsbereitschaft des ANS die Ausführung von Verhaltensstörungen aggressiver und delinquenter Art im Kindes- und Jugendalter begünstigen könnte, weil so veranlagte Kinder und Jugendliche sozusagen „resistenter" sind gegen Strafreize. Diese Zusammenhänge sind aber bei Kindern bisher experimentell kaum untersucht worden, während die Bedeutung der Umwelteinflüsse beim Zustandekommen dieser Störungen empirisch gut belegt ist (Hetherington und Martin 1972).
Für die pädagogische Praxis erscheint mir vor allem das Wissen um anlagebe-

dingte Unterschiede in der Angstbereitschaft von Schülern wichtig zu sein. Ängste spielen vor allem dort eine große Rolle, wo eine Leistung öffentlich gezeigt werden soll oder wo es um eine Bewertung dieser Leistung geht, z.B. beim Sprechen vor der Klasse oder in Prüfungssituationen. Ebenso wie bei individuellen Unterschieden in der intellektuellen Begabung, die letztlich akzeptiert werden müssen und verschiedene Förderungsmaßnahmen verlangen, ist vom Erzieher auch ein individuelles Eingehen auf die spezifischen Probleme des ängstlichen Schülers zu fordern. (Vgl. Sarason u.a. 1971, S. 312f.)

Geringe Kontaktfähigkeit

Man braucht nicht die psychologische Forschung zu bemühen, um zu wissen, daß sich Schüler hinsichtlich der Häufigkeit und Art ihrer Kontakte zu Klassenkameraden stark voneinander unterscheiden: Einzelgänger, d.h. Schüler, die entweder keine Kontakte suchen oder sie nicht finden, gibt es beinahe in jeder Klasse. In der Zwillingsforschung ließ sich auch der erbliche Anteil der Soziabilität gut nachweisen, und zwar noch deutlicher als die Reaktionsbereitschaft des ANS (Gottesman 1966).
Auch in er Persönlichkeitspsychologie von Cattell und Eysenck hat sich die Beschreibungsdimension „Introversion und Extraversion" als teilweise anlagebedingt und über längere Lebensabschnitte stabil erwiesen. Introversion ist gekennzeichnet durch Merkmale wie „zurückhaltend, ungesellig, schweigsam" und Extraversion durch „gesellig, aus sich herausgehend, gesprächig" (Herrmann 1969, S. 246f.).
Jedoch haben verhaltenstherapeutische Experimente gezeigt, daß sich extreme Zurückgezogenheit durchaus mit Hilfe pädagogisch-therapeutischer Maßnahmen beeinflussen läßt (O'Connor 1969). Geringe Kontaktfähigkeit ist demnach ebenfalls ein Persönlichkeitsmerkmal, das durch Umwelteinflüsse modifizierbar ist.

Motorische Hyperaktivität und kognitive Impulsivität

Unter motorischer Hyperaktivität bei Kindern versteht man ein Ausmaß an Körperbewegung, z.B. Umherlaufen, „Zappeln", das erheblich über dem Durchschnitt dessen liegt, was sich sonst bei Kindern desselben Alters, Geschlechts und derselben Sozialschicht beobachten läßt (Werry 1968). Mit kognitiver Impulsivität ist ein „überstürztes unbesonnenes Vorgehen beim Problemlösen" gemeint, insbesondere beim Lösen schulischer Aufgaben und

Testaufgaben (Wagner 1976, S. 13). Es handelt sich hier um zwei verschiedene Verhaltensmuster. Doch haben empirische Untersuchungen gezeigt, daß sie häufig zusammen auftreten (Patterson 1964; Kagan 1965). Manche Autoren betrachten die motorische Hyperaktivität und die kognitive Impulsivität deshalb als ein einheitliches psychiatrisches Syndrom („hyperkinetisches Syndrom"). Gegen diese Terminologie ist nichts einzuwenden, solange die Bezeichnungen für dieses „Syndrom" nicht so gewählt werden, daß in ihnen eine Aussage über die Ursache der Hyperaktivität und Impulsivität gemacht wird. Das ist z. B. der Fall bei den Ausdrücken „minimale Funktionsstörungen des Gehirns" oder „frühkindlich exogenes Psychosyndrom", wobei der erste Terminus nur eine Störung, der zweite eine von außen kommende Schädigung des Gehirns beinhaltet. Da diese Bezeichnungen sehr häufig auch dann gebraucht werden, wenn sich weder eine Schädigung noch eine Funktionsstörung des Gehirns eindeutig nachweisen läßt (vgl. Kapitel 18), ist die allzu häufige Verwendung dieser Termini zu Recht kritisiert worden (Kalverboer 1975, S. 90f.).

Die Erblichkeit von Impulsivität und Hyperaktivität ist durch Zwillingsstudien nicht so gut dokumentiert wie die Erblichkeit der bereits besprochenen Merkmale. Mir ist lediglich eine Studie bekannt, in der signifikante Unterschiede zwischen eineiigen und zweieiigen Zwillingen nachgewiesen werden konnten. Vandenberg (1962) fand Unterschiede hinsichtlich der Aktivität auf dem 1%-Niveau und hinsichtlich der Impulsivität auf dem 5%-Niveau. Eine Reihe anderer Untersuchungen, die nicht mit Zwillingsvergleichen arbeiteten, spricht jedoch ebenfalls dafür, daß Erbfaktoren beim Entstehen dieser Merkmale eine Rolle spielen können. Safer (zitiert in Wender 1971, S. 41) untersuchte Geschwister und Halbgeschwister hyperaktiver Kinder, die von diesen getrennt lebten. 50% der Geschwister und 14% der Halbgeschwister waren ebenfalls gekennzeichnet durch impulsives Verhalten und Hyperaktivität. Cantwell (1972) fand, daß 10% der Eltern von hyperaktiven Kindern (vor allem die Väter) selber als hyperaktiv galten, dagegen nur 2% in der Kontrollgruppe (Unterschied signifikant auf dem 10%-Niveau).

Noch deutlicher als die Befunde aus der Erbforschung sind die Belege dafür, daß es sich bei der Hyperaktivität und Impulsivität um relativ konstante Persönlichkeitsmerkmale handelt. Dies kann jedoch nur als ein indirekter Hinweis auf Anlagebedingtheit gewertet werden. Die Konstanz findet sich allerdings deutlicher für kognitive Impulsivität, während die rein motorische Aktivität stärker entwicklungsabhängig zu sein scheint (McFarlane u. a. 1954; Kagan und Moss 1962). Verschiedene Forscher sehen in der Impulsivität der hyperaktiven Kinder überhaupt das zentrale Problem (Campbell, Douglas und Morgenstern 1971). Die motorische Aktivität ist lediglich auffälliger und störender, während die kognitive Impulsivität („Konzentrationsstörungen") besonders stark die schulische Leistungsfähigkeit der Kinder beeinträchtigt. Neben Erbfaktoren kommen als organische Ursachen von Impulsivität und Hyperaktivität vor allem

Hirnschädigungen in Betracht, die im nächsten Kapitel ausführlich behandelt werden. Ein weiterer Faktor, der auch bei den anderen in diesem Kapitel besprochenen „Risikofaktoren" eine Rolle spielen könnte, ist die Zufallsvariation aller angeborenen Merkmale. Da diese normalverteilt sind, kommen sie hin und wieder in einer extremen Ausspraägung vor, ohne daß spezifische Erbfaktoren dafür verantwortlich zu sein brauchen (Wender 1971, S. 43f.).

Naheliegend und auch empirisch gut belegt ist es, daß Hyperaktivität und Impulsivität zu einer größeren Häufigkeit von Verhaltensstörungen aggressiver Art führen (Conners 1970). Von Lehrern werden diese Kinder oft als „nervös" und „zappelig" beschrieben, leicht erregbar, „streitsüchtig", mit schlechter „Konzentrationsfähigkeit" und „ständigem Bedürfnis nach Beachtung". Häufig gelten sie als Legastheniker oder sind Schulversager trotz ausreichender Intelligenz.

Die verschiedenen Schwierigkeiten, die letztlich eine organische Grundlage haben können, sind jedoch mit Sicherheit auch von Umweltfaktoren mitbeeinflußt. Experimentelle Studien haben gezeigt, daß sowohl Hyperaktivität wie Impulsivität durch gezielte Erziehungsmaßnahmen beeinflußt werden kann (Ayllon, Layman und Kandel 1975; Wagner 1976). Thomas, Chess und Birch (1968), die aufgrund ihrer Längsschnittuntersuchung die Bedeutung angeborener Temperamentseigenschaften beim Zustandekommen kindlicher Verhaltensstörungen unterstreichen, betonen ausdrücklich, daß die von ihnen beschriebenen Zusammenhänge lediglich ein „erhöhtes *Risiko* für die Entwicklung von Verhaltensstörungen widerspiegeln und in keiner Weise die Auffassung unterstützen, daß eine bestimmte Temperamentsanlage unmittelbar die Verhaltensstörungen verursacht" (ebd., S. 69). Nach den Forschungsergebnissen von Thomas, Birch und Chess ist es für die Entstehung späterer Erziehungsschwierigkeiten entscheidend, wie die Eltern und Erzieher auf das oft sehr irritierende Verhalten der impulsiven Kinder reagieren. Es wirkt sich also nicht nur das Verhalten der Eltern auf die Kinder aus, sondern durch schwierige Kinder kann auch das Verhalten der Eltern negativ beeinflußt werden, was dann wieder auf die Kinder zurückwirkt. Das Zusammenwirken von Veranlagung und Umwelt bei der Entstehung kindlicher Verhaltensstörungen erweist sich somit als ein komplexes Interaktionsgefüge von verschiedenen Komponenten, deren Auswirkung auf jede einzelne Störung im nachhinein nur schwer bestimmt werden kann.

18. Hirnschäden als Risikofaktoren für Erziehungsschwierigkeiten

In manchen Bundesländern wird beim Übertritt eines Schülers in die Sonderschule ein Gutachten des Gesundheitsamtes verlangt. Dieses schulärztliche Gutachten geht dann in die Schülerakten ein. Es enthält nicht selten Bemerkungen wie „Verdacht auf hirnorganische Schädigung“, „Verdacht auf frühkindlichen Hirnschaden“ oder „minimale zerebrale Dysfunktion“. Da über die Verwendung dieser Termini aus dem medizinischen Sprachgebrauch unter Eltern und Lehrern wenig Klarheit herrscht und oft unnötige Befürchtungen entstehen, sollen zunächst einige häufig verwandte Begriffe erläutert werden.
Unter *Hirnschäden* im allgemeinsten Sinn versteht man schädigende Einwirkungen auf das Gehirn z. B. durch einen Tumor, durch Verletzung von außen, durch Gehirnentzündung oder Sauerstoffmangel während der Geburt. Manche der Schäden können zu Beeinträchtigung der Motorik oder der geistigen Leistungsfähigkeit führen. Auf Hirnschäden beruhen auch Krampfleiden wie Epilepsie und zerebralen Lähmungen („Zerebralparesen“).
Wenn im Zusammenhang mit verhaltensgestörten Kindern von Hirnschäden die Rede ist, sind allerdings meist nicht diese Schäden im weitesten Sinn, sondern sogenannte *„minimale Hirnschäden“* gemeint, die ebenfalls durch Krankheiten und Komplikationen bei der Geburt entstehen können. Sie gehören nach Meinung einiger Kinderpsychiater zu den wichtigen Ursachen kindlicher Verhaltensstörungen (Göllnitz 1954; Lempp 1964).
Die Terminologie auf diesem Gebiet ist sehr uneinheitlich. Einige Autoren sprechen von „frühkindlichen Hirnschäden“, andere vermeiden das Wort „Hirnschaden“ überhaupt und gebrauchen Ausdrücke wie minimale „Funktionsstörung“ oder „Dysfunktion“ des Gehirns. Göllnitz und Lempp beziehen die nach ihrer Auffassung charakteristischen Symptome in die Betrachtung mit ein und sprechen vom „hirnorganisch psychischen Achsensyndrom“ bzw. vom „frühkindlich-exogenen Psychosyndrom“. Das größte Problem bei der Erörterung der minimalen Hirnschäden ist jedoch nicht die Uneinheitlichkeit der Terminologie, sondern die Unsicherheit unter den Fachleuten, ob man diesen Begriff und seine verschiedenen Synonyme überhaupt noch länger verwenden soll (Kalverboer 1975, S. 90f.; Ounsted in Kalverboer 1975, S. IX). Diese Unsicherheit beruht darauf, daß es außerordentlich schwierig ist, einen minimalen Hirnschaden eindeutig zu diagnostizieren (Werry 1972).

Im folgenden geht es zunächst um die Korrelation zwischen Verhaltensstörungen und Krankheiten, die auf Hirnschäden beruhen oder die dazu führen können; anschließend um die Beziehung zwischen Verhaltensstörungen und Komplikationen während der Geburt, die ebenfalls bei der Entstehung von Hirnschäden eine Rolle spielen können. Zum Schluß soll auf die schon erwähnten Schwierigkeiten bei der Diagnose „minimaler Hirnschäden" eingegangen werden.

Krankheiten, die auf Funktionsstörungen des Gehirns beruhen oder die zu Funktionsstörungen führen können

Epilepsie und *Zerebralparese* lassen sich im Unterschied zur Gruppe der „minimalen Hirnschäden" relativ leicht diagnostizieren. Graham und Rutter (1968) untersuchten in ihrer großangelegten Studie 11 865 Schulkinder auf der Insel Man und erforschten auch den Zusammenhang zwischen Epilepsie bzw. Zerebralparese und Verhaltensstörungen. Sie fanden verhaltensgestörte Kinder in dieser Gruppe drei- bis viermal so häufig wie bei anderen Kindern. Obwohl zwei Drittel der epileptischen und „spastischen" Kinder keine Verhaltensstörungen zeigten, war doch durch diese beiden Krankheiten das Risiko für das Auftreten von Erziehungsschwierigkeiten erhöht. Andere Untersuchungen bestätigten das Ergebnis von Graham und Rutter, daß Epilepsie zwar ein Risikofaktor für Verhaltensstörungen ist, daß jedoch die Mehrzahl der epileptischen Kinder nicht als erziehungsschwierig gilt (Werry 1972, S. 95). Beim Vergleich spastisch gelähmter Kinder mit ihren Zwillingsgeschwistern fanden einige Untersuchungen im Unterschied zu Graham und Rutter keine größere Häufigkeit von Verhaltensstörungen (Werry 1972, S. 96). Zerebralparese ist deshalb als Risikofaktor nicht so deutlich nachgewiesen wie Epilepsie.

Weitgehend ungeklärt ist es, wie es zu der überdurchschnittlichen Häufigkeit von Verhaltensstörungen kommt. Es können folgende Faktoren dabei eine Rolle spielen:

1. Die Funktionsstörung des Gehirns führt nicht selten zu Sprach-, Wahrnehmungs- und Merkstörungen. Diese wirken sich in verminderter Intelligenz und schlechten Schulleistungen aus; diese wiederum stehen in Zusammenhang mit einem vermehrten Auftreten schulischer Erziehungsschwierigkeiten (vgl. Kapitel 17).
2. Eine weitere Folgeerscheinung von Hirnschäden ist oft – aber bei weitem nicht immer – ein größeres Ausmaß an motorischer Hyperaktivität und kognitiver Impulsivität (Werry 1972). Diese führen oft zu Störungen des Arbeitsverhaltens und zu Verhaltensstörungen aggressiver Art.
3. Auch die Reaktionen der Umwelt auf die Behinderung des Kindes können eine Rolle spielen: Kameraden und Lehrer werden von dessen „Geisteskrankheit" verunsichert oder begegnen ihm häufig mit Vorurteilen. Auf seiten der Eltern findet man nicht selten Schuldgefühle, die dann einen verwöhnenden oder inkonsistenten Erziehungsstil zur Folge haben (vgl. Kapitel 22). Es zeigt sich also auch bei diesen primär organischen

Risikofaktoren, daß die Umwelt am Entstehen der Verhaltensstörungen einen Anteil hat (vgl. Rutter 1975, S. 126f.).

Epilepsie und Zerebralparese sind Krankheiten, die auf dauerhaften Funktionsstörungen des Gehirns beruhen. Andere Krankheiten des zentralen Nervensystems, z.B. *Gehirnentzündung* (Enzephalitis), oder auch unfallbedingte *Hirnverletzungen* können dauerhafte Funktionsstörunen des Gehirns, z.B. Störungen der Merkfähigkeit, Sprach- und Bewegungsstörungen, zur Folge haben. Als Folgeerscheinung der Gehirnentzündung wird auch „gemütsarmes Wesen" und „triebhaftes Verhalten" genannt. Solch schwerwiegende Auswirkungen auf das Verhalten scheinen jedoch bei weitem nicht so häufig zu sein, wie man früher annahm. Gibbs u.a. (1964) fanden Verhaltensstörungen bei 10% der von ihnen untersuchten Kinder, die an einer Gehirnentzündung erkrankt waren. Diese Prozentzahl unterscheidet sich kaum von den Zahlen bei gesunden Kindern. Auch bei den unfallverletzten Kindern ist die Prognose günstiger, als man vermutet. Bei diesen Kindern erlebt man oft eine erstaunliche Besserung selbst nach wochenlanger Bewußtlosigkeit (Lempp 1967, S. 146). Dencker (1958) fand bei Kindern und Jugendlichen mit Schädelverletzungen keine größere Häufigkeit von Verhaltensstörungen als bei ihren unverletzten Zwillingsgeschwistern.

Komplikationen während der Schwangerschaft und Geburt, die zu Hirnschäden führen können

Es gibt eine Reihe von Schwangerschafts- und Geburtskomplikationen, die zu Hirnschäden des Kindes führen können, z.B. schwere Blutungen, Krankheiten oder Vergiftungen der Mutter während der Schwangerschaft, extreme Frühgeburt oder eine sehr schwere Geburt, die Gehirnblutungen zur Folge haben kann. Da sich die Auswirkung dieser Faktoren auf das Gehirn jedoch nicht direkt feststellen läßt, wurden zur Überprüfung des „neurologischen Status" des Neugeborenen spezielle Tests entwickelt.

Die Untersuchungen des „neurologischen Status" gehen vor allem auf die Arbeiten des österreichischen Neurologen Heinz Prechtl zurück. Sie bestehen im wesentlichen in einer genauen und systematischen Beobachtung der Bewegungen und Reflexe des Kindes (vgl. Prechtl 1960a und 1960b). Die neurologische Untersuchung liefert wertvolle Hinweise auf größere Hirnstörungen des Neugeborenen, bei leichtgradigen Hirnschäden sind die Befunde jedoch meist nicht eindeutig interpretierbar (Werry 1972, S. 86).

Neben dem ungünstigen „neurologischen Status" gilt der Nachweis von Sauerstoffmangel während der Geburt als ein wichtiger Indikator für das

Vorliegen eines frühkindlichen Hirnschadens, weil bei einem Mangel an Sauerstoff im Blut des Fetus in kurzer Zeit Gehirnzellen absterben. Sauerstoffmangel kann auf einem angeborenen Herzfehler des Kindes beruhen und ist leicht zu diagnostizieren, wenn sauerstoffarmes Venenblut in die Arterien gerät und sich das Neugeborene bläulich verfärbt.

Prechtl (1960a und 1960b) untersuchte 400 Kinder auf Komplikationen vor und während der Geburt und bestimmte bei den Neugeborenen aufgrund des von ihm entwickelten Tests auch den „neurologischen Status“. Bei der Nachuntersuchung im Alter zwischen zwei und vier Jahren berichteten 70% der Mütter von Kindern mit Geburtskomplikationen und ungünstigem „neurologischen Status“ über Hyperaktivität, Übererregbarkeit, kurze Aufmerksamkeitsspanne und Störungen in den sozialen Beziehungen ihrer Kinder. Bei Kindern mit einem günstigen neurologischen Status und einem normalen Geburtsverlauf fanden sich diese Schwierigkeiten nur in 12% der Fälle.

Prechtls aufsehenerregende Ergebnisse werden allerdings relativiert durch Untersuchungen, die ein Jahrzehnt später an seinem eigenen Institut mit einem genauen Beobachtungsinstrumentarium anstelle der sehr fehleranfälligen Elternbefragung vorgenommen wurden. Kalverboer (1975, S. 97) fand in seinen Untersuchungen, in denen ebenfalls die von Prechtl entwickelten neurologischen Tests benutzt wurden, nie größere Korrelationen als r = 0,28 zwischen dem „neurologischen Status“ der Neugeborenen und dem Verhalten der Kinder im Alter von fünf Jahren. Neben den genaueren Beobachtungsmöglichkeiten der späteren Untersuchung (Videoaufzeichnungen von standardisierten Spielsituationen) hat nach Auffassung von Kalverboer auch das höhere Alter der Kinder in seiner Untersuchung dazu beigetragen, daß die Korrelationen niedrig waren. Der Einfluß von frühkindlichen Hirnschäden auf das Verhalten scheint also nachzulassen, wenn die Kinder ins schulpflichtige Alter kommen. Untersuchungen, die von nachgewiesenem Sauerstoffmangel während der Geburt ausgingen, kamen zu ähnlich uneinheitlichen Ergebnissen: Graham und Mitarbeiter (1962) verglichen eine Gruppe dieser Kinder mit einer normalen Kontrollgruppe und fanden im dritten Lebensjahr signifikante Unterschiede in der kognitiven Leistung. Die Unterschiede hinsichtlich der Verhaltensstörungen waren jedoch nicht signifikant. Ucko (1965) wiederum fand bei Fünfjährigen signifikante Unterschiede in der Erregbarkeit („Reaktivität“) und Impulsivität, aber keine Unterschiede in der kognitiven Entwicklung.

Als Fazit dieser Studien wird man sagen können: Komplikationen während der Schwangerschaft und Geburt, die mit hoher Wahrscheinlichkeit zu Hirnschäden führen, sind Risikofaktoren für das Auftreten späterer Erziehungsschwierigkeiten, aber nur in geringem Ausmaß. Im allgemeinen gilt hier die Regel: „Je besser die Untersuchung hinsichtlich ihrer Methoden war, um so kleiner waren die beobachtbaren Effekte“ (Werry 1972, S. 97).

Die Diagnose „minimaler Hirnschäden"

Zu Beginn dieses Kapitels wurde erwähnt, daß in Schülerakten nicht selten Bemerkungen über „minimale Hirnschäden" von Schülern enthalten sind. Es soll nun untersucht werden, wie zuverlässig solche Diagnosen sind, die meist lange Zeit nach der Geburt oder nach einer Erkrankung oder Verletzung des Gehirns vorgenommen werden, und welche praktische Bedeutung sie haben.
Wie Lempp im „Lehrbuch der speziellen Kinder- und Jugendpsychiatrie" schreibt, handelt es sich hier meist um eine „Summationsdiagnose", die sich nicht auf ein einzelnes Symptom stützen kann, sondern nur auf ein übereinstimmendes Ergebnis verschiedener Befunde. Es muß deshalb gefragt werden, wieviel die einzelnen Diagnosen zu einer zuverlässigen Gesamtdiagnose beitragen können:

Das *Elektroenzaphalogramm* (EEG) zeichnet den Verlauf der Aktionsströme des Gehirns auf und ist beispielsweise geeignet für die Diagnose von Epilepsien. Im EEG ergeben sich aber bis heute noch keine für minimale Hirnschäden charakteristischen Befunde.
Ebenso wenig geeignet für eine Diagnose minimaler Hirnschäden sind die außerordentlich schmerzhafte *Pneumenzephalographie* und die *Röntgenuntersuchung des Schädels.* Bei der Pneumenzephalographie wird durch eine Punktion in den Rückenmarkskanal Luft gebracht. Diese steigt in die Hirnkammern auf und dient als Kontrastmittel für die Darstellung des Gehirns im Röntgenbild. Diese Untersuchungsmethode liefert vor allem Hinweise auf eine pathologische Veränderung der Hirnkammern, während sich durch einfache Röntgenaufnahmen Schädelverletzungen nachweisen lassen.
Die häufigste Untersuchungsmethode bei der Frage nach minimalen Hirnschäden ist wahrscheinlich die *Anamnese,* d.h. hier die spätere Befragung der Mutter über Komplikationen während der Schwangerschaft und Geburt und über vergangene Krankheiten des Kindes, die unter Umständen zu einer bleibenden Hirnschädigung führen konnten. Der Wert anamnestischer Daten ist aber aus folgenden Gründen für die hier interessierende Frage gering:

1. Wie im Laufe dieses Kapitels deutlich wurde, führen Schwangerschafts- und Geburtskomplikationen sowie Krankheiten und Verletzungen des Gehirns nicht mit Notwendigkeit zu dauerhaften Hirnschäden oder diese wirken sich keineswegs so deutlich auf das Verhalten aus, wie man früher geglaubt hat.
2. Vergleiche von Berichten der Mütter in der Anamnese und Klinikunterlagen haben gezeigt, daß sich die Müter oft schon nach einigen Jahren an wichtige Einzelheiten der Schwangerschaft und Geburt nicht mehr erinnern konnten, so daß ihre Angaben oft wenig zuverlässig waren (Werry 1972, S. 86).

Ähnlich wie Psychologen und Pädagogen sich dann besonders viel von medizinischen Methoden erhoffen, wenn ihre eigenen versagen, geht es offenbar auch den Medizinern: Nach Auffassung von Lempp (1971, S. 223) sind einige *psychodiagnostische Tests* für die Diagnose eines Hirnschadens außerordentlich wertvoll, z.B. der Benton-Test, der Bender-Gestalt-Test und der Würfel-Test. Mit diesen Tests lassen sich Störungen der Gestaltauffassung oder der Figur-Hintergrund-Differenzierung tatsächlich gut erkennen, nicht aber die Hirnstörungen, um die es hier eigentlich geht. Herbert (1964) zeigte in seinem Übersichtsreferat, daß diese Tests für die Diagnose eines Hirnschadens nur eine geringe Validität haben und kaum geeignet sind, hirngeschädigte von nichthirngeschädigten Kindern zu unterscheiden.

Als eine weitere Methode zur Diagnose minimaler Hirnschäden wird gelegentlich vorgeschlagen, einfach vom Vorliegen bestimmter Verhaltensstörungen auszugehen. Lempp (1971, S. 223) schreibt hierzu: „Manchmal ist aber schon die Schilderung der Kinder durch die Eltern so charakteristisch, daß man auch beim Fehlen anamnestischer Hinweise und körperlicher Symptome mit hinreichender Sicherheit die Diagnose eines frühkindlichen exogenen Syndroms stellen kann.“

Wie im Laufe dieses Kapitels gezeigt wurde, führen Hirnschäden nicht mit Notwendigkeit zu Verhaltensstörungen und noch viel weniger lassen bestimmte Verhaltensstörungen mit Sicherheit auf das Vorliegen von Hirnschäden schließen (vgl. Werry 1972, S. 106). Diese von Lempp empfohlene Diagnosemöglichkeit muß deshalb als ganz ungeeignet abgelehnt werden.

Wie zuverlässig ist also die Diagnose auf „minimalen Hirnschaden“ oder „frühkindlich exogenes Psychosyndrom“? Selbst wenn es sich wirklich um eine Summationsdiagnose handelt, wird man vorsichtig sein müssen, denn keine der hier diskutierten einzelnen Diagnosemethoden hat sich als sehr beweiskräftig erwiesen. Es ist aber auch möglich, daß eine Bemerkung wie „Verdacht auf frühkindlichen Hirnschaden“, die manchmal in Schülerakten steht, noch nicht einmal auf einer Summationsdiagnose beruht, sondern daß der Schularzt dem Vorschlag des „Lehrbuchs der speziellen Kinder- und Jugendpsychiatrie“ gefolgt ist und den Hirnschaden aufgrund bestimmter Verhaltensstörungen diagnostizierte. Das ergäbe dann die paradoxe Situation, daß der Arzt die organische Schädigung auf das Verhalten zurückführt und der Leser des Schülerbogens dann wahrscheinlich das Verhalten auf die organische Schädigung.

Neben der Frage nach der Zuverlässigkeit dieser Diagnose soll auch die Frage nach ihrer praktischen Bedeutung gestellt werden: Ist die Diagnose auf „minimalen Hirnschaden“ zum Beispiel geeignet, Entscheidungen über die medizinische oder pädagogisch-therapeutische Behandlung des Kindes zu verbessern? Zur Zeit wird man diese Frage nur negativ beantworten können. Für den Erfolg einer Behandlung hyperaktiver Kinder mit Psychoanaleptika zum Beispiel ist es unwesentlich, ob ein Hirnschaden diagnostiziert wurde oder nicht (vgl. Kapitel 30). Ebensowenig gibt es eindeutige empirische Befunde dafür, daß leichtgradig hirngeschädigte Kinder auf andere Erziehungsmaßnahmen ansprechen als andere impulsive, lerngestörte oder hyperaktive Kinder. (Anderer Auffassung ist in diesem Punkt Cruickshank 1973. Vgl. aber dagegen Werry 1972, S. 113.)

Eine andere praktische Auswirkung kann die Diagnose des Schularztes jedoch haben, auch wenn sie in keiner Weise beabsichtigt ist: Es besteht die Gefahr, daß viele Leser des schulärztlichen Gutachtens die Zuverlässigkeit und praktische Bedeutung der Diagnose überschätzen. Das Etikett „minimaler Hirnschaden“

kann dann zur Rechtfertigung von Überweisungsentscheidungen, z. B. in ein Erziehungsheim oder in die Sonderschule für Erziehungsschwierige, herangezogen werden, besonders wenn sich solche Entscheidungen mit pädagogischen Argumenten nur schwer begründen lassen.

19. Umwelteinflüsse in der frühen Kindheit

Wenige psychologische Lehrmeinungen haben das pädagogische Denken der letzten dreißig Jahre so stark geprägt wie die Überzeugung, daß die Bindung zwischen Mutter und Kind in den ersten Lebensjahren die gesamte spätere Persönlichkeitsentwicklung beeinflusse und daß dieser Einfluß auch später nie mehr rückgängig zu machen sei. Bei Lehrern und Erziehern führte diese Anschauung oft zu einer resignativen Haltung angesichts kindlicher Verhaltensstörungen.

Als empirische Belege für die negativen Auswirkungen einer gestörten Mutter-Kind-Beziehung gelten in der Pädagogik vor allem die Untersuchungen von René Spitz (1974) und John Bowlby (1975). In Auseinandersetzungen mit den Arbeiten von Bowlby und Spitz soll im folgenden gefragt werden, wie es überhaupt zu einer Bindung zwischen Mutter und Kind kommt und wie es sich auf das spätere Verhalten des Kindes auswirkt, wenn sich keine solche Bindung entwickelt, wenn sie unterbrochen wird oder wenn sie in irgendeiner Weise gestört ist.

Die Verhaltensweisen, die man als „Bindung" oder „abhängiges Verhalten" bezeichnet, sind ein auffälliges Merkmal der frühen Kindheit: Kinder in den ersten Lebensjahren halten sich gerne in der Nähe ihrer erwachsenen Pflegepersonen auf und suchen den Körperkontakt mit ihnen. Sie beschränken dieses Verhalten auf einige wenige Personen und weiten es nicht auf alle Erwachsenen aus. Wenn sie von ihren Bezugspersonen getrennt werden, reagieren sie mit Weinen und anderen Formen des Protests. Unter dem Terminus „Bindungsverhalten" sollen in diesem Kapitel Verhaltensweisen von Kindern verstanden werden, die dazu dienen, die Nähe zu einer Betreuungsperson aufrechtzuerhalten und bei dieser Aufmerksamkeit und Pflegeverhalten auszulösen (Maccoby und Masters 1970, S. 75). Als „Bindung" bezeichne ich eine Interaktionsform, in der dieses Verhalten regelmäßig auftritt.

Die zahlreichen Belege für die Existenz und für die Bedeutung dieses Verhaltensmusters kommen nicht nur aus der Humanpsychologie, sondern auch aus der tierischen Verhaltensforschung, der Ethologie (Maccoby und Masters 1970; Bowlby 1975). Das ethologische Pendant zu dem Terminus „Bindung" ist der von Konrad Lorenz eingeführte Begriff der „Prägung".

Bekanntlich folgen die Jungen „nestflüchtender“ Vögel (z.B. Enten oder Gänse) blindlings dem ersten sich bewegenden Gegenstand, den sie in ihrem Leben erblicken. Unter natürlichen Umständen ist das immer die eigene Mutter, unter der sie aus dem Ei schlüpfen. Werden sie aber im Brutschrank künstlich ausgebrütet und sehen sie als erstes einen Menschen, so laufen sie von Anfang an nur Menschen nach. Das Entscheidende ist nun, daß Küken, die einmal einer Ersatzmutter nachgelaufen sind, auch durch längeres Beisammensein mit Artgenossen nicht mehr dazu zu bringen sind, sich ihrer eigenen Art anzuschließen. Bei der sogenannten „Prägung“ handelt es sich also um einen sehr frühen und schnellen Lernprozeß mit einem sehr stabilen Ergebnis (Immelmann 1976).

Analog zur „Nachlaufreaktion“ bei den Nestflüchtern gibt es auch beim Kleinkind angeborene Verhaltenstendenzen, die von der Mutter oder einer anderen Betreuungsperson ausgelöst werden können, z.B. Lächeln, Plappern, Umherschauen, Anfassen und Festhalten. Wenn die Mutter spricht, regt sie das Kind an zu plappern. Wenn sie ihr Gesicht bewegt, regt sie es an, ihr Gesicht und vor allem ihre Augen anzuschauen. Bei diesen Gelegenheiten prägt sich dem Kind eine feste Vorstellung vom Aussehen der Mutter bzw. seiner Pflegeperson ein. Da diese Person außerdem für die Nahrung des Kindes sorgt und es aufnimmt, wenn es schreit, wird das Kind immer mehr dazu neigen, die Nähe zu dieser Person zu suchen und aufrechtzuerhalten, sobald es dazu in der Lage ist. Im Laufe des ersten Lebensjahres wird es ebenfalls lernen, zwischen der Person, deren Bild es sich eingeprägt hat, und anderen Personen zu unterscheiden, und auf Fremde im allgemeinen mit Furcht zu reagieren (vgl. Mussen, Conger und Kagan 1969, S. 214f.).

Auswirkungen des Fehlens von Bindungen in der frühen Kindheit

Eine anschauliche Schilderung von Bedingungen, die Bindungen eines Kindes verhindern, gibt René Spitz (1974, S. 290), wenn er die Lebensbedingungen in einem Findelhaus beschreibt: „Nach dem dritten Monat wurden Mutter und Kind getrennt. Die Säuglinge blieben in dem Findelhaus, in dem sie körperlich in jeder Hinsicht angemessen versorgt wurden. ... Aber da eine einzige Schwester acht Kinder zu versorgen hatte (offiziell; in Wirklichkeit waren bis zu zwölf Kinder der Obhut einer Schwester anvertraut), mußten sie psychisch verhungern. Drastisch ausgedrückt, sie bekamen etwa ein Zehntel der normalen affektiven Zufuhr, die sie in der üblichen Mutter-Kind-Beziehung bekommen hätten.“
Ebenso eindrucksvoll schildert Spitz die Folgen dieser Lebensbedingungen: „Nach der Trennung von ihren Müttern durchliefen diese Kinder zunächst die Stadien des fortschreitenden Verfalls, wie er für den partiellen Entzug (der Mutter) charakteristisch ist. ... Nach der relativ kurzen Zeit von drei Monaten zeigte sich ein neues klinisches Bild: Die Verlangsamung der Motorik kam voll zum Ausdruck; die Kinder wurden völlig passiv; sie lagen in ihrem Bettchen auf dem Rücken. Sie erreichten nicht das Stadium motorischer Beherrschung, das notwendig ist, um sich in die Bauchlage zu drehen. Der Gesichtsausdruck wurde leer und oft schwachsinnig, die Koordination der Augen ließ nach“ (Spitz 1974, S. 290).

Spitz bezeichnete die von ihm beschriebene Folge von Verhaltensweisen als *„Hospitalismus"*, ein Wort das in dem von Spitz gebrauchten Sinn inzwischen schon Teil der Umgangssprache geworden ist. Es ist das Verdienst von Forschern wie Spitz und Bowlby, daß sie eine breite Öffentlichkeit darauf aufmerksam gemacht haben, daß es sich auf die Entwicklung eines Säuglings oder eines Kleinkindes nachteilig auswirkt, wenn das Kind keine Gelegenheit erhält, eine Bindung zu einer oder einigen wenigen festen Pflegepersonen zu entwickeln. In späteren Untersuchungen wurden als langfristige Folgen einer solchen „Deprivation" ein Zurückbleiben der geistigen Entwicklung („Retardierung") und gelegentlich Formen einer „gefühllosen Psychopathie" festgestellt. Die *Retardierung* in der Intelligenzentwicklung bei Kindern, die unter den beschriebenen Bedingungen oder überhaupt in einem Heim ohne feste Bezugsperson aufwachsen mußten, ist in vielen Untersuchungen nachgewiesen (Nissen 1971; Rutter 1972, S. 55 und 121). Sie ist wahrscheinlich in erster Linie auf den Mangel an visueller und verbaler Stimulation zurückzuführen. Wie in Kapitel 17 gezeigt wurde, ist niedrige Intelligenz auch ein Risikofaktor für das Auftreten schulischer Verhaltensstörungen. Eine unmittelbare Auswirkung auf Verhaltensstörungen liegt im Falle der *„gefühllosen Psychopathie"* vor (Rutter 1972, S. 99f.). Damit ist gemeint: das Fehlen von Schuldgefühlen und die Unfähigkeit, sich an Regeln zu halten oder dauerhafte Beziehungen einzugehen. Die Schlußfolgerungen von Bowlby und Spitz gingen aber noch erheblich weiter: Nach der Meinung von Spitz führt im ersten Lebensjahr eine Trennung des Kindes von seiner Betreuungsperson „zu einem zunehmend schweren Verfall, der zumindest zum Teil irreversibel zu sein scheint", wenn diese Trennung länger als fünf Monate dauert (Spitz 1974, S. 289). Spitz blieb jedoch den Nachweis dafür schuldig, daß die Auswirkungen der Trennung *nie* mehr rückgängig zu machen sind. Spätere Untersuchungen kamen eher zu gegenteiligen Ergebnissen (Nissen 1971, S. 56; Berger 1973, S. 622). Auch für die Auffassung von Bowlby (1969), daß Verhaltensstörungen im Erwachsenenalter in sehr vielen Fällen auf dem Fehlen von Bindungen in der frühen Kindheit beruhen, liegen bisher keine Beweise aus Längsschnittuntersuchungen vor. Die mit ähnlichen Fragestellungen durchgeführten Längsschnittstudien stützen die These von Bowlby jedenfalls nicht (vgl. Kapitel 13).

Die Auswirkungen von längeren Trennungen

Bowlby und seine Mitarbeiter haben darauf aufmerksam gemacht, daß die Trennung des Kleinkindes von seiner Mutter, z. B. bei einem Klinikaufenthalt des Kindes, oft zu der charakteristischen Reaktionssequenz von „Protest, Verzweiflung und Ablösung" führt.

Die „Protestphase" bei der Trennung von der Betreuungsperson, die nicht immer die Mutter ist, kann zwischen einigen Stunden und einer ganzen Woche dauern. In dieser Phase weint das Kind oft laut, wirft sich auf den Boden, will sich von der Krankenschwester nicht pflegen lassen und ruft nach seinen Eltern. In der zweiten Phase läßt die Aktivität des Kindes allmählich nach, das Kind weint nur noch leise vor sich hin. Es wirkt zurückgezogen und passiv und scheint sich in einem „Zustand tiefer Trauer" zu befinden (Bowlby 1975), der Spitz (1974) an die Depression bei Erwachsenen erinnerte. In der „Ablösungsphase" schließlich scheint das Kind seine neuen Pflegepersonen nicht länger abzulehnen. Es wird gegenüber den Krankenschwestern zutraulicher, scheint aber seine Eltern nicht mehr zu kennen, wenn es von ihnen besucht wird. Diese „Ablösung" beobachtet man oft schon nach zwei bis drei Wochen Klinikaufenthalt. Auch wenn die Kinder dann nach Hause zurückkehren, zeigen sie zunächst weniger Bindungsverhalten als vorher. Nach einer Übergangszeit tritt es jedoch stärker auf als zuvor, d.h. die Kinder klammern sich an und wollen ihre Mütter nicht aus den Augen verlieren (vgl. Bowlby 1975).

Diese Reaktionssequenz ist so eindrucksvoll, daß eine Reihe Beobachter wie Spitz (1974, S. 285) annimmt, sie hinterlasse „Narben, die erst in späteren Jahren sichtbar werden". Tatsächlich fanden einige Untersuchungen auch Zusammenhänge zwischen früheren Klinikaufenthalten und Verhaltensstörungen im Grundschulalter (Thalman 1971, S. 125; Wolff 1973, S. 81). Bei diesen Untersuchungen handelte es sich aber durchwegs um retrospektive Studien, die vom Vorliegen einer Verhaltensstörung ausgingen und bei denen dann die Mütter befragt wurden, wieviele der verhaltensgestörten Kinder schon einmal einen längeren Klinikaufenthalt hatten. Da die Angaben von Eltern über vergangene Ereignisse oft wenig zuverlässig sind, gelten die Aussagen dieser Arbeiten als weniger beweiskräftig im Vergleich zu den Ergebnissen aus prospektiven Studien, bei denen der Klinikaufenthalt den Ausgangspunkt bildet. Prospektive Untersuchungen fanden meist nur geringfügige Effekte auf das spätere Verhalten der Kinder (Bowlby, Ainsworth u.a. 1956; Rutter 1972, S. 79). Die deutlichsten Folgeerscheinungen eines Krankenhausaufenthaltes sind größere Häufigkeit von Bettnässen und Angst vor weiteren Krankenhausbesuchen (Rutter 1972, S. 79; Wolff 1973, S. 77). Die unmittelbaren Auswirkungen der Trennung, wie sie in der Reaktionssequenz von „Protest, Verzweiflung und Ablösung" zum Ausdruck kommen, scheinen also schwerwiegender zu sein als die langfristigen Folgen. Es ist durch geeignete Maßnahmen durchaus möglich, auch diese unmittelbaren Auswirkungen, die ohnehin nicht bei allen Kindern auftreten, zu mildern. Zu diesen Maßnahmen gehört zum Beispiel, daß die gleiche Krankenschwester sich regelmäßig mit dem Kind beschäftigt, daß das Kind seine Lieblingsspielzeuge mitnehmen darf, daß es häufig von seinen Angehörigen besucht wird oder sogar die ganztägige Betreuung des Kindes durch seine Mutter, wie sie neuerdings in einigen Kliniken möglich ist (vgl. Wolff 1973, S. 86f.; Rutter 1975, S. 157).

Die Auswirkung häufiger kurzer Trennungen

Ein besonders umstrittener Punkt bei der Untersuchung frühkindlicher Umwelteinflüsse ist die Frage, wie sich häufige kurzzeitige Trennungen von der Hauptbezugsperson auf das Bindungsverhalten des Kleinkindes und auf sein späteres Sozialverhalten auswirken. Zu solchen kurzzeitigen Trennungen kommt es vor allem dann, wenn beide Eltern berufstätig sind. Der eigentlich kontroverse Punkt ist in den meisten Diskussionen die Frage, ob die Mutter eines Kleinkindes weiter ihren Beruf ausüben kann, ohne damit ihrem Kind zu schaden.

Die Gegner der Berufstätigkeit verweisen auf die Notwendigkeit, daß sich zwischen Mutter und Kind eine Bindung entwickelt, und sie argumentieren, daß eine ganztätig berufstätige Mutter einfach nicht genügend Zeit habe, um sich mit ihrem Kind lange genug zu beschäftigen. Da ein Säugling ohnehin nur wenige Stunden am Tag wach ist und berufstätige Mütter in ihrer Freizeit meist noch andere Aufgaben erledigen müssen, kann nach Meinung mancher Autoren unter diesen Umständen keine Bindung des Kindes an die Mutter entstehen (Hassenstein 1975, S. 219).

Es ist nachgewiesen, daß sich die Berufstätigkeit der Mütter von Kleinkindern dann negativ auswirkt, wenn die Kinder während der Abwesenheit ihrer Mütter nicht genügend versorgt werden oder wenn die Betreuer so häufig wechseln, daß keine Bindung zu ihnen entstehen kann (Rutter 1972, S. 61). Es scheint dagegen keine negativen Auswirkungen zu haben, wenn Kleinkinder von zwei oder mehreren Pflegepersonen gut versorgt werden und sich eine Bindung zu wenigstens einer von ihnen entwickeln kann. Unter diesen Voraussetzungen wirkt sich die Berufstätigkeit der Mutter nicht negativ auf das Sozialverhalten der Kinder aus, wie inzwischen schon ein gutes Dutzend empirischer Untersuchungen gezeigt hat (Rutter 1972, S. 61). Dasselbe gilt für den Besuch von Kinderkrippen.

Gestörte Bindungen

Nach der Auffassung von Spitz (1974, S. 219) wirken unbefriedigende Beziehungen zwischen Mutter und Kind „krankheitserzeugend". Dazu zählen nicht nur die oben beschriebenen unterbrochenen Bindungen, sondern auch Beziehungen, die qualitativ „ungeeignet" sind, z.B. „ängstlich übertriebene Besorgnis" oder „Feindseligkeit in Form von Ängstlichkeit".

Tatsächlich scheint es einige Störungen zu geben, die so schwerwiegend sind, daß sie sich auch langfristig auswirken und zu dauerhaften Verhaltensstörungen führen. Dazu gehört aber kaum die „ängstlich übertriebene Besorgnis" der

Mutter eines Kleinkindes (vgl. dazu Kapitel 22). Aller Wahrscheinlichkeit nach sind frühkindliche Bindungen, die so gestört sind, daß sie zu dauerhaften psychischen oder psychosomatischen Störungen des Kindes führen, selten. Dazu zählt etwa eine extreme Vernachlässigung des Kindes durch seine Eltern beim Fehlen anderer Betreuungspersonen. Auch in Familien können Bedingungen herrschen, die denen ähnlich sind, wie sie Spitz für das Findelhaus geschildert hat: ein Minimum an sensorischer Stimulation, das Fehlen von Interaktionen, die den Aufbau einer Bindung ermöglichen, oder häufiger Wechsel der Betreuer. Unter solchen Umständen kann auch bei Familienerziehung die Grundlage für Intelligenzdefekte oder „gefühllose Psychopathie" gelegt werden.

Außer der gestörten Bindung in der frühen Kindheit gibt es zahlreiche andere Möglichkeiten, wie die Interaktion zwischen Kind und Mutter bzw. Familie die Ausbildung von Verhaltensstörungen begünstigen kann. Dazu gehören ein ablehnender oder inkonsistenter Erziehungsstil, eheliche Disharmonie oder Verhaltensstörungen der Eltern. Dies sind aber Faktoren, die während der gesamten Sozialisation des Kindes wirksam sind und nicht nur in der frühen Kindheit. Diese anderen ätiologischen Faktoren werden in den Kapiteln 20 bis 22 erörtert.

20. Unvollständige Familien und eheliche Disharmonie der Eltern

Gestörte Familienverhältnisse und unvollständige Familien gelten zu Recht als ein wichtiger Risikofaktor für Erziehungsschwierigkeiten. Zahlreiche Untersuchungen in Deutschland, England und in den Vereinigten Staaten haben Zusammenhänge nachweisen können zwischen Verhaltensstörungen der Kinder und Scheidung bzw. häufigem Streiten der Eltern oder dem Fehlen eines Elternteils (Harnack 1958; Thalmann 1971, S. 171 f. und 181 f.; Rutter 1972, S. 85; Hetherington und Martin 1972; Wolff 1973, S. 116 f.). Besonders häufig sind bei Kindern aus diesen Familien Verhaltensstörungen aggressiver oder delinquenter Art, während Verhaltensstörungen gehemmter Art bei ihnen nicht öfter auftreten als bei anderen (Rutter 1972, S. 65; Hetherington und Martin 1972, S. 42; Wolff 1973, S. 117). Ferner findet man die Beziehungen zwischen gestörten Familienverhältnissen und einer überdurchschnittlichen Häufigkeit von Verhaltensstörungen bei *Jungen* erheblich deutlicher als bei Mädchen (Rutter 1970). Das bedeutet aber keineswegs, daß *alle* oder auch nur die meisten Jungen aus solchen Familien sich erziehungsschwierig verhalten. Man kann aufgrund der Forschungsergebnisse nur sagen, daß sich durch gestörte Familienverhältnisse oder Fehlen eines Elternteils das Risiko für das Auftreten von Verhaltensstörungen erhöht.

Am deutlichsten sind die Zusammenhänge zwischen Ehescheidung und Verhaltensstörungen. Aber gerade hier ist es besonders schwierig zu ermitteln, welches die eigentlich wirksamen Faktoren sind. Ist es die Unvollständigkeit der Familie nach der Scheidung oder sind es die Auseinandersetzungen zwischen den Eltern, die oft einer Scheidung vorausgehen? Zunächst soll auf diese Frage eingegangen werden, um anschließend die Auswirkungen von ehelicher Disharmonie und Unvollständigkeit der Familie im einzelnen zu erörtern.

Verschiedene Forscher gingen der Frage nach, ob es vor allem die Abwesenheit eines Elternteils oder die der Trennung vorausgehende eheliche Disharmonie ist, die zu Verhaltensstörungen führt. Die Hamburger Studie von Harnack (1958) kam ebenso wie die von Rutter (1972, S. 107 f.) zitierten britischen und amerikanischen Arbeiten zu dem Ergebnis, daß sich Verhaltensstörungen wesentlich häufiger bei Kindern fanden, deren Eltern geschieden waren oder getrennt lebten, als bei Kindern, die einen Elternteil durch Tod verloren hatten. Dieser Befund legt die Schlußfolgerung nahe, daß es weniger die bloße

Abwesenheit eines Elternteils ist, welche die Verhaltensstörungen bedingt, sondern entweder das Faktum der Scheidung oder die Zwietracht, die der Scheidung vorausging und die in manchen Fällen auch nach der Scheidung noch weitergeht. Falls die zweite Alternative zutrifft, ist zu erwarten, daß Kinder, die in stark zerstrittenen, aber ungeschiedenen Familien aufwachsen, ebenfalls viele Verhaltensstörungen zeigen. Mehrere Untersuchungen bewiesen, daß dies tatsächlich der Fall ist: In ungeschiedenen disharmonischen Familien fand man einen starken Zusammenhang zwischen dem Ausmaß der ehelichen Disharmonie und der Zahl von Verhaltensstörungen bei den Kindern (Rutter 1972, S. 108). W. und J. McCord und I. K. Zola (1959) konnten außerdem nachweisen, daß Kinder aus geschiedenen Ehen signifikant weniger Verhaltensstörungen delinquenter Art hatten als Kinder aus ungeschiedenen Elternhäusern, wenn diese durch ständigen Streit und Vernachlässigung der Kinder gekennzeichnet waren. Viele Autoren sehen deshalb weniger in dem Faktum der Scheidung den Risikofaktor für die Verhaltensstörungen, sondern mehr in der ehelichen Disharmonie der Eltern (Harnack 1959; Rutter 1972, S. 65 und 108; Wolff 1973, S. 116).

Es gibt eine Reihe von Bedingungen, unter denen sich Streitigkeiten der Eltern besonders negativ auf das Verhalten der Kinder auswirken (vgl. Rutter 1975, S. 154 und 170). Dazu gehören u. a.:

1. Meinungsverschiedenheiten, die in voller Härte vor den Augen der Kinder ausgetragen werden.
2. Streitigkeiten, in die Kinder als Bündnispartner mit einbezogen werden.
3. Auseinandersetzungen, die nie in einer Problemlösung enden, sondern immer nur zu weiteren Vorwürfen führen.
4. Ein ständiges Streiten über mehrere Jahre hinweg.
5. Die Auswirkungen der ehelichen Disharmonie auf das Verhalten der Kinder wird schließlich noch erheblich durch Verhaltensstörungen der Eltern und einen ungeeigneten Erziehungsstil verstärkt (vgl. Kapitel 21 und 22).

Es gibt verschiedene Erklärungsmöglichkeiten für den Zusammenhang zwischen einer Disharmonie der Ehepartner und Verhaltensstörungen der Kinder: Um adäquates Sozialverhalten zu lernen, brauchen Kinder eine stabile *Bindung* an eine oder mehrere Bezugspersonen (vgl. Kapitel 19). Bei ständigen Streitigkeiten kann sich eine solche Beziehung nur schwer entwickeln. Wo sie allerdings trotz der ungünstigen Familienverhältnisse zustande kommt, ist die Wahrscheinlichkeit geringer, daß die schwierige Familiensituation Verhaltensstörungen zur Folge hat (Rutter 1975, S. 171).
Vor allem die Untersuchungen von Bandura haben gezeigt, daß auch die *Beobachtung* aggressiver Auseinandersetzung dazu führen kann, daß Kinder diese Verhaltensweisen von ihren Eltern übernehmen (Bandura 1973, S. 72). Im Kapitel 25 werde ich ausführlicher auf den Prozeß des Beobachtungs- oder Modellernens eingehen, der hier wahrscheinlich eine Rolle spielt.

Ein dritter Erklärungsansatz geht von der Beobachtung aus, daß es sich auf das Sozialverhalten der Kinder auswirkt, ob ihnen zumindest einige *klare Regeln* und Verhaltenserwartungen vermittelt werden konnten und ob die Einhaltung dieser Regeln konsequent von ihnen gefordert wurde (vgl. W. C. Becker 1964). Durch häufige Meinungsverschiedenheiten der Eltern, die ja oft auch Erziehungsfragen betreffen, wird ein konsistenter Erziehungsstil gewiß nicht gefördert.

Viertens ist es möglich, die Wirkungen dieser Auseinandersetzungen in erster Linie *situativ* zu erklären: Die Unstimmigkeiten der Eltern wirken als Umweltreize, die für die Kinder sehr unangenehm sind. Diese rufen emotionale Reaktionen hervor, die zu Auslösern von Erziehungsschwierigkeiten werden können (vgl. Kapitel 25 und Bandura 1973, S. 53f.).

Obwohl die eheliche Disharmonie der Eltern wahrscheinlich der wesentliche Faktor für das Entstehen von Verhaltensstörungen bei Kindern geschiedener Eltern ist, bildet die Unvollständigkeit der Familie allein auch schon einen Risikofaktor, wenn auch nicht im gleichen Ausmaß.

Der *Tod eines Elternteils* wirkt sich, wie schon erwähnt, anders aus als eine Ehescheidung. Die deutlichsten Auswirkungen fanden sich bei Kindern, die drei bis fünf Jahre alt waren, als ihre Eltern starben, und bei Jungen, die ihren Vater, und Mädchen, die ihre Mutter verloren hatten. Der gleichgeschlechtliche Elternteil spielt eine wichtige Rolle für das Erlernen des geschlechtsspezifischen Rollenverhaltens (Wolff 1973, S. 94f.; Rutter 1975, S. 163).

Der *Verlust des Vaters* in den Vorschuljahren – sei es durch Trennung der Eltern oder einen Todesfall – scheint bei Jungen zunächst zur Ausbildung mädchenhafter Verhaltensmuster zu führen, die dann aber im Laufe der Zeit aufgegeben oder durch eine kompensierende Männlichkeit ersetzt werden. Bei Mädchen zeigen sich zunächst keine Auswirkungen, in der Pubertät jedoch Schwierigkeiten im Umgang mit Jungen. Alle diese Effekte werden jedoch erheblich gemildert oder ganz ausgeschaltet, wenn die Mütter geschlechtsspezifisches Verhalten verstärken oder ältere Brüder in der Familie sind (Hetherington und Deur 1972, S. 317).

Der *Verlust der Mutter* während der Kindheit kommt seltener vor als der Tod des Vaters oder die Trennung von ihm. Die Wirkungen auf die Kinder sind deshalb weniger untersucht, aber vielleicht noch einschneidender als beim Verlust des Vaters. Viele Väter trauen es sich nicht zu, neben ihrer Berufstätigkeit ihre Kinder zu versorgen, und es wird auch nicht von ihnen erwartet. Die Folge ist häufig, daß die Kinder in Heime kommen oder von einer Pflegestelle zur anderen geschoben werden. Für die zumindest kurz- und mittelfristig beste Lösung, nämlich die Anstellung einer Pflegeperson für die Kinder, fehlt oft das Verständnis und die finanzielle Unterstützung.

Mütter oder Väter, die ihre Ehegatten durch Tod verloren haben, werden von der Umwelt in aller Regel mit viel Verständnis und Entgegenkommen behandelt. Das trifft jedoch nicht für Geschiedene und noch weniger für *Mütter mit unehelichen Kindern* zu. Die Situation der alleinstehenden Mütter wird nicht nur durch die Notwendigkeit erschwert, alleine für ihr Kind sorgen zu müssen und finanziell meist schlechter gestellt zu sein als eine verheiratete Frau mit ähnlicher Ausbildung. Hinzu kommen oft noch andere belastende Faktoren wie soziale Isolation, ambivalente Gefühle gegenüber dem Vater des Kindes oder Druck von seiten der Verwandtschaft, sobald wie möglich zu heiraten, damit „das Kind einen Vater bekommt". Dabei wird die Wahrscheinlichkeit, daß ein uneheliches Kind nach der Heirat seiner Mutter Verhaltensstörungen entwickelt, keineswegs geringer. Uneheliche Geburt ist, wie verschiedene Untersuchungen gezeigt haben, einer der Risikofaktoren für das Auftreten von Erziehungsschwierigkeiten (Rutter 1975, S. 172). Es ist ungewiß, ob tatsächlich das Fehlen des Vaters hier die entscheidende Rolle spielt. Wie weiter oben gezeigt wurde, können alleinstehende Mütter das Fehlen des Vaters durch geeignete Erziehungsmaßnahmen durchaus kompensieren.

Ebenso wie die meisten Kinder aus unharmonischen oder geschiedenen Familien wird auch die Mehrzahl der unehelichen Kinder trotz des erhöhten Risikos *nicht* verhaltensgestört. Offenbar gelingt es vielen Eltern trotz ihrer belastenden Situation, ihre Kinder so zu erziehen, daß sie keinen Schaden leiden.

21. Verhaltensstörungen der Eltern

Eine Beziehung zwischen den Verhaltensstörungen von Eltern und denen ihrer Kinder konnte in zahlreichen Untersuchungen aufgezeigt werden (Hetherington und Martin 1972, S. 43f.).

McCord, McCord und Zola (1959) fanden in ihrer Längsschnittstudie, daß Söhne krimineller Väter häufig selber Straftäter wurden, besonders dann, wenn die Väter grausam waren und ihre Kinder vernachlässigten (85%). In Familien, die ihre Kinder ähnlich behandelten, in denen der Vater aber nicht mit dem Gesetz in Konflikt kam, war der Prozentsatz jugendlicher Delinquenten niedriger (40%). Bandura (1973, S. 93) interpretiert diesen erheblichen Unterschied als Wirkung des *Modellernens* der Söhne von den Vätern (vgl. Kapitel 25).

Robins (1966, S. 159f.) kam zu ähnlichen Ergebnissen: Antisoziale Verhaltensweisen bei den Vätern gingen besonders häufig mit Verhaltensstörungen *aggressiver* und *delinquenter* Art bei den Söhnen und Töchtern einher.

Eine westdeutsche Untersuchung veranschaulicht die Ergebnisse von Robins. Pinkert (1974) fragte in seiner Arbeit über verhaltensgestörte Jugendliche in öffentlicher Erziehung unter anderem nach den Verhaltensstörungen der Eltern: 17% der Fürsorgezöglinge hatten Eltern, die als „chronisch gewalttätig" galten, 19% hatten vorbestrafte Eltern, bei circa 23% waren die Eltern Alkoholiker („süchtig oder suchtgefährdet") und 28% der Eltern waren wegen schwerer Persönlichkeits- und Verhaltensstörungen schon einmal psychiatrisch untersucht worden (Pinkert 1974, S. 115f.).

Andere Studien (zitiert in Anthony 1970, S. 701, und Hetherington und Martin 1972, S. 51) haben außerdem gezeigt, daß Kinder mit Verhaltensstörungen *gehemmter* Art Eltern hatten, die mit überdurchschnittlicher Häufigkeit ebenfalls „neurotische" Störungen aufwiesen.

Obwohl sich nicht selten Verhaltensstörungen bei beiden Eltern finden, ist es möglich, zwischen dem Einfluß des Vaters und dem der Mutter zu unterscheiden. In der Untersuchung von Lee Robins (1966), die in erster Linie Kinder mit Verhaltensstörungen aggressiver und delinquenter Art berücksichtigte, erwies sich vor allem der Einfluß des *Vaters* als bedeutsam. Folgende Merkmale und Verhaltensweisen von Vätern standen in signifikantem Zusammenhang mit Verhaltensstörungen der Kinder: Verlassen der Familie, Alkoholismus, dauernde Erwerbslosigkeit, Nichtzahlen des Unterhalts und Verhaftungen. Die Aufzählung dieser Merkmale zeigt, daß die signifikante Beziehung von „antisozialen“ Verhaltensweisen bei Vätern und Söhnen nicht ausschließlich auf Beobachtungslernen beruht, sondern wahrscheinlich auch mit den wirtschaftlichen Schwierigkeiten in Zusammenhang steht, in die eine Familie durch das Verhalten des Vaters geraten kann. Sula Wolff (1973, S. 121) schränkt die Bedeutung des Vaters etwas ein, wenn sie schreibt, daß es hauptsächlich die Väter mit *extrem* antisozialem Verhalten sind, deren Söhne später ähnliche Verhaltensstörungen zeigen.

Bei Verhaltensstörungen gehemmter Art scheint anders als bei Aggressivität und Delinquenz der Einfluß der *Mutter* bedeutsamer zu sein. Anthony (1970, S. 700f.) berichtet über zahlreiche Untersuchungen, die den Einfluß „neurotischer“ Mütter auf ihre Kinder aufzeigen. Unter dem Begriff „Neurose“ wird allerdings neben Verhaltensstörungen gehemmter Art auch noch eine Reihe anderer Störungen wie Hysterie, Zwänge und Depressionen zusammengefaßt. Nach einer Untersuchung von Wolff und Acton (1968) wirken sich solche Verhaltensstörungen der Mutter sogar schon dann auf das Verhalten des Kindes aus, wenn sie nur mäßig stark vorhanden sind.

Neben Verhaltensstörungen im engeren Sinn scheint auch ein *Mangel an Zuwendung* besonders auf seiten der Mutter für die soziale Entwicklung des Kindes eine wichtige Rolle zu spielen. McCord, McCord und Zola (1958) fanden, daß ein krimineller Vater zusammen mit einer gefühlskalten Mutter den größten Risikofaktor für Jugendkriminalität darstellt. Selbst wenn der Vater kriminell war, blieb die Chance, auch kriminell zu werden, für diejenigen Kinder geringer, die von ihren Müttern mit einem konsistenten Erziehungsstil und gleichzeitig mit emotionaler Zuwendung erzogen wurden.

22. Erziehungsstil der Eltern

In jeder Generation beschäftigt Eltern und Lehrer von neuem die Frage, ob es zu Verhaltensstörungen führt, wenn Kinder „zu streng gehalten werden“ oder wenn man ihnen „alles durchgehen läßt“, wenn sie „autoritär“ erzogen werden oder „antiautoritär“. Allgemeiner gesprochen: Wie wirkt sich der Erziehungsstil der Eltern auf das Verhalten ihrer Kinder aus?
Um diese Frage empirisch untersuchen zu können, mußte zunächst eine möglichst einfache Einteilung der verschiedenen Erziehungsstile gefunden werden. Man erhielt eine solche Einteilung, indem man Eltern nach ihren Erziehungseinstellungen und -praktiken befragte und die Antworten mit Hilfe statistischer Verfahren, insbesondere der Faktorenanalyse, auf zwei grundlegende Dimensionen zurückführte: die Dimension „Zuwendung versus Zurückweisung“ („emotionale Dimension“) und „starke versus schwache Lenkung“ („Lenkungsdimension“). (Vgl. Tausch und Tausch 1970; Stapf, Stapf und Stäcker 1972). Wenn man diese Dimensionen miteinander kombiniert, ergeben sich vier elementare Erziehungsstile, die auch als Einteilungsesichtspunkte für dieses Kapitel dienen sollen.

Zuwendung zusammen mit geringer Lenkung

Der Erziehungsstil „Zuwendung zusammen mit geringer Lenkung“ gilt manchen Pädagogen und Psychologen als der wünschenswerteste überhaupt. So stellen Reinhard und Anne-Marie Tausch (1968, S. 268) folgende Hypothese auf: „Lenkung – Dirigierung, in geringem bis mittlerem Ausmaß bei gleichzeitig hohem Ausmaß an positiver emotionaler Zuwendung verwirklicht, bedingt konstruktive Erziehungseffekte bei Jugendlichen.“ Aus einigen Untersuchungen wird jedoch deutlich, daß die Hypothese, dieser Erziehungsstil wirke generell „konstruktiv“ auf das Verhalten der Kinder, sich nicht aufrechterhalten läßt (vgl. Baumrind 1972).
Maccoby (1961) fand bei diesen Kindern eine geringe Neigung zur Regelbefolgung, stärkere Aggressivität und geringere Leistungsmotivation. Die hier beobachtete Aggressivität unterschied sich aber von den Aggressionen der

Kinder aus Elternhäusern mit einem überwiegend strafenden Erziehungsstil: Die Kinder waren in der Regel durchaus in der Lage, ihr Verhalten der Situation anzupassen. Ihre Aggressivität setzten sie meist gezielt ein und nicht als reine Impulshandlung. Sie konnten sich deshalb gut gegenüber ihren Kameraden durchsetzen und nahmen in der Spielgruppe Führungspositionen ein.
Vom Standpunkt der schulischen Normen aus gesehen, ergeben sich bedenkliche Auswirkungen insbesondere auf das Arbeitsverhalten, vor allem dann, wenn auch die Leistungsanforderungen der Eltern an ihre Kinder gering sind. „Eine hohe Leistungsmotivation entwickelt sich im Kind am ehesten, wenn beide Eltern ihm gegenüber hohe Leistungserwartungen hegen" (Heckhausen 1968, S. 204). Wo keine oder nur geringe Anforderungen gestellt werden, bleibt die Leistungsmotivation niedrig, es wird auch die Möglichkeit zur Intelligenzentwicklung eingeschränkt (Marjoribanks 1972). Obwohl die negativen Auswirkungen dieses Erziehungsstils vergleichsweise gering sind, fällt es doch schwer, ihn für generell wünschenswert zu halten.

Zuwendung zusammen mit starker Lenkung

Eine Form des Erziehungsstils „Zuwendung zusammen mit starker Lenkung" ist die *übermäßige Fürsorge* („overprotection"), die nach der Meinung zahlreicher Psychologen und Psychiater Ängstlichkeit, Schüchternheit, Abhängigkeit, Unterwürfigkeit und schlechte Beziehungen zu Gleichaltrigen zur Folge hat (Levy 1943; Anthony 1970, S. 699). Der empirische Nachweis dieser Zusammenhänge ist allerdings ziemlich schwach.

Besser empirisch belegt ist die Beziehung zwischen dem übermäßig behüteten Erziehungsstil und der sogenannten „Schulangst", d.h. der Weigerung von Kindern, in die Schule zu gehen. Eisenberg (1958) beobachtete die Interaktion von schulängstlichen Kindern mit ihren Müttern. Während der ersten Tage im Kindergarten blieben die Kinder meistens in der Nähe der Mutter, begannen dann aber allmählich, sich auch den Spielzeugen zuzuwenden. Sobald die Kinder aber anfingen, ihre Mütter weniger häufig zu beachten, bemühten sich die Mütter von sich aus, im Blickkontakt mit ihren Kindern zu bleiben. Sie rückten ihren Stuhl in die Nähe des Kindes oder benutzten Vorwände, um sich in dessen spielerische Aktivitäten einmischen zu können. Die Trennung war demnach für die Mutter ebenso schwierig wie für das Kind. In Interviews mit den Müttern stellte sich dann heraus, daß sie in den meisten Fällen ihr Kind als Säugling mit übertriebener Fürsorge behandelt hatten. Diese Kinder wurden praktisch nie allein gelassen und, sobald sie laufen konnten, ständig daran erinnert, wie gefährlich es sei, sich aus dem Haus zu entfernen.

Zurückweisender Erziehungsstil

Während der zuwendungsorientierte Erziehungsstil durch Erziehungspraktiken wie Gebrauch von Lob und Begründungen gekennzeichnet ist, sind folgende Erziehungsmaßnahmen kennzeichnend für den zurückweisenden Stil: Prügelstrafe, Anschreien und Drohungen, viele Verbote und strenges Durchsetzen von Forderungen (Becker 1964, S. 177).
Eine Reihe von Arbeiten untersuchte lediglich die Auswirkungen des „zurückweisenden Erziehungsstils" ohne Berücksichtigung der Lenkungsdimension. Ein durchgängiger Befund war, daß dieser Erziehungsstil häufig einhergeht mit Verhaltensstörungen aggressiver Art. Es liegt nahe, diese Auswirkungen auf Beobachtungslernen zurückzuführen (vgl. Kapitel 25). Unterschiedliche Effekte des zurückweisenden Erziehungsstils fand man bei Jungen und Mädchen.

Sears, Whiting, Nowlis und Sears (1953) untersuchten Kinder, die von ihren Müttern häufig geschlagen wurden, um sie zu disziplinieren. Die so behandelten Jungen zeigten ein überdurchschnittliches Maß an Aggressivität in- und außerhalb der Schule. Die Mädchen verhielten sich in der Schule jedoch nicht besonders aggressiv, sondern nur in freien Spielsituationen, z.B. im Spiel mit Puppen. Daraus läßt sich folgern, daß auch Mädchen auf eine zurückweisende und überwiegend strafende Erziehung mit Aggressionen reagieren, im schulischen Bereich ihr gelerntes aggressives Verhalten jedoch nicht anwenden (vgl. Kapitel 25). Offenbar setzt die weibliche Geschlechtsrolle der Ausführung von Aggressionen in der Öffentlichkeit, d.h. auch in der Schule, relativ enge Grenzen (vgl. Kapitel 10; Kagan und Moss 1962; Mischel 1970).

Zurückweisung zusammen mit starker Lenkung

Becker (1964, S. 195) weist auf verschiedene Untersuchungen hin, die zeigten, daß ein restriktiver und zugleich abweisender Erziehungsstil häufig mit Verhaltensstörungen gehemmter Art einhergeht. Nach deutschen Untersuchungen kommt dem Kind, das besonders streng von seinen Eltern erzogen wurde, „eine relativ hohe allgemeine Ängstlichkeit und eine geringe Toleranz gegenüber seinen Mitmenschen zu" (Stapf u.a. 1972, S. 152).

Wenn hohe Leistungsanforderungen an einen Schüler nicht mit unterstützendem Erziehungsstil einhergehen, sondern der Schüler laufend für seine Schulleistungen getadelt wird, entwickelt sich leicht *Bewertungsangst,* d.h. eine überdurchschnittliche Angst vor schriftlichen Probearbeiten, dem Aufgerufenwerden sowie vor mündlichen und schriftlichen Prüfungen. Das Phänomen der Bewertungsangst bekam in letzter Zeit erhebliche Publizität unter der Bezeichnung „Schulstreß".
Als wichtigste Ursache für die Entstehung von Bewertungsangst nennen die einschlägigen Untersuchungen „unrealistisch hohe Leistungserwartungen der Eltern" (Hill 1972, S.

257). Nach einer ostdeutschen Untersuchung waren 42% der Eltern unzufrieden mit den Zeugnisnoten ihrer Kinder, und ein westdeutscher Kinderpsychiater hält den Leistungsdruck, der heute auf Schüler ausgeübt wird, für den „führenden pathogenen Faktor bei der Entstehung kindlicher Verhaltensstörungen" (Lempp 1975).

Zurückweisung zusammen mit schwacher Lenkung

Diesen Erziehungsstil, der oft mit einer Vernachlässigung der Kinder einhergeht, findet man besonders häufig in Elternhäusern von delinquenten Jugendlichen. Verschiedene Arbeiten konnten zeigen, daß die Mütter von straffällig gewordenen Jugendlichen wenig Kontrolle über ihre Kinder ausübten, ihnen kaum Beschränkungen auferlegten und sie nicht zum Gehorsam anhielten. Die Väter standen der Erziehung ihrer Kinder entweder gleichgültig gegenüber oder gebrauchten brutale Disziplinierungsmaßnahmen. Gleichzeitig waren diese Familien oft auch durch einen Mangel an emotionaler Zuwendung gekennzeichnet, so daß sich die Effekte der mangelnden Zuwendung, der geringen Lenkung und des abweisenden Erziehungsstils summierten (Becker 1964, S. 193).
Ein zurückweisender Erziehungsstil, bei dem gleichzeitig wenig Kontrolle über die Kinder ausgeübt wird, steht außerdem in Zusammenhang mit einem hohen Ausmaß an Ungehorsam und aggressivem Verhalten (W. C. Becker 1964, S. 193).

Inkonsistenter Erziehungsstil

Der Terminus „inkonsistenter Erziehungsstil" kann vielerlei Bedeutung haben:

1. Der Erziehungsstil des Vaters steht im Widerspruch zu dem der Mutter, ohne daß es je zu einer Verständigung kommt.
2. In sich widersprüchliche Erziehungspraktiken eines Elternteils, z.B. dieselben Verhaltensweisen sind einmal erlaubt und einmal verboten.
3. „Inkonsequenz" in der Erziehung, z.B. angedrohte Strafen werden nicht immer durchgeführt.
4. Flexibilität beim Anwenden von Erziehungsmaßnahmen, z.B. gelegentliches Nachgeben der Eltern gegenüber Forderungen der Kinder.

Während die letztgenannte Form der Inkonsistenz wahrscheinlich keine nachteiligen Wirkungen hat und inkonsequentes Erzieherverhalten wohl in erster Linie dazu führt, daß Strafdrohungen nicht mehr ernstgenommen werden, ist ein Zusammenhang zwischen den beiden ersten Formen und Verhaltensstörungen delinquenter Art wiederholt aufgezeigt worden. Neben anderen konnten

Glueck und Glueck (1940) sowie McCord u.a. (1959) Beziehungen zwischen diesen Erziehungspraktiken und dem Auftreten von Jugendkriminalität aufzeigen. Es ist aber sehr unwahrscheinlich, daß *allein* die Inkonsistenz der Eltern zur Delinquenz führt.

Zusammenfassung

Die Ergebnisse der Erziehungsstilforschung sind erstaunlich konkret. Da die Entwicklungspsychologie nur wenige Aussagen über die Ursachen von Erziehungsschwierigkeiten machen kann, die ebenso ins Detail gehen, liegt es nahe, den hier referierten Befunden einen besonders hohen Stellenwert zu geben. Man sollte jedoch die Zuverlässigkeit dieser Forschungsergebnisse nicht überschätzen: Die wenigsten von ihnen basieren auf exakten Beobachtungen oder kontrollierten die Einflüsse anderer Faktoren als Erziehungsstil auf das Verhalten der Kinder.

In den Untersuchungen hat sich kein Erziehungsstil als in jeder Hinsicht wünschenswert herausstellt (Schiefele 1974, S. 211). Ein Erziehungsstil mit geringer Lenkung kann sich negativ auf die Leistungsmotivation auswirken, selbst wenn er zuwendungsorientiert ist. Übermäßige Fürsorge (Zuwendung und starke Lenkung) ist ein Risikofaktor für das Entstehen von Schulangst. Generell noch schwerwiegender sind jedoch die Folgen aller Erziehungsstile, die mit einem hohen Ausmaß emotionaler Zurückweisung einhergehen. Insbesondere bei schwacher Lenkung führen sie zu Verhaltensstörungen aggressiver und delinquenter Art. Eltern schließlich, die ihre Kinder mit häufigen und harten Strafen lenken, haben zwar meist gehorsame, aber oft auch überdurchschnittlich ängstliche Kinder (vgl. Sturzebecher und Herrmann 1974; Stapf u.a. 1972).

23. Sozialschicht der Eltern

Die meisten Arbeiten, die den Zusammenhang zwischen der Sozialschicht der Eltern und der Häufigkeit von Verhaltensstörungen bei ihren Kindern untersuchten, fanden *überhaupt keine* oder *nur geringe* Unterschiede zwischen den Schichten (Thalmann 1971, S. 130f.; Shepherd u. a. 1973, S. 79). Wo man Unterschiede feststellte, gingen sie generell in die Richtung, daß bestimmte Erziehungsschwierigkeiten bei Kindern aus der Unterschicht etwas häufiger auftraten. Dazu gehörten zum Beispiel bei Jungen „mangelndes Interesse an der Schule" und „Aggressivität gegen andere Kinder" und bei Mädchen „stilles verschlossenes Verhalten" (Shepherd u. a. 1973, S. 107). Größere Unterschiede findet man, wenn man eine genauere Schichteneinteilung vornimmt und zum Beispiel zwischen der Unterschicht und den sogenannten „Randgruppen" (Obdachlosen, Gelegenheitsarbeitern) differenziert. Die oben zitierten Untersuchungen taten das nicht, weil entweder, wie bei Thalmann (1971, S. 134), die befragte Stichprobe zu klein war oder weil die Stichprobe dadurch verzerrt wurde, daß man die Eltern von Sonderschülern, die ja besonders häufig der untersten Sozialschicht angehören, nicht befragte (Shepherd u. a. 1973, S. 28).
Die Hinweise auf eine Häufung von Erziehungsschwierigkeiten bei Kindern aus der untersten Sozialschicht entstammen in erster Linie Fallstudien (Iben 1972, S. 46; Mrochen, Rehmann und Müller 1975, S. 2) oder Untersuchungen über die Häufigkeit von Verhaltensstörungen bei Erwachsenen. So fanden Dohrenwend und Dohrenwend (1974, S. 143) nur eine ganz allmähliche Zunahme von Verhaltensstörungen bei sinkendem Sozialstatus, jedoch einen sprunghaften Anstieg beim Übergang von der oberen Unterschicht zur unteren Unterschicht.
Nach einer Untersuchung von Pinkert (1974, S. 39f.) kamen von verhaltensgestörten Fürsorgezöglingen, die gleichzeitig eine Sonderschule besuchten, 23% aus extrem schlechten Wohnverhältnissen (Barackenlager, Obdachlosenasyl) und 54% aus Behelfsheimen, Einzelbaracken oder äußerst beengten Mietverhältnissen, dagegen nur 7% bzw. 14% der Sonderschüler, die nicht in Heimen für Erziehungsschwierige untergebracht waren.
Die Probleme von Schülern aus der untersten Sozialschicht seien an Hand der Verhaltensstörungen von Kindern aus Obdachlosensiedlungen erläutert: Nach den bisherigen, allerdings nicht repräsentativen Untersuchungen findet man bei diesen Kindern eine größere Häufigkeit von Verhaltensstörungen aller Art:

Aggressivität (Pinkert 1974, S. 68 f.), gehemmtes Verhalten wie Schüchternheit und ängstliches Sich-Zurückziehen (Mrochen, Rehmann und Müller 1975, S. 9), unreifes Verhalten, z. B. Unaufmerksamkeit und Träumen (Mrochen u. a. 1975, S. 8), sowie „Verhaltensstörungen delinquenter Art" wie Schuleschwänzen und Diebstähle (Iben 1972, S. 47).

Es lassen sich drei Gruppen von möglichen Ursachen für die größere Häufigkeit von Erziehungsschwierigkeiten bei diesen Kindern erkennen:

1. Kinder aus Notunterkünften sind allen der bisher erörterten Risikofaktoren für das *Entstehen* von Verhaltensstörungen in verstärktem Maß ausgesetzt: Von der intellektuellen Begabung her liegen sie meist etwas, von den Schulleistungen her jedoch erheblich unter dem Durchschnitt ihrer gleichaltrigen Schulkameraden (Rutter 1974, S. 194). Bei ihrer Geburt gab es häufiger als bei Kindern aus anderen Sozialschichten Komplikationen, die zu Hirnschäden führen konnten (Rutter 1974, S. 195). Die Umwelteinflüsse in der frühen Kindheit waren oft durch einen Mangel an visueller und verbaler Anregung gekennzeichnet, wodurch die Intelligenzentwicklung verzögert und das Entstehen von Bindungen erschwert wurde (Mrochen u. a. 1975, S. 4). Unvollständige Familien, eheliche Disharmonie und Verhaltensstörungen der Eltern finden sich hier häufiger als in der Allgemeinbevölkerung (Birke 1971; Pinkert 1974). Die verschiedenen Belastungen, denen sich die Obdachlosenfamilie ausgesetzt sieht, führen nicht selten zu einer schwachen oder inkonsistenten Lenkung der Kinder. Wenn jedoch Kontrolle ausgeübt wird, dann eher durch körperliche Strafen als durch Lob und Belohnung (Iben 1972, S. 97).
2. Der situative Streß, der durch beengte Wohnverhältnisse und finanzielle Notlagen entsteht, kann zum Auslöser von Verhaltensstörungen in der Familie werden, die sich dann auch im schulischen Bereich auswirken. (Vgl. S. 168 f. und Rutter 1975, S. 189).
3. Auch die Umweltbedingungen in der Schule werden für Kinder aus Notunterkünften eher zu Auslösern von Erziehungsschwierigkeiten, als das bei anderen Kindern der Fall ist: Nur ein Drittel von ihnen schafft einen Hauptschulabschluß, und diesem vorzeitigen Abgang von der Schule geht dann meist eine Lerngeschichte voraus, die durch schulische Mißerfolge gekennzeichnet ist (Mrochen u. a. 975, S. 14). Etwa ein Viertel der Kinder fühlte sich nach Aussagen ihrer Mütter von ihrem Lehrer benachteiligt und 18% auch von ihren Mitschülern abgelehnt (Abels zitiert in Mrochen u. a. 1975, S. 6).

„Da Obdachlosenkinder häufig die pädagogischen Fähigkeiten des Lehrers durch ihre Unruhe, Aggressivität und ihr abweichendes Sprach-, Sozial- und Leistungsverhalten erschüttern, flüchtet sich der Lehrer ... in das gängige Vorurteil über die ‚Asozialen'. Diese Selbstberuhigung des Lehrers verhindert, daß er pädagogische Möglichkeiten zur Änderung des Schülerverhaltens in Erwägung zieht" (Iben 1972, S. 30). Diese Schilderung einer Lehrerreaktion auf die Probleme mit Kindern aus Notunterkünften trifft nicht auf alle Lehrer zu. Sie ist aber auch bestimmt nicht untypisch. Zu wenig ist es bekannt, daß ein Großteil der Familien schuldlos obdachlos geworden ist, daß sie ebenso wie Eltern aus der Mittelschicht wünschen, ihre Kinder mögen es einmal besser haben als sie selbst, daß sie jedoch kaum Vorstellungen darüber besitzen, wie dieser „Aufstieg" zu bewältigen ist (Iben 1972, S. 135 und 103; Boocock 1972, S. 75). Ebenfalls wenig bekannt ist, daß es vereinzelt gelungen ist, durch den Einsatz spezieller Förderungsmaßnahmen, gezielter Elternarbeit und eine verhaltenstherapeutisch orientierte Pädagogik den Teufelskreis von Verhaltensstörungen, schulischem Mißerfolg und Aussonderung zu unterbrechen (vgl. Havers und Schattenmann 1976; Innerhofer und Tammerle 1977).

24. Umwelteinflüsse in der Schule – empirische Felduntersuchungen

Die bisher erörterten Forschungsergebnise bezogen sich auf organisch bedingte Risikofaktoren und Umwelteinflüsse in der Familie des Kindes. Diese möglichen Ursachen von Verhaltensstörungen sollte ein Lehrer zwar kennen, er kann sie aber in der Regel nicht verändern. Erst in jüngster Zeit hat man in größerem Umfang begonnen, Ursachen und Korrelate erziehungsschwierigen Verhaltens auch in der Schule selbst zu untersuchen. Die Ergebnisse dieser Studien sind für die pädagogische Praxis von erheblicher Bedeutung.

Die Erforschung von Einflüssen schulischer Umweltvariablen ist allerdings noch zu neu, als daß auch nur annähernd alle hier relevanten Probleme empirisch untersucht worden wären. Auf wichtige und naheliegende Fragen wie die folgenden ist die pädagogische und psychologische Forschung bisher noch kaum eingegangen: Wird das Auftreten von Erziehungsschwierigkeiten durch häufigen Lehrerwechsel begünstigt? Welche Zusammenhänge bestehen zwischen didaktischen Maßnahmen und dem Vorhandensein bzw. Fehlen von Verhaltensstörungen? Wie wirkt sich bei leistungsschwachen Schülern das Fehlen von Zukunftsperspektiven wegen Lehrstellenmangel und Arbeitslosigkeit auf das Verhalten aus? Führt die Betonung von Leistung und abfragbarem Wissen zu einem generellen Anstieg der Bewertungs- und Prüfungsangst? Gibt es Verhaltensweisen von Lehrern, die Erziehungsschwierigkeiten direkt provozieren? Auf alle diese Fragen kann im Augenblick noch keine empirisch sichere Antwort gegeben werden. In der schulischen Praxis wird man jedoch nicht nur von gesicherten Untersuchungsergebnissen ausgehen können, sondern auch Faktoren berücksichtigen, die wissenschaftlich gesehen bisher nur den Charakter von Hypothesen haben. Obwohl sich die folgende Darstellung auf die Mitteilung empirischer Forschungsergebnisse beschränkt, soll damit nicht gesagt werden, daß es sich dabei um Probleme von größerer Tragweite handelt als bei den bisher noch nicht erforschten Fragen.

Im vorliegenden 24. Kapitel werden überwiegend korrelationsstatistische Untersuchungen über Umwelteinflüsse in der Schule besprochen. Im 25. Kapitel kommen dann die Ergebnisse experimentalpsychologischer Arbeiten zur Sprache, deren theoretischer Bezugsrahmen die Lerntheorie ist. Soweit die Studien, um die es im 24. Kapitel geht, sich überhaupt auf eine sozialwissenschaftliche Theorie beziehen, ist es die der ökologischen Psychologie. Dieser geht es ähnlich wie der Lerntheorie um den Einfluß von Umweltvariablen (Moos & Insel 1974, S. 1f.). Im Unterschied zu ihr befaßt sie sich aber weniger mit der Wirkung „molekularer" Reize oder Reizkonstellationen, sondern mehr mit dem Einfluß von „Umwelten", wie Architektur oder metereologischen Bedingungen oder „molaren Handlungsräumen" („behavior settings"), wie z. B. bestimmten Unterrichtssituationen, in denen die im Unterricht verwendeten Dinge und das Verhalten der beteiligten Personen eine ökologische Einheit bilden (Gump 1971).

Im folgenden werden zunächst Auswirkungen der physischen Umwelt, z.B. Wetter und Klassenzimmergestaltung, besprochen und anschließend soziale Umweltfaktoren wie die Klassenstärke oder das Lehrerverhalten. Die hier diskutierten Ergebnisse stammen in erster Linie aus dem Grundschulbereich.

Einflüsse des Wetters und der Raumtemperatur auf das Verhalten von Schülern

Das Wetter gehört zu den Faktoren, die von Lehrern besonders oft für die Häufung von Erziehungsschwierigkeiten an manchen Tagen verantwortlich gemacht werden. Der Zusammenhang zwischen Wetter und Verhalten ist aber keineswegs so stark, wie oft behauptet wird.
Relativ gut nachgewiesen ist das Nachlassen der Leistung und ein Anstieg der Bereitschaft zu aggressiven Handlungen bei sehr hohen Temperaturen (Drew 1971, S. 454). Experimente haben gezeigt, daß der Einfluß hoher Temperaturen dann besonders groß ist, wenn viele Personen in einem Raum versammelt sind, wie es zum Beispiel in einer Schulklasse der Fall ist (Moos und Insel 1974, S. 105f.).
Ebenfalls nachgewiesen ist es, daß sich bei manchen Erwachsenen starke Abweichungen vom normalen Zyklus des Wetterwechsels auf das Verhalten auswirken. Muecher und Ungeheuer beobachteten bei Föhn und anderen Formen plötzlichen Wetterumschlags einen hochsignifikanten Anstieg von Unfällen und Arztbesuchen (Moos und Insel 1974, S. 92f.). Eine Arbeit, die unter ähnlichen Bedingungen das Verhalten von Kindern untersucht hätte, ist mir jedoch nicht bekannt. Lediglich Morse und Wingo (1969, S. 393) zitieren eine Untersuchung von Brown, die nachgewisen haben soll, daß Kinder an Tagen mit drückend feuchtem Wetter besonders unruhig seien. Man wird den Einfluß des Wetters auf Befinden und Verhalten des Menschen nicht abstreiten können, sollte aber nicht vergessen, daß sich regelmäßig mehr Menschen als „wetterfühlig" einschätzen (50%), als es tatsächlich sind (5–20%) (vgl. Lausch 1976). Das Leiden von Lehrern und Schülern unter dem Wetter hat mit hoher Wahrscheinlichkeit auch einige ausschließlich psychische Komponenten, die zum Beispiel auf falschen Kausalattribuierungen, Imitation der tatsächlichen

Wetterfühligen oder einer „sich selbst erfüllenden Prophezeiung" beruhen können.

Die Gestaltung des Klassenzimmers

Seit den Untersuchungen von Strauss und Lethinen (1947) gilt die Gestaltung des Klassenzimmers als ein Faktor, der bei hirngeschädigten, verhaltensgestörten Kindern Erziehungsschwierigkeiten auslösen kann. Die beiden Forscher hatten beobachtet, daß diese Kinder so stark auf störende Umweltreize reagieren, daß sie sich von ihren schulischen Tätigkeiten sofort ablenken ließen. Eine Reihe bekannter Verhaltensgestörtenpädagogen wie Haring und Phillips (1962) und Cruickshank (1973) zog daraus die Konsequenz, Sonderklassen für Erziehungsschwierige so reizarm wie möglich zu gestalten: Nach Auffassung von Cruickshank sollte der Raum möglichst ohne alle Dekorationen in einer Farbe gehalten sein und die Fensterscheiben durch Milchglas ersetzt werden. Neuere Untersuchungen lassen den Wert einer so starken Reizreduktion aber eher fragwürdig erscheinen. Tizard entdeckte keinen Unterschied zwischen den Reaktionen hyperaktiver und normaler Kindern auf das reizarm gestaltete Klassenzimmer (Drew 1971, S. 458), und Kalverboer (1975, S. 85) fand die Funktionsfähigkeit dieser Kinder durch eine anregende, aber nicht zu ablenkende Umwelt keineswegs beeinträchtigt. Hewett (1968, S. 162), der wegen seiner Untersuchungen zur Strukturierung von Sonderschulklassen bekannt wurde, meint ebenfalls, daß Farben und Dekorationen keinen wesentlichen Anteil am Zustandekommen von Erziehungsschwierigkeiten haben.
Es sind eher andere Aspekte der Einrichtung eines Klassenzimmers, die zu Auslösern von Erziehungsschwierigkeiten werden können: Sommer (1959) zeigte in seinen Untersuchungen, daß es Sitzpositionen gibt, die Interaktionen erleichtern, und solche, die sie erschweren. Ein Gespräch, aber auch eine Auseinandersetzung zwischen zwei Personen kommt eher zustande, wenn sie sich an der Ecke eines Tisches schräg gegenübersitzen, als wenn ihre Sitzplätze nebeneinander oder direkt gegenüber liegen. Daraus folgt, daß Gruppentische in einer Klasse störende ebenso wie erwünschte Interaktionen der Schüler während des Unterrichts fördern, während Bankreihen und eine hufeisenförmige Anordnung sie eher reduzieren.
Andere Untersuchungen haben ergeben, daß Menschen, die zu impulsiven Aggressionen neigen, um sich herum eine viermal größere „Pufferzone" brauchen als andere (Kinzel in Moos und Insel 1974, S. 154). Hewett (1968, S. 163), der ähnliche Beobachtungen bei verhaltensgestörten Kindern machte, zog daraus die Konsequenz, in der von ihm entworfenen Sonderklasse jedem

Schüler einen 60 × 120 cm großen Tisch zu geben, den dieser für sich alleine beanspruchen konnte.
Meine eigenen Beobachtungen in Grundschulklassen mit einem überdurchschnittlich hohen Anteil „schwieriger Kinder“ zeigten, daß alle beweglichen Gegenstände, die einen Aufforderungscharakter für die Kinder haben, stark vom Unterricht ablenken und häufig zu Auslösern von Störverhalten werden. Dazu zählen insbesondere mitgebrachte Spielzeuge, Messer usw., aber auch frei herumliegende Arbeitsmittel und Anschauungsmaterial. Abschließbare Schränke gehören daher zum Minimum einer Klassenzimmerausstattung.

Die Klassenstärke und die Zusammensetzung der Klasse

Häufig werden auch die großen Klassenstärken für die Entstehung schulischer Verhaltensstörungen verantwortlich gemacht. Es ist sicher richtig, daß eine große Klasse für den Lehrer schwieriger zu führen ist als eine kleine. Die Schwierigkeiten mit einzelnen Kindern addieren sich, und auch die Wahrscheinlichkeit, mehrere Kinder mit massiven Störungen unterrichten zu müssen, ist in der großen Klasse höher als in der kleinen. Aber folgt daraus, daß auch das einzelne Kind in der großen Klasse durchschnittlich mehr Verhaltensstörungen aufweist als in der kleinen? Nur wenn das der Fall wäre, könnte man die hohe Klassenfrequenz zu den Ursachen schulischer Verhaltensstörungen rechnen. Kounin (1970, S. 169; 1976, S. 167) untersuchte den Zusammenhang zwischen Klassenstärke einerseits und Aufmerksamkeit sowie Fehlen von Störverhalten andererseits. Einzig zwischen den Variablen Klassenstärke und Aufmerksamkeit während des Lehrervortrags fand er eine signifikante, aber doch sehr niedrige Korrelation von $r = -0{,}279$. Alle anderen Korrelationen waren noch niedriger und auf dem 5%-Niveau nicht mehr signifikant. Die von Kounin gefundenen schwachen Korrelationen reichen nicht aus, um die Klassenstärke zu den wichtigen Bedingungen für schulische Verhaltensstörungen zu zählen.
Ein echter Risikofaktor für das Auftreten von Verhaltensstörungen scheint dagegen die Zusammensetzung der Klasse zu sein. Ein extrem erziehungsschwieriges Kind in einer Klasse kann zum „Vorbild“ für andere Schüler werden, besonders dann, wenn es in der Klasse beliebt oder zumindest angesehen ist. Durch diesen Modelleinfluß können auch bei den Mitschülern Verhaltensstörungen neu erworben oder ihre Ausführung angeregt werden (vgl. zum Beobachtungslernen S. 166 und S. 169).

Auswirkungen unterschiedlicher Normen

Es gibt bisher noch kaum Untersuchungen zu der Frage, wieweit sich die Normen des Lehrers auf das Verhalten der Schüler auswirken. Eine Ausnahme bildet hier die Studie des Engländers Neville Benett (1976), der das Verhalten und die Leistungen von Schülern miteinander verglich, die von Lehrern mit sehr unterschiedlichen Verhaltenserwartungen unterrichtet wurden. Bei den Grundschülern, deren Lehrer ihnen weitgehend freie Wahl ließen, was sie arbeiten und wann sie mit der Arbeit anfangen wollten, fand Benett (1976, S. 107) wesentlich weniger Arbeitsverhalten und geringere Schulleistungen als bei Schülern, die keine freie Arbeitswahl hatten und denen das Umherlaufen und Reden während des Unterrichts verboten war. Das allgemeine Angstniveau der Schüler stieg in der Zeit zwischen Vor- und Nachtest in den wenig strukturierten Klassen („informal classes") stärker als in den strukturierten (Benett 1976, S. 140). Dieser Effekt ist möglicherweise darauf zurückzuführen, daß ängstliche Schüler durch einen Mangel an vorgegebener Struktur noch weiter verunsichert wurden.

Lehrerverhalten in Konfliktsituationen

Nach der Auffassung von Reinhard und Anne-Marie Tausch (1970, S. 297) führt „autokratisches Verhalten" des Lehrers in Konfliktsituationen dazu, daß Schüler in ähnlichen Situationen „ein größeres Ausmaß an Geringschätzung, Gebrauch psychischer Gewalt, Ungeduld und fehlender Kooperation" verwirklichen. Merkmale dieses „autokratischen Lehrerverhaltens" sind z. B. Verbote, Anordnungen, Unfreundlichkeit und Provokation des Schülers. R. und A. Tauschs weitgehenden Vermutungen über Effekte des Verbalverhaltens von Lehrern in Konfliktsituationen stützen sich aber lediglich auf theoretische Annahmen und auf Befragungen von Schülern, wie sie sich in solchen Situationen verhalten *würden*, nicht jedoch auf eine systematische Beobachtung des Verhaltens selbst (Tausch und Tausch 1970, S. 299). Eine systematische Beobachtung des Schülerverhaltens mit Hilfe von Videoaufnahmen kam hier zu anderen Ergebnissen: Kounin (1970, S. 70; 1976, S. 81) fand keine Zusammenhänge zwischen der Art und Weise, wie der Lehrer verbal in Konfliktsituationen reagierte und der Häufigkeit von Erziehungsschwierigkeiten in einer Klasse. Wenn man jedoch nicht nur die verbalen Äußerungen des Lehrers untersuchte, sondern auch andere Verhaltensaspekte mit einbezog, erwies sich das Lehrerverhalten in Konfliktsituationen als ein wichtiger Faktor für die Erklärung schulischer Verhaltensstörungen. Kounin (1970, S. 79f.; 1976, S. 89f.) fand, daß das Auftreten von Erziehungsschwierigkeiten im Unterricht durch *fehlende*

Umsicht und *mangelnde Geistesgegenwart* des Lehrers begünstigt wurde. Im einzelnen ist damit gemeint:

1. Zu spätes Eingehen auf Störverhalten von Schülern, z. B. die Schüler erst dann ermahnen, wenn sich eine Störung auf eine ganze Gruppe ausgebreitet hat oder ein Streit eskaliert ist;
2. Übersehen gravierender Störungen bei gleichzeitigem Eingehen auf Lapalien und
3. Übersehen der Anstifter und Bestrafung von Mitläufern.

Das Fehlen von „Umsicht und Geistesgegenwart" („withitness")[1] korrelierte mit der Häufigkeit von Unterrichtsstörungen während des mündlichen Unterrichts mit r = 0,531 und während der Stillarbeit mir r = 0,509.
Als Interpretation dieser Befunde bietet sich die plausible Erklärung an, daß ein Lehrer ohne genügende Umsicht den Schülern das Gefühl vermittelt, die Klasse leicht aus den Augen zu verlieren und Regelübertretungen meist gar nicht zu bemerken. Mangelnde Geistesgegenwart und zu spätes Eingreifen haben zum Beispiel zur Folge, daß sich Konflikte bis zu einem Punkt aufschaukeln, an dem sie auch durch ein Eingreifen des Lehrers nicht mehr gebremst werden können.

Lehrerverhalten während der Stillarbeit

Unter „Stillarbeit" verstehe ich hier die Beschäftigung der Schüler mit Arbeitsblättern, längeren Rechenaufgaben, Schreiben von Aufsätzen und die Arbeit an einem selbständigen Projekt im Kunst- oder Werkunterricht. Die Stillarbeit gilt bei Praktikern und Forschern gleichermaßen als eine der am wenigsten störanfälligen Unterrichtsformen (Haring und Phillips 1962, S. 133; Kounin und Gump 1974).
Trotz der generell geringen Störanfälligkeit gibt es auch während der Stillarbeit eine Reihe von Faktoren, die vom Verhalten des Lehrers abhängen und die das Auftreten von Erziehungsschwierigkeiten begünstigen. Dazu gehört in erster Linie eine *Überforderung* der Schüler. Überforderung liegt zum Beispiel dann vor, wenn die Aufgaben so gestellt werden, daß manche Kinder die Arbeitsanweisungen nicht verstehen oder daß ihnen bestimmte Fertigkeiten und Kenntnisse fehlen, die zur Erledigung der Aufgabe notwendig sind. Kounin und Doyle (1975) haben gezeigt, daß diese Art der Überforderung schon bei

1 In der deutschen Übersetzung von Kounins Buch wählte man für „withitness" den Ausdruck „Allgegenwärtigkeit".

Vorschulkinder Erziehungsschwierigkeiten auslösen kann. Wie die Untersuchung von Sengling (1967) ergab, spielt die Überforderung bei älteren Kindern eine ebenso große Rolle. Typische Reaktionen auf Überforderung sind bei Schulanfängern Umherlaufen in der Klasse und Stören der Nachbarn; bei älteren Schülern die verschiedenen Formen der Unaufmerksamkeit wie „aus dem Fenster schauen" oder „Träumen". Bei all diesen Beispielen handelt es sich um Vermeidungsverhalten. Im nächsten Kapitel wird erörtert, wie Überforderung auch zu aggressiven Handlungen führen kann.

Ein weiterer Faktor, der in der Phase der Stillarbeit Erziehungsschwierigkeiten auslösen kann, ist eine *schlechte Organisation* bei der Bereitstellung der vorgesehenen Arbeitsmittel oder im Ablauf der Stillbeschäftigung (Kounin und Doyle 1975). Solche Organisationsfehler liegen zum Beispiel vor, wenn Schüler zu lange auf Materialien und notwendige Anweisungen warten müssen, wenn ihnen bestimmte Werkzeuge fehlen oder die vorhandenen nicht richtig funktionieren oder wenn Schüler, die mit ihren Aufgaben fertig sind, nicht wissen, was sie anschließend tun sollen.

Neben Überforderung und schlechter Organisation spielt schließlich noch *zu geringe Abwechslung* während der Stillarbeit eine Rolle beim Zustandekommen von Erziehungsschwierigkeiten. Besonders lange Arbeitspausen ohne jeden Wechsel scheinen bei jüngeren Schulkindern Störungen des Arbeitsverhaltens auszulösen. So fand Kounin (1970, S. 137f.; 1976, S. 141f.) für die ersten beiden Grundschuljahre eine Korrelation von $r = 0.827$ zwischen dem Grad der Variation während der Stillarbeit und dem Ausmaß an positivem Arbeitsverhalten. Das Maß für die Variation setzte sich in Kounins Untersuchung aus der Beobachtung verschiedener Formen des Wechsels während der Stillarbeit zusammen: Wechseln können nicht nur der Inhalt und die Arbeitsform (z.B. Lesen, Ausfüllen von Lückentexten und Ankreuzen richtiger Lösungen), sondern auch die vom Schüler gebrauchten Arbeitsmittel (z.B. Arbeitsblätter, Rechenkästen). Wechseln kann ebenfalls der Schwierigkeitsgrad oder das Ausmaß, in dem der Schüler selber entscheiden kann, welche Aufgabe er bearbeiten möchte.

Interessanterweise ist der Zusammenhang zwischen Abwechslung während der Stillarbeit und Störungen des Arbeitsverhaltens für ältere Schüler genau umgekehrt. Kounin fand hier für Schüler des 3. bis 5. Schuljahrs eine Korrelation von $r = -0{,}667$. Er interpretiert diese unterschiedlichen Ergebnisse folgendermaßen: „Es ist gut möglich, daß spürbarer Lernfortschritt bei älteren Kindern eine größere Bedeutung hat als bei jüngeren, um Überdruß zu vermeiden. Die Erfahrung der Abwechslung dürfte dagegen stärker bei den jüngeren Kindern ins Gewicht fallen. Die Älteren brauchen wahrscheinlich Tätigkeiten von ausreichender Länge, um die Erfahrung zu machen, daß sie vorankommen und einen Stoff beherrschen" (Kounin 1970, S. 138).

Lehrerverhalten während des mündlichen Unterrichts

Unterrichtssituationen, in denen ein Lehrer etwas erklärt, den Schülern Fragen stellt oder mit der ganzen Klasse zusammen diskutiert oder übt, seien hier unter der Bezeichnung „mündlicher Unterricht" zusammengefaßt. Auch hier suchte Kounin (1970) nach Faktoren im Lehrerverhalten, die mit dem häufigen Auftreten von Erziehungsschwierigkeiten in Zusammenhang stehen.
Der wichtigste dieser Faktoren ist die *unnötige Verzögerung* des Unterrichts. Eine solche Verzögerung kann in verschiedenen Formen auftreten: Manche Lehrer gehen zum Beispiel lange und ausführlich auf das Störverhalten einzelner Kinder ein. Eine andere Form der Verzögerung ist das detaillierte Geben von Anordnungen, z. B. genau spezifizieren, wie die Bleistifte gehalten werden sollen, wie die Bücher liegen sollen und wie die Schüler sitzen sollen. Eine solche Umständlichkeit findet sich oft auch in Erklärungen des Unterrichtsstoffs, wenn z. B. Lehrer gewisse Dinge immer wieder sagen, die den Schülern schon längst bekannt sind. Verzögerungen werden auch dadurch verursacht, daß Lehrer sich zu lange mit der Verteilung von Arbeitsmitteln aufhalten (Kounin 1970, S. 102f.; 1976, S. 110f.). In einer experimentellen Untersuchung fand Carnine (1976), daß auch zu lange Pausen zwischen Lehrerimpulsen und -fragen mit der Häufigkeit von Erziehungsschwierigkeiten bei Schulanfängern zusammenhingen. In Kounins Arbeit betrug die Korrelation zwischen Verzögerungen und Störverhalten im mündlichen Unterricht r = 0,641 sowie die Korrelation zwischen Verzögerungen und mangelndem Arbeitsverhalten r = 0,656.
Eine weitere Variable, die Kounin (1970, S. 117f.; 1976, S. 124f.) untersuchte, war das *Einbeziehen unbeteiligter Schüler* („Gruppenmobilisierung"). Kounin fand, daß durch folgende Verhaltensweisen des Lehrers *verhindert* wurde, daß sich viele Schüler am Unterricht beteiligten:

1. Der Lehrer wendet sich völlig demjenigen zu, der gerade vorträgt, und verliert die anderen Schüler aus den Augen.
2. Der Lehrer bestimmt, wer als nächster an der Reihe ist, noch bevor er seine Frage gestellt hat.
3. Der Lehrer ruft die Schüler in einer vorbestimmten Reihenfolge auf.

Kounin fand eine Korrelation von r = 0,603 zwischen dem Einbeziehen unbeteiligter Schüler und Arbeitsverhalten sowie eine Korrelation von r = 0,442 zwischen geringer „Mobilisierung" und der Häufigkeit von Unterrichtsstörungen während des mündlichen Unterrichts.
Weniger starke Zusammenhänge fand Kounin (1970) für zwei andere Verhaltensmuster: 1. das Ausmaß, in dem der Lehrer während des mündlichen Unterrichts die Mitarbeit der Schüler kontrollierte („Rechenschaftsprinzip") und 2. die Verteilung der Aufmerksamkeit des Lehrers auf zwei gleichzeitig

ablaufende Ereignisse („Überlappung“). Als das Maß für die Variable „*Rechenschaftsprinzip*“ diente die Zahl der verschiedenen Schüler, die durchschnittlich pro Minute aufgerufen wurden. Die Korrelation mit dem Anteil des Arbeitsverhaltens am mündlichen Unterricht betrug r = 0,495 und mit dem Fehlen von Unterrichtsstörungen r = 0,385.
Die *Verteilung der Aufmerksamkeit auf zwei gleichzeitig ablaufende Ereignisse* kann in einer Konfliktsituation notwendig werden, die der Lehrer regeln muß, ohne den Fortgang des Unterrichts zu unterbrechen, oder in Situationen, in denen Schüler plötzlich mit einer Frage oder einem Anliegen in den Unterricht „hineinplatzen“. Die Häufigkeit, mit der es dem Lehrer gelang, sich um zwei Dinge gleichzeitig zu kümmern, korrelierte mit dem Ausmaß des Arbeitsverhaltens r = 0,460 und mit dem Fehlen von Unterrichtsstörungen r = 0,362.

Lehrerverhalten während der Übergangsphasen

Die Übergänge von einer Unterrichtssituation zur anderen gelten als besonders störanfällige Phasen des Unterrichts (Morse und Wingo 1969, S. 404; Gump 1971, S. 161). Hier steht nicht der Unterrichtsinhalt im Vordergrund, sondern die Strukturierung des Unterrichtsverlaufs. Eine schlechte Strukturierung gehört nach Kounins Untersuchungsergebnissen zu den Auslösern von Erziehungsschwierigkeiten im Unterricht.
Ein Beispiel für unzureichende Strukturierung ist „*Sprunghaftigkeit*“ („jerkiness“) in der Vorgehensweise des Lehrers[2]. Unter dieser Bezeichnung faßt Kounin (1970, S. 97f.; 1976, S. 106f.) folgende Verhaltensweisenzusammen:

1. „Reizabhängigkeit“, d.h. der Lehrer unterbricht seinen Unterricht, weil ihm plötzlich ein Schüler oder ein Gegenstand auffällt, der den Unterricht keineswegs beeinträchtigt, z.B. die schlechte Sitzhaltung eines Schülers oder ein Papier auf dem Fußboden.
2. „Unvermitteltheiten“ – Übergänge, die zustande kommen, ohne das der Lehrer sich vergewissert hat, ob die Schüler bereit sind, mit der alten Tätigkeit aufzuhören und eine neue anzufangen.
3. „Thematische Inkonsequenzen“, die dann vorlagen, „wenn der Lehrer gerade mit einem Stoff begann oder ihn bereits behandelte, ihn dann aber einfach in der Luft hängenließ, indem er zu einem anderen Stoff überwechselte“ (Kounin 1976, S. 109).

2 „Sprunghaftigkeit ist in erster Linie ein Merkmal schlecht strukturierter Übergänge, kann aber auch während des mündlichen Unterrichts eine Rolle spielen.

4. „Hin-und-Herpendeln", d.h. Übergänge, in denen der Lehrer eine alte Tätigkeit zu Ende führt, eine neue anfängt und dann wieder zu der ursprünglichen zurückkehrt.

Die Variable „Sprunghaftigkeit" korrelierte mit Störverhalten während der Stillarbeit r = 0,421 und während des mündlichen Unterrichts r = 0,382. Noch ein anderes Verhaltensmuster von Lehrern während der Übergangsphasen scheint das Schülerverhalten zu beeinflussen: das *Erwecken von Spannung und Interesse* für den neuen Unterrichtsgegenstand („Valenz und Herausforderung"). Das geschieht z.B., indem der Lehrer die Schüler darauf hinweist, daß jetzt etwas besonders Interessantes oder auch etwas besonders Schwieriges komme. Das Fehlen solcher Dramatisierungen bzw. als deren Pendant die Häufigkeit von rein mechanischen oder „unechten" Überleitungen korrelierte mit Unterrichtsstörungen während der Stillarbeit r = 0,371 und während des mündlichen Unterrichts r = 0,325.

25. Umwelteinflüsse in der Schule – das lerntheoretische Modell und experimentelle Untersuchungen

Das 25. Kapitel hat eine doppelte Zielsetzung: In erster Linie soll hier das für diese Arbeit grundlegende theoretische Modell, die „Theorie sozialen Lernens" erörtert werden. Im Zusammenhang mit diesem Modell werden zweitens einige lerntheoretische Experimente dargestellt, die die Entstehung und das Andauern erziehungsschwierigen Verhaltens in Schulen betreffen.
Der Aufbau des Kapitels entspricht der Darstellung der „Theorie sozialen Lernens" in den Arbeiten von Bandura (1969; 1971d; 1973). Es werden folgende Klassen möglicher Ursachen für erziehungsschwieriges Verhalten unterschieden:

1. die „Erstursachen" oder „lerngeschichtlichen Ursachen", z.B. Beobachtungslernen und Lernen durch Verstärkung,
2. die „situativen Ursachen" oder „regulativen Prozesse", die in der jeweiligen Situation die Ausführung einer schon gelernten Verhaltensweise regulieren. Die situativen Ursachen lassen sich noch einmal unterteilen in
   a) auslösende Bedingungen, die dem Verhalten zeitlich vorausgehen, z.B. unangenehme Umweltreize, und
   b) aufrechterhaltende Bedingungen, die, wie z.B. Belohnung und Strafe, dem Verhalten folgen und die Wahrscheinlichkeit seines wiederholten Auftretens beeinflussen.

Im Unterschied zu der eher ganzheitlichen Betrachtungsweise der im vorigen Kapitel zitierten Untersuchungen, ist der Ausgangspunkt der lerntheoretischen Experimente eine minutiös genaue Beschreibung des Verhaltens und der Umweltreize. Da eine solch genaue Beschreibung aller oder auch nur mehrerer Verhaltensstörungen den Rahmen dieses Buches sprengen würde und für viele Erziehungsschwierigkeiten noch keine experimentellen Untersuchungen vorliegen, werde ich das lerntheoretische Modell anhand einer einzigen Gruppe von Verhaltensstörungen, nämlich der körperlichen Aggressionen von Kindern erörtern. Die meisten der hier zitierten Experimente wurden mit Kindern im Vorschul- und Grundschulalter durchgeführt.

Erstursachen erziehungsschwierigen Verhaltens

Gelegentlich breiten sich bestimmte Erziehungsschwierigkeiten in einer ganzen Schule wie eine Epidemie aus. In solchen Extremsituationen wird eine Form des Erwerbs von Verhaltensstörungen für jedermann evident, die auch sonst auf weniger auffällige Weise wirksam ist. Die einen sprechen in solchen Fällen bildhaft von „Ansteckung" oder „Nachahmung", die anderen von „Identifikation" oder „Introjektion". Die „Theorie sozialen Lernens" verwendet die Bezeichnungen *„Lernen am Modell"* oder *„Beobachtungslernen"*, um zu betonen, daß es sich hier um Lernprozesse handelt. Diese Lernprozesse sind keine naturgetreue Nachahmung des Beobachteten. Es werden vielmehr meist nur bestimmte Verhaltenselemente übernommen und auch diese noch vielfältig abgewandelt. Konstitutiv für diese Art des Lernens ist aber ein positives oder negatives Vorbild, ein „Modell", das allerdings auch in Form eines Films, einer Bildergeschichte oder einer Erzählung vorliegen kann.

Die experimentelle Überprüfung der Hypothese, daß Kinder aggressives Verhalten von ihren Klassenkameraden lernen können, wurde auf indirektem Weg vorgenommen. Es wäre kaum zu verantworten, Kindern Modelle dafür zu liefern, wie man Mitschüler angreift. Albert Bandura untersuchte die Entstehungsbedingungen aggressiven Verhaltens deshalb anhand einer 1,50 m großen aufblasbaren Plastikpuppe. Die Kinder in der Experimentalgruppe beobachteten, wie ein „Modell" die Puppe auf ungewöhnliche Weise angriff, und erwartungsgemäß fanden sich bei ihnen später die ungewöhnlichen Aggressionen viel häufiger als bei Kindern, die solche Angriffe nicht beobachtet hatten (Bandura 1962). Auch eine Reihe anderer Studien konnte einwandfrei nachweisen, daß Kinder von ihren Spiel- und Klassenkameraden durch Beobachtungslernen sowohl angemessenes wie unangemessenes Sozialverhalten übernehmen (Hartup 1970, S. 422). Daß auch die Eltern Modelle für das Lernen von Verhaltensstörungen sein können, wurde schon in den Kapiteln 20 und 21 gezeigt.

Der Einfluß von Personen mit hohem Sozialstatus auf das Beobachtungslernen ist in sozialpsychologischen Untersuchungen wiederholt aufgezeigt worden (Bandura 1971 b, S. 54). Schüler, die in der Klasse beliebt sind oder die eine Machtposition innehaben, werden deshalb eher zu Modellen für erziehungsschwieriges Verhalten als solche, die unter ihren Klassenkameraden eine Randstellung einnehmen. Noch stärker als der Sozialstatus des Modells wirkt sich aber die Beobachtung von Verhaltenskonsequenzen auf das Beobachtungslernen aus (Bandura, Ross und Ross 1963; Bandura 1971 b, S. 55). Verhaltensstörungen, die zu beobachtbaren angenehmen Konsequenzen führen, z. B. im Mittelpunkt stehen oder sich gegen andere durchsetzen, werden mit sehr viel höherer Wahrscheinlichkeit nachgeahmt als solche mit unangenehmen Folgen. Auch das Ausmaß, in dem Kinder später über das Beobachtete reden, wirkt sich auf das Modellernen aus: 62% der Kinder, die beobachtete Aggressionen auch beschrieben, ahmten diese später nach, dagegen nur 26% derer, die sie nur beobachtet hatten (Bandura, Grusec und Menlove 1966). Dieses Ergebnis läßt die Auffassung mancher Pädagogen fragwürdig erscheinen, die wirkungsvollsten Maßnahmen zur Reduktion von Erziehungsschwierigkeiten seien Diskussionen mit der ganzen Klasse.

Neben dem Beobachtungslernen spielt auch das *Lernen durch Verstärkung* („operantes Lernen") bei der Entstehung von Erziehungsschwierigkeiten eine Rolle. „Operantes Lernen" kommt dadurch zustande, daß auf eine zufällig aufgetretene Verhaltensweise ein Ereignis folgt, das dem Kind angenehm ist. Wenn diese Verhaltensweise in Zukunft häufiger auftritt, hat ein Lernen durch Verstärkung stattgefunden.

Ein Schüler greift zum Beispiel während des Unterrichts einen anderen an. Das führt zu einem Tumult, und er erntet dafür einen Heiterkeitserfolg der ganzen Klasse. Wenn von diesem Zeitpunkt an ähnliche Angriffe bei diesem Schüler häufiger auftreten, haben der Tumult und die Heiterkeit der Klasse für ihn als Verstärker gewirkt.

Eine Sonderform des operanten Lernens ist das *Lernen durch differentielle Verstärkung,* d.h. ein Kind lernt, daß sein Verhalten nur in einer bestimmten Form, nur bei bestimmten Personen oder nur in bestimmten Situationen zum gewünschten Erfolg führt. So werden Aggressionen von Kindern oft nur dann durch die Niederlage des Gegners verstärkt, wenn sie intensiv geäußert werden, wenn der Gegner schwächer ist oder wenn sich eigene Bundesgenossen in der Nähe befinden.

Nicht immer bestehen Erziehungsschwierigkeiten darin, daß Kinder unerwünschte Verhaltensweisen, wie z.B. körperliche Aggressionen, gelernt haben. Oft besteht das Problem gerade in einem *Verhaltensdefizit*, d.h. der Schüler hat angemessene Formen des Arbeits- und Sozialverhaltens nicht gelernt. Das ist deutlich zu beobachten bei Störungen des Arbeitsverhaltens, spielt aber auch bei der Entstehung aggressiver Verhaltensweisen eine Rolle. Wie die Untersuchungen von Toch (1969) gezeigt haben, geraten besonders diejenigen Personen in aggressive Auseinandersetzungen, denen die zur Vermeidung und Entschärfung kritischer Situationen notwendige verbale Ausdrucksfähigkeit fehlt.

Verhaltensdefizite liegen auch bei denjenigen Schülern vor, denen nicht klar ist, daß in der Schule andere Regeln gelten als zu Hause oder in der Spielgruppe. In manchen Familien wird körperliche Aggressivität gegenüber Kindern, die nicht zur eigenen Familie gehören, toleriert oder sogar unterstützt. Es ist schwierig, diesen Kindern die schulischen Normen zu vermitteln, vor allem dann, wenn ihr Ansehen in der Klasse auf ihrer kämpferischen Überlegenheit beruht.

Als Verhaltensdefizit läßt sich schließlich auch die Unfähigkeit zur Kontrolle von Impulsen interpretieren. Impulsive Kinder unterscheiden sich von reflexiven Kindern unter anderem dadurch, daß sie in Entscheidungssituationen weniger von der Möglichkeit des „inneren Sprechens“ Gebrauch machen (Meichenbaum 1971). Wie Untersuchungen gezeigt haben, ist aber auch für diese Kinder das „Sprechen zu sich selbst“ erlernbar und geeignet, das Ausmaß der Impulsivität zu verringern (Wagner 1976).

Auslösende Bedingungen

„Frustration führt zu Aggression“ ist eine der bekanntesten Thesen aus der empirischen Aggressionsforschung. Die von Dollard und Mitarbeitern (1939) aufgestellte Hypothese besagte ursprünglich, daß eine Frustration immer zu irgendeiner Form aggressiven Verhaltens führe. Schon die Untersuchungen von Barker, Dembo und Lewin (1941) zeigte jedoch, daß Frustrationen nicht nur Aggressionen zur Folge haben können, sondern z. B. auch Rückzugs- und Vermeidungsverhalten. In der Folgezeit wurde die Frustrations-Aggressions-Hypothese immer weiter modifiziert, und heute sieht man in der Frustration nur noch einen Sonderfall der wesentlich weiteren Klasse von *unangenehmen Umweltreizen* („aversiven Bedingungen“), die unter Umständen aggressives Verhalten auslösen können (Bandura 1973, S. 58). Solche unangenehmen Umweltreize, die Aggressionen bei Kindern auslösen, können sehr unterschiedliche Formen annehmen, z. B. von Mitschülern geärgert oder ausgelacht werden, Überforderungen durch schulische Aufgaben oder die Meinung, vom Lehrer ungerecht behandelt oder zu wenig beachtet zu werden.

Der vielfach nachgewiesene Zusammenhang zwischen unangenehmen Umweltreizen und aggressivem Verhalten (Bandura 1973, S. 155 f.) wird von der „Theorie sozialen Lernens“ folgendermaßen interpretiert:

1. Unangenehme Umweltreize führen zu einem Zustand emotionaler Erregung, der zum Handeln motiviert, aber eine Reihe von Verhaltensalternativen offenläßt, z. B. neben Aggressionen auch Vermeidungsverhalten oder konstruktives Problemlösen.
2. Im Erregungszustand reagieren vor allem diejenigen Personen aggressiv, die über ein schon vorher gelerntes Repertoire an aggressiven Verhaltensweisen verfügen, jedoch im Bereich der alternativen Verhaltensweisen Defizite aufweisen.
3. Der Zustand emotionaler Erregung erleichtert besonders das Auftreten derjenigen aggressiven Verhaltensweisen, von denen erwartet wird, daß sie positive oder zumindest keine negativen Konsequenzen haben („Antizipation der Konsequenzen“).

Patterson und Cobb (1972) haben in ihren Untersuchungen zeigen können, daß es immer wieder die gleichen Kinder sind, die von anderen angegriffen werden, ohne einen solchen Angriff provoziert zu haben. Es sind diejenigen, die sich nicht wehren, schnell anfangen zu weinen und die sich schon beim geringsten Angriff zurückziehen und dem Gegner das Terrain überlassen. Die *Antizipation* dieser vom Angreifer erwünschten Konsequenzen rechnen die Social-Learning-Theoretiker zu den wichtigen auslösenden Bedingungen aggressiven Verhaltens.

Wenn das angegriffene Kind sich in der Vergangenheit öfter so wie oben geschildert verhalten hat, ist seine Gegenwart für den Aggressor ein Hinweis, daß seine Aggression wahrscheinlich Erfolg haben wird. Solche durch Erfahrung erworbenen Hinweise auf die wahrscheinlichen Konsequenzen einer Handlung nennt man in der Lerntheorie *„diskriminative Reize“* oder „Hinweisreize“.

Ein diskriminativer Reiz muß unterschieden werden von *konditionierten Reiz.* Während der Hinweisreiz lediglich die Gelegenheit zur Erlangung eines Verstärkers anzeigt und quasi indirekt das Verhalten beeinflußt, löst der konditionierte Reiz unmittelbar eine Reaktion aus, z. B. Wut oder Angst. Er ist nicht von sich aus dazu in der Lage, sondern nur weil er z. B. in der Lerngeschichte des Kindes einmal mit einem Angst oder Wut auslösenden Ereignis gekoppelt wurde.

Ein Beispiel hierfür ist ein Kind, das sofort in Wut gerät, sobald ein großer „bulliger“ Junge es anspricht. Die emotionale Erregung kommt deshalb zustande, weil es in der Vergangenheit einmal von diesem oder einem ähnlich aussehenden Jungen angesprochen und gedemütigt wurde, was damals in ihm einen ohnmächtigen Zorn auslöste. Von diesem Augenblick an genügte das bloße Ansprechen, um die Wut in ihm aufkommen zu lassen. Hier handelt es sich um die durch Pawlows Experimente bekannte *„klassische Konditionierung“*, die durch Koppelung eines unkonditionierten Reizes mit einem ursprünglich neutralen Reiz zustande kommt. Klassische Konditionierung ist vor allem für den Erwerb von Ängsten und anderen emotionalen Reaktionen verantwortlich.

Im ersten Teil dieses Kapitels wurde Beobachtungslernen als eine mögliche Erstursache von Erziehungsschwierigkeiten erläutert. Die *Beobachtung eines Modells* gehört aber gleichzeitig auch zu den auslösenden Bedingungen für Verhaltensstörungen, die sich bereits im Verhaltensrepertoire des Beobachters befinden. Die von Geen (1972, S. 5 f.) und Bandura (1973, S. 120 f.) referierten Experimente haben das insbesondere für aggressives Verhalten nachgewiesen.

Diese „ansteckende“ Modellwirkung läßt sich durch drei unterschiedliche psychische Prozesse erklären:

1. Das negative Vorbild von Klassenkameraden scheint manche Kinder überhaupt erst auf die Idee zu bringen, sich auf eine bestimmte Weise zu verhalten. Die motivierende Kraft von Vorbildern gleich welcher Art beruht wahrscheinlich darauf, daß die Imitation von Verhaltensweisen anderer in der Vergangenheit oft zu positiven Konsequenzen für den Beobachter geführt hat.
2. Die Beobachtung eines Modells, das sich zum Beispiel aggressiv verhält, hat gleichzeitig enthemmende Wirkung. Das ist besonders dann der Fall, wenn die beobachteten Konsequenzen positiv waren, und selbst dann, wenn das Verhalten vom Beobachter moralisch abgelehnt wird (Bandura, Ross und Ross 1963).
3. Die Beobachtung von Aggressionen und anderen Verhaltensstörungen kann zu einem

emotionalen Erregungszustand führen, der sich sogar physiologisch messen läßt (Osborn und Endsley 1971). Dieser wiederum wirkt sich ähnlich aus wie unangenehme Umweltreize, die schon in diesem Kapitel erörtert wurden.

Ein weiterer Faktor, der Erziehungsschwierigkeiten auslösen kann, ist schließlich die *direkte verbale Aufforderung* durch andere. Oft werden Kinder von Kameraden zu Verhaltensstörungen aggressiver oder delinquenter Art angestiftet und führen diese aus, ohne daß irgendwelche anderen aulösenden Bedingungen vorzuliegen brauchen. Milgram (1975) zeigte in seinen Gehorsamsexperimenten, daß vor allem Aufforderungen befolgt werden, die von irgendeiner Autoritätsperson oder einer Gruppe vorgebracht werden, und zwar auch dann, wenn sie der Empfänger dieser Aufforderung ausdrücklich mißbilligt. Besonders die Anstiftung durch die Gruppe kann auch in Schulen beobachtet werden: Kinder lassen sich nicht selten von zuschauenden Klassenkameraden zu einem Ausmaß an Aggressivität in einem Streit ermuntern, zu dem sie ohne diese Anstachelung kaum in der Lage wären.

Aufrechterhaltende Bedingungen

Schon im ersten Teil dieses Kapitels wurde erläutert, wie neue, zufällig aufgetretene Verhaltensweisen durch *Verstärkung* gelernt werden, d.h. fest in das Verhaltensrepertoire eines Kindes aufgenommen werden. Im folgenden geht es darum, wie das Auftreten von Erziehungsschwierigkeiten, die sich bereits im Repertoire befinden, durch deren Konsequenzen gesteuert wird. Es geht um Verstärkung und Bestrafung als regulative Prozesse.
Alle Formen der Verstärkung sind Ereignisse, die bewirken, daß ein Verhalten in Zukunft eine höhere Auftretenswahrscheinlichkeit aufweisen wird. Trotz der ähnlichen Wirkung können aber die Ereignisse selbst recht unterschiedlich sein: von *„positiver Verstärkung“* spricht man, wenn auf das Verhalten ein angenehmer Reiz folgt, und von *„negativer Verstärkung“*, wenn ein unangenehmer Reiz weggenommen oder beendet wird. *„Stellvertretende Verstärkung“* liegt dann vor, wenn das Setzen eines angenehmen Reizes oder das Wegnehmen eines unangenehmen Reizes bei einem anderen beobachtet wird.

Beispiele für positive und stellvertretende Verstärkung finden sich am Anfang dieses Kapitels bei der Erörterung des Lernens durch Verstärkung bzw. des Beobachtungslernens. Eine *negativ Verstärkung* liegt zum Beispiel in folgender Situation vor: Ein Lehrer hat seinen Schülern schwierige Hausaufgaben gegeben. Diese fangen an zu quängeln, worauf der Lehrer ihnen die Hausaufgaben erläßt. Der unangenehme Reiz (schwierige Hausaufgaben) wird also als Konsequenz des wahrscheinlich unerwünschten Verhaltens (Quängeln) weggenommen. Die Auswirkungen auf die zukünftige Häufigkeit des Quängelns kann man sich leicht vorstellen.

Patterson und seine Mitarbeiter interpretieren einen großen Teil kindlicher Aggressivität als Produkt eines Lernprozesses mittels negativer Verstärkung. Patterson und Cobb (1972, S. 157) konnten in ihren Untersuchungen von erziehungsschwierigen Kindern zeigen, daß ein erheblicher Teil der Interaktion mit Geschwistern und Kameraden in gegenseitigem Beleidigen, Ärgern, Schimpfen oder tätlichen Angriffen bestand. Solche aversiven Reize kann ein Kind dadurch beenden, daß es denjenigen körperlich angreift, der es beleidigt, ärgert oder ausschimpft. Der Angriff wird dann durch die Beendigung des aversiven Reizes negativ verstärkt, und er wird in Zukunft häufiger auftreten (Patterson und Cobb 1971, S. 124).

Von der „negativen Verstärkung“ muß die „*Bestrafung*“ unterschieden werden. Negative Verstärkung besteht im Wegnehmen oder Beenden eines unangenehmen Reizes, Bestrafung dagegen im Setzen eines solchen Reizes. Beide beeinflussen ebenso wie positive Verstärkung die zukünftige Auftretenswahrscheinlichkeit des ihnen vorangehenden Verhaltens, allerdings im umgekehrten Sinn: verstärktes Verhalten tritt in Zukunft häufiger auf, bestraftes Verhalten dagegen seltener. (Auf die bei der Bestrafung wirksamen Gesetzmäßigkeiten werde ich im 27. Kapitel eingehen.)

Für die zukünftige Auftretenshäufigkeit einer verstärkten Verhaltensweise ist es wichtig, wie häufig und mit welcher Regelmäßigkeit die Verstärkung erfolgt. In diesem Zusammenhang interessiert es besonders, wie sich eine nur gelegentliche *„intermittierende“ Verstärkung* einer Erziehungsschwierigkeit auswirkt. Um eine solche Form der Verstärkung ging es in dem folgenden Experiment:

Cowan und Walters (1963) verstärkten Kinder für Aggressionen gegen eine Puppe mit Murmeln. Einige von ihnen erhielten eine Murmel nach jedem Schlag gegen die Puppe, andere nach jedem dritten oder nach jedem sechsten Schlag. Die Belohnungen wurden dann abgesetzt, um zu sehen, wie lange die Kinder ohne Verstärkung ihr aggressives Verhalten fortsetzen würden. Während dieser „Löschungsphase“ erwiesen sich die Jungen, die ständig belohnt worden waren, als die am wenigsten aggressiven, während die Jungen, die vorher sechsmal zuschlagen mußten, um eine Belohnung zu bekommen, am meisten Aggressionen zeigten.

Das Experiment von Cowan und Walters zeigte, daß Aggressionen, die nur gelegentlich verstärkt werden, viel länger beibehalten werden, auch wenn für einige Zeit die Verstärkung ausbleibt. In einem anderen Experiment stellte sich heraus, daß die gelegentlich verstärkten Aggressionen nicht nur dauerhafter sind als solche, die jedesmal verstärkt wurden, sondern daß sie auch stärker auf neue Situationen generalisieren. Das heißt konkret: Kinder, die nur ab und zu für ihre Angriffe gegen die *Puppe* belohnt worden waren, zeigten im anschließenden Spiel mit *Kindern* doppelt so häufig körperliche Aggressionen wie diejenigen Kinder, die man für jedes Zuschlagen verstärkt hatte (Walters und Brown 1963).

6. Teil
Pädagogisch-therapeutische Maßnahmen

Im 5. Teil wurde deutlich, daß erziehungsschwieriges Verhalten eine Reihe von Ursachen haben kann, auf die ein Lehrer keinen oder nur ganz geringen Einfluß hat, z.B. organische Ursachen und Umweltursachen in der Familie. Auch schulische Normen als „konstituierende Ursachen" lassen sich nicht beliebig verändern (vgl. Kapitel 15 und 16). Den pädagogisch-therapeutischen Maßnahmen in der Schule, die bei den Ursachen ansetzen wollen, sind deshalb von vornherein enge Grenzen gesetzt.

Eine zweite Einschränkung ist durch die Tatsache gegeben, daß ein Lehrer beim Umgang mit verhaltensgestörten Schülern nicht die Rolle eines Psychotherapeuten übernehmen kann. In der Gliederung dieses Teils versuche ich dieser Tatsache Rechnung zu tragen: Es werden zunächst Möglichkeiten zur Prävention von Erziehungsschwierigkeiten aufgezeigt (Kapitel 26) und anschließend unmittelbare Maßnahmen beim Auftreten dieser Schwierigkeiten (Kapitel 27). Erst wenn diese einfachen pädagogischen Techniken wirkungslos bleiben, müssen längerfristige therapeutische Maßnahmen in Erwägung gezogen werden. Diese setzen in jedem Fall eine genaue Problemanalyse voraus (Kapitel 28). In einigen Fällen können sie vom Lehrer selbst durchgeführt werden (Kapitel 28 und 29), in anderen ist es günstiger, die Eltern des Kindes oder weitere Personen zu beteiligen (Kapitel 30). Einige Maßnahmen sind in erster Linie schulorganisatorischer Art, z.B. eine Sonderschulüberweisung (Kapitel 31).

In den folgenden Kapiteln werden vor allem solche pädagogisch-therapeutischen Maßnahmen beschrieben, über die empirische Untersuchungen vorliegen. Gesicherte Forschungsergebnisse gibt es in erster Linie im Grundschulbereich. Diese bilden deshalb den Schwerpunkt der folgenden Darstellung.

26. Maßnahmen des Lehrers zur Prävention von Erziehungsschwierigkeiten

In diesem Kapitel soll gefragt werden, welche Maßnahmen des Lehrers dazu geeignet sind, dem Auftreten von Erziehungsschwierigkeiten vorzubeugen. Die im 24. Kapitel diskutierten Untersuchungen von Kounin (1970) haben gezeigt, daß eine solche Prävention möglich ist. Für Kounin (1970, S. 143; 1976, S. 148) war der Gedanke an die Möglichkeit der Prävention überhaupt die zentrale Fragestellung. Im zweiten Teil dieses Kapitels werden wir deshalb wieder auf seine Untersuchungen zurückkommen. Zunächst aber geht es um die Frage, wieweit sich die Art der Vermittlung schulischer Normen im Sinne einer Prävention von Verhaltensstörungen auswirken kann.

Die Vermittlung von Verhaltensregeln

Nach unserer Definition ist eine schulische Erziehungsschwierigkeit eine „Regelübertretung eines Schülers, die von einem schulischen Erzieher wahrgenommen und als störend und unangemessen beurteilt wird". Manche Erziehungsschwierigkeit ist darin begründet, daß ein Schüler die Regel, gegen die er verstößt, nicht kennt oder nicht akzeptiert (vgl. S. 167). Es liegt daher nahe, in einer besseren Vermittlung der Verhaltensregeln an die Schüler eine Möglichkeit zur Prävention von Erziehungsschwierigkeiten zu suchen.

Genügt es z. B., wenn ein Lehrer den Schülern die Regel einfach mitteilt, damit sie danach handeln? Es genügt tatsächlich, wenn Kinder gewohnt sind, den Anordnungen ihrer Eltern und Lehrer Folge zu leisten (Schutte und Hopkins 1970), jedoch nicht bei erziehungsschwierigen Kindern, um die es uns hier in erster Linie geht.

In einer sorgfältig geplanten Studie untersuchten Madsen, Becker und Thomas (1968), wie es sich auf das Verhalten „schwieriger Schüler" auswirkte, wenn ihnen lediglich die Verhaltensregeln mitgeteilt wurden. Die Lehrer achteten dabei besonders darauf, den Schülern die Regeln so klar und einprägsam wie möglich zu vermitteln. Doch bei keinem der Kinder hatte die Einführung der Regeln irgendwelchen Erfolg. Ihr Verhalten verbesserte sich erst, als die Lehrer anfingen, die Regelbefolgung explizit zu loben oder auf andere Weise durch Zuwendung zu verstärken (vgl. Kapitel 29). Durch spätere Untersuchungen wurde dieser Befund über die relative Unwirksamkeit von Regeln ohne entsprechende Konsequenzen bei verhaltensgestörten Kindern voll bestätigt (Schutte und Hopkins 1970; Greenwood, Hops, Delquadri und Guild 1974).

Wenn die Wirksamkeit von Verhaltensregeln tatsächlich in so hohem Maß von den Konsequenzen für Regelbefolgung und Regelverstoß bestimmt wird, ist es denkbar, daß die Konsequenzen allein genügen und man auf eine ausdrückliche Formulierung der Regel verzichten kann. Aus der experimentellen Lernpsychologie gibt es tatsächlich Belege dafür, daß es möglich ist, Verhalten ausschließlich mit Hilfe der Konsequenzen zu beeinflussen, ohne daß der Lernende weiß, wofür er belohnt oder bestraft wird (Bandura 1969, S. 576f.). Andere Experimente zeigen jedoch, daß dies eine außerordentlich *ineffiziente* Lernmethode ist, von der ethischen Fragwürdigkeit solcher Vorgehensweisen ganz abgesehen (Bandura 1969, S. 568f.).
Nicht selten besteht eine Diskrepanz zwischen dem, was der Lehrer ausdrücklich fordert, und dem, was er belohnt bzw. bestraft. Das ist z. B. der Fall, wenn er von den Schülern immer wieder „selbständiges Denken" verlangt, aber nur Schülerantworten anerkennt, die seine eigene Meinung oder die des Lehrbuchs wiedergeben. Wenn solche Diskrepanzen existieren, verlieren die verbal formulierte Regeln bald ihre Wirkung, und das Verhalten wird nur noch von den Verstärkungsbedingungen beeinflußt (Ayllon und Azrin 1964; Martin 1972).
Ähnlich unwirksam sind Verhaltensregeln auch dann, wenn sie den Schülern sovermittelt wurden, daß diese sie entweder nicht richtig verstehen oder sie sich nicht merken. „Die Kinder müssen den Sinn des Geforderten verstehen, sie müssen wissen, was mit dem Gesagten gemeint ist. Diese Feststellung scheint zwar selbstverständlich zu sein, wird jedoch häufig nicht erfüllt" (Kossakowski und Otto 1967, S. 26).

Folgende Maßnahmen haben sich bewährt, um den Schülern das Verstehen und Behalten der Regeln zu erleichtern:

1. Damit die Schüler wissen, wann sie die Regel übertreten und wann sie sie befolgt haben, wird das „kritische Verhalten" in der Verhaltensregel ausdrücklich genannt (Innerhofer 1974).
2. Es werden nicht mehr als fünf oder sechs Klassenregeln eingeführt, um die Gedächtniskapazität vor allem der schwächeren Schüler nicht zu überlasten (Madsen, Becker und Thomas 1968). Bei Schulanfängern ist die Kapazitätsgrenze oft schon mit drei Regeln erreicht. Durch wenige Regeln wird auch der Freiheitsspielraum der Schüler nicht unnötig eingeengt.
3. Direkte Wiederholungen oder in andere Sachgebiete eingebaute Erinnerungen tragen dazu bei, die Regelkenntnisse zu festigen (Kossakowski und Otto 1967, S. 26).

Eine klare und einprägsame Vermittlung sowie das Setzen von Konsequenzen für Regelbefolgung und Regelverstoß sind wichtige Voraussetzungen für das

Erlernen von Verhaltensregeln. Zahlreiche Untersuchungen haben nachgewiesen, daß eine Kombination dieser beiden Maßnahmen wesentlich effektiver ist als jede einzelne für sich genommen (Madsen, Becker und Thomas 1968; Bandura 1969, S. 577 f.; O'Leary, Becker, Evans und Saudargas 1969; Herman und Tramontana 1971).

Schutte und Hopkins (1970) zeigten, daß in einer Vorschulklasse die Häufigkeit der Regelbefolgung von 68% auf 78% stieg, wenn die Kinder nicht nur aufgefordert und ermahnt, sondern auch durch Aufmerksamszuwendung belohnt wurden.
Zu ähnlichen Ergebnissen kamen Greenwood, Hops u. a. (1974): Durch eine Kombination von Regeln, Rückmeldung an die Schüler, ob sie die Regeln auch befolgt hatten, sowie Verstärkung der ganzen Klasse und einzelner Schüler konnte der prozentuale Anteil „angemessenen Verhaltens" in drei Grundschulklassen erheblich verbessert werden. Solange nur Regeln eingeführt waren, betrug er in einer Klasse 29,7% und in den anderen beiden 47% bzw. 60,1%. Nach der Einführung von Feedback und Verstärkung stieg er in allen drei Klassen auf über 80%.

Wegen ihrer Bedeutung für die Regelbefolgung sollten die Konsequenzen auch schon bei der Formulierung der Regel berücksichtigt werden. Auf Regeln, deren Durchführung und Unterlassung nicht kontrolliert werden kann, sollte man möglichst verzichten (vgl. Innerhofer 1974).
Das Lernen einfacher Verhaltensregeln ist nur ein erster Schritt bei der Vermittlung von Normen und Werten. Er wurde hier ausführlich behandelt, weil auf dieser elementaren Stufe im Umgang mit erziehungsschwierigen Kindern oft große Unsicherheit besteht. Es sollte jedoch auch das Ziel der schulischen Erziehung sein, daß die Schüler bald das Stadium überwinden, in dem sie Dinge nur wegen ihrer möglichen Konsequenzen tun oder unterlassen. Das wird um so eher möglich sein, je mehr der Lehrer darauf achtet, nur solche Regeln aufzustellen, die für das Zusammenleben in der Klasse und die Verwirklichung der gemeinsamen Ziele einen echten Sinn haben, und je mehr es ihm gelingt, den Schülern diesen Sinn zu vermitteln.

Die Strukturierung des Unterrichtsablaufs

Kounin und Doyle (1975) fanden, daß eine gute Organisation des Ablaufs der Stillarbeit zur Prävention von Störungen des Arbeitsverhaltens beitragen kann. Eine gute Organisation war unter anderem durch folgende Merkmale gekennzeichnet:

1. Den Kindern wurde das Ziel ihrer Aufgabe genau mitgeteilt.
2. Es wurde ihnen erklärt, wo sie anfangen sollten und wie die einzelnen Teilschritte zum Ziel führten.

3. Jedem Kind standen eigene Werkzeuge und Arbeitsmittel zur Verfügung.
4. Die Aufgaben waren so angelegt, daß auch Kinder, die mit ihrer Arbeit fertig waren, noch beschäftigt werden konnten.

Kounin und Doyle interpretierten die Wirkung einer so strukturierten Stillarbeit auf das Verhalten der Kinder mit Hilfe des Konstrukts *„Kontinuität der Aufforderungsreize“* („signal system continity“). Darunter ist eine Aufgabenstellung zu verstehen, die so angelegt ist, daß sich ein Schritt aus dem anderen ergibt, d.h. daß der jeweils nächste Schritt Aufforderungscharakter hat, dem Ziel näherzukommen. Gleichzeitig ist für Kontinuität gesorgt, d.h. es entstehen keine unnötigen Unterbrechungen etwa dadurch, daß die Schüler sich Materialien holen oder ausleihen müssen.
Im mündlichen Unterricht wird diese Kontinuität durch ein Lehrerverhalten gewährleistet, das Kounin (1970, S. 102f.; 1976, S. 110f.) „momentum“ („Schwung“) nennt und das man als *„zügige Unterrichtsführung“* umschreiben kann. Dieses Verhaltensmuster ist gekennzeichnet durch ein Fehlen unnötiger Verzögerungen, wie z.B. zu langes Eingehen auf Störverhalten, zu detaillierte Anordnungen oder Umständlichkeit beim Verteilen von Arbeitsmitteln (vgl. Kapitel 24). Zügige Unterrichtsführung ist nach Kounins Ergebnissen die wichtigste Determinante zur Prävention von Erziehungsschwierigkeiten während des mündlichen Unterrichts (Kounin 1970, S. 107; 1976, S. 115).
Lehrer, die zügig unterrichten, scheinen auch eher als andere in der Lage zu sein, die Übergänge von einer unterrichtlichen Tätigkeit zur anderen reibungslos zu gestalten. Die Variable *„Reibungslosigkeit“* („smoothness“) korreliert mit „zügiger Unterrichtsführung“ $r = 0{,}745$. Eine reibungslose Unterrichtsführung ist nach Kounin (1970, S. 97f.; 1976, S. 110f.) charakterisiert durch das Fehlen von „Sprunghaftigkeit“. Damit sind Verhaltensweisen des Lehrers gemeint wie plötzliches Unterbrechen des Unterrichtsablaufs, unvermittelte Übergänge von einem Thema zum anderen und Hin- und Herpendeln zwischen verschiedenen unterrichtlichen Tätigkeiten. (Vgl. S. 163.) Beispiele für reibungslose Übergänge sind an Stelle der sogenannten „Unvermitteltheiten“ ein ruhiges Abwarten und Beobachten, bis die Schüler zu einer neuen Tätigkeit bereit sind, oder, an Stelle des „Hin- und Herpendelns“, das definitive Beenden einer Unterrichtstätigkeit, bevor man mit einer neuen anfängt. Durch eine Unterrichtsführung, die das Prinzip der „Reibungslosigkeit“ verwirklicht, verringert sich ebenfalls die Wahrscheinlichkeit für das Auftreten von Unterrichtsstörungen und Störungen des Arbeitsverhaltens.

Die Beachtung positiven Schülerverhaltens

Untersuchungen der Lehrer-Schüler-Interaktion haben gezeigt, daß Lehrer vom zweiten Schuljahr an auf unerwünschtes Schülerverhalten viel häufiger eingehen als auf erwünschtes (White 1975). Das ist vom Standpunkt des Lehrers aus zwar verständlich, aber zur Prävention von Erziehungsschwierigkeiten ungeeignet.

Thomas, Becker und Armstrong (1968) untersuchten die Frage, wie es sich auf das Betragen von Grundschülern auswirkt, wenn ihr Lehrer weniger als bisher auf positives Verhalten eingeht und in erster Linie versucht, unerwünschtes Sozialverhalten durch Schimpfen und Androhen von Strafen zu unterbinden: Ursprünglich beobachtete man Störverhalten in 8,7% der Unterrichtszeit. Als die Lehrerin aufhörte, positives Schülerverhalten zu beachten, stieg der Prozentsatz der Unterrichtszeit mit Störungen auf 25,5%, und als sie zusätzlich noch anfing, häufiger zu schimpfen und Strafen anzudrohen, auf 31,3%, an manchen Tagen sogar über 40%. Erst als sie wieder zu ihrem ursprünglichen Verhalten zurückkehrte und die Schüler in erster Linie für positives Verhalten beachtete, sank die Häufigkeit der Störungen wieder auf das ursprüngliche Niveau. Wie die Lehrerin selber bemerkte, brachte das Schimpfen und Androhen von Strafen zwar meist eine kurzzeitige Verbesserung im Verhalten der Schüler, führte aber schon im Laufe eines längeren Schultags zu einem häufigeren Auftreten von Erziehungsschwierigkeiten.

Während das Experiment von Thomas, Becker und Armstrong (1968) die Wirkung von positiver Zuwendung und Beachtung auf das Schülerverhalten nachwies, indem man die Häufigkeit der Zuwendung reduzierte, gingen die meisten Untersuchungen den umgekehrten Weg. Schon zu Beginn dieses Kapitels wurde gezeigt, wie adäquates Verhalten gefördert werden kann, indem man die Schüler für ihre Regelbefolgung durch vermehrte Zuwendung verstärkte (Schutte und Hopkins 1970). Die Beachtung positiven Schülerverhaltens ist besonders geeignet zur Förderung adäquaten Arbeitsverhaltens bei Grundschülern (Hall, Lund und Jackson 1968). Eine Förderung des Arbeitsverhaltens wirkt sich oft in einer Reduktion anderer, nicht arbeitsbezogener Erziehungsschwierigkeiten aus (Glavin, Quay und Werry 1971; Ayllon, Layman und Burke 1972; Winett und Roach 1973; Ayllon und Roberts 1974).

Die Beachtung positiven Schülerverhaltens als Mittel zur Prävention schulischer Verhaltensstörungen ist im wesentlichen identisch mit der „positiven sozialen Verstärkung", auf die im 29 Kapitel noch einmal eingegangen wird. Gleichgültig, ob soziale Verstärkung angewandt wird, um das Entstehen von Erziehungsschwierigkeiten zu verhindern oder um die Häufigkeit bereits bestehender Verhaltensstörungen zu reduzieren, sollten folgende Grundregeln berücksichtigt werden:

1. Beachtung, Anerkennung und Lob sind meist wirksamer, wenn sie in unmittelbarem Anschluß an das erwünschte Schülerverhalten erfolgen statt zu einem späteren Zeitpunkt (Bandura 1969, S. 231).

2. Kurze Kontakte mit einzelnen Schülern (bis zu 20 Sekunden) wirken sich positiver auf das Schülerverhalten aus als längere Kontakte (mehr als 50 Sekunden). Wahrscheinlich genügt der kurze Kontakt, um den Schülern die notwendige Beachtung zu geben, während der Lehrer bei einer längeren Interaktion mit einem Schüler in Gefahr gerät, die Klasse aus dem Auge zu verlieren (Scott und Bushell 1974; vgl. hierzu auch die Ergebnisse von Kounin 1970, S. 83f.; 1976, S. 93f.).

27. Unmittelbare Maßnahmen des Lehrers beim Auftreten von Erziehungsschwierigkeiten

Erziehungsschwierigkeiten können entweder im Vorhandensein eines inadäquaten Verhaltens, z. B. Aggressionen, bestehen oder im Fehlen eines erwünschten Verhaltens, z. B. Mitarbeit im Unterricht. Im zweiten Fall, bei einem sogenannten „Verhaltensdefizit", besteht die Aufgabe des Lehrers darin, Auslöser für adäquates Verhalten zu finden. Zwei Gruppen solcher Auslöser werden in diesem Kapitel zur Sprache kommen: individuelle Hilfestellung und Methoden zur Einbeziehung unbeteiligter Schüler in den mündlichen Unterricht.

Besteht das Problem im Vorhandensein eines inadäquaten Verhaltens, können unmittelbare Maßnahmen des Lehrers darin bestehen, dieses Verhalten entweder bewußt zu ignorieren oder dafür zu sorgen, daß der Schüler sein Verhalten beendet. Ignorieren wird lerntheoretisch meist als „Extinktion" interpretiert, d. h. als eine Reduzierung der Auftretenswahrscheinlichkeit eines Verhaltens durch Vorenthalten von Verstärkern. Maßnahmen, bei denen unangenehme Umweltreize eingesetzt werden, um ein unerwünschtes Verhalten abzubrechen und die Wahrscheinlichkeit seines zukünftigen Auftretens zu vermindern, gelten im lernpsychologischen Sinn als „Strafen". In diesem Sinne sind Maßnahmen wie „Punkteabzug" und „rasches Eingreifen bei Störverhalten", die in diesem Kapitel behandelt werden, auch Strafen. Sie sind es jedoch nicht notwendigerweise im Verständnis von Lehrern und Schülern, die unter „Strafe" oft ein sehr viel massiveres Eingreifen verstehen, z. B. Arrest und Strafarbeiten.

Individuelle Hilfestellung

Während der Einzelarbeit von Schülern treten häufig „Verhaltensdefizite" in der Form auf, daß manche Schüler nicht mit der Arbeit anfangen, vorzeitig aufhören, sich ablenken lassen oder nicht sorgfältig genug arbeiten. In solchen Fällen ist es oft richtiger, das erwünschte Verhalten durch eine gezielte individuelle Hilfe zu fördern, statt sich mit der jeweiligen Erziehungsschwierigkeit direkt auseinanderzusetzen.

Die Techniken der individuellen Hilfestellung werden in der amerikanischen Literatur zur schulischen Verhaltensmodifikation zwar gelegentlich erwähnt („prompting"), aber nicht ausführlich untersucht. Vor allem die Arbeiten von Innerhofer (1974; 1977 a), auf denen die folgenden Ausführungen im wesentlichen beruhen, haben auf die Bedeutung der Hilfestellung als pädagogisch-therapeutische Maßnahme aufmerksam gemacht.
In unserem Zusammenhang ist mit individueller Hilfestellung gemeint, daß der Lehrer zu einem einzelnen Kind geht und ihm hilft, bei einer Aufgabe den Anfang zu finden, eine Schwierigkeit zu überwinden, oder dem Schüler einfach sagt, daß er auf dem richtigen Weg ist. Hilfestellung kann nötig sein bei intellektueller Überforderung oder bei mangelnder Arbeitsmotivation. Im ersten Fall genügt es oft, die allgemeine Vorgehensweise noch einmal zu erklären und dem Schüler bei der Erledigung einer Aufgabe zu helfen. Im zweiten Fall ist es möglich, dem Schüler ein Teilziel zu setzen oder ihn darauf aufmerksam zu machen, daß er die Aufgabe auf jeden Fall erledigen muß, entweder in der Schule oder zu Hause.

Einige Regeln gelten gleichermaßen für die Hilfestellung bei intellektueller Überforderung und bei geringer Arbeitsmotivation:

1. Die Hilfestellung sollte so früh wie möglich erfolgen und nicht, wenn die Mitschüler schon erheblich weiter sind.
2. Man sollte die Hilfe nicht mit einem Tadel beginnen, sondern anerkennen, daß der Schüler schon einen ersten Schritt getan hat, so klein dieser auch immer sein mag. Vielen fällt es schwer, diese ersten Schritte (z.B. die Schreibgeräte herauszunehmen) überhaupt als ein arbeitsbezogenes Verhalten zu erkennen, und erst recht, sie anzuerkennen.
3. Es besteht die Gefahr, den Schüler mit Erklärungen zu überschütten, noch ehe man erkannt hat, was sein Problem ist (vgl. das „Hilfespiel" in Innerhofer 1977 a).
4. Zu schwierige oder zu lange Aufgaben können in einzelne Schritte zerlegt werden, z.B. eine komplexe Rechenaufgabe in ihre Einzeloperationen oder ein längerer Aufsatz in kleinere Teile, für deren Fertigstellung der Schüler dann immer wieder gelobt werden kann.
5. Häufige kurze Hilfestellung ist meist wirkungsvoller als wenige lange (Scott und Bushell 1974). Eine Ausnahme sind hier unumgängliche Erklärungen.

Das Einbeziehen unbeteiligter Schüler in den Unterricht

Während des mündlichen Unterrichts entsteht für den Lehrer nicht selten das Problem, Schüler, die sich nicht beteiligen und „träumen", zur Mitarbeit am Unterricht zu bewegen. Da diese Schüler von sich aus wenig Initiative zeigen, ist die Gefahr für den Lehrer groß, sich nur noch den aktiveren Schülern zuzuwenden. Die unbeteiligten Schüler werden dadurch immer weniger gefordert und bekommen auch immer weniger Beachtung, wenn sie tatsächlich mitarbeiten. Unzulängliche Mitarbeit kann also durch das Verhalten des Lehrers geradezu unterstützt werden.

Kounin (1970, S. 109f.; 1976, S. 117f.) fand, daß die Mitarbeit der Schüler gesteigert werden konnte, wenn der Lehrer die beiden Prinzipien „Gruppenmobilisierung" und „Rechenschaftsprinzip" verwirklichte (vgl. S. 162f.). Als „Rechenschaftsprinzip" bezeichnet Kounin diejenigen Methoden, mit denen ein Lehrer in Erfahrung bringt, ob die Schüler sich wirklich mit dem Unterrichtsstoff beschäftigen, und mit denen er den Schülern zu verstehen gibt, daß er über das Ausmaß ihrer Mitarbeit informiert ist. Dazu gehören z. B das Aufrufen vieler verschiedener Schüler oder Aufforderungen an alle Schüler, ihre Hefte und Arbeitsblätter so hochzuhalten, daß die Ergebnisse klar zu sehen sind (Kounin 1970, S. 119f.; 1976, S. 126f.).

Die Bezeichnung *„Gruppenmobilisierung"* betrifft das Ausmaß, in dem der Lehrer auch nichtaufgerufene Schüler in den mündlichen Unterricht miteinbezieht, z. B. indem er die Schüler in Ungewißheit darüber läßt, wer als nächster aufgerufen wird, oder indem er den nichtaufgerufenen Schülern zu verstehen gibt, daß sie zu dem, was gerade vorgetragen wird, auch noch Stellung nehmen sollen (Kounin 1970, S. 117; 1976, S. 124). Die unmittelbare Wirkung dieser pädagogischen Maßnahme besteht darin, daß ein „Verhaltensdefizit", nämlich mangelnde Mitarbeit am Unterricht, ausgeglichen wird. Eine indirekte Auswirkung ist jedoch, daß auch die Anzahl der Unterrichtsstörungen durch das stärkere Einbeziehen unbeteiligter Schüler reduziert wird.

Kounin interpretiert die Auswirkungen von „Rechenschaftsprinzip" und „Gruppenmobilisierung" auf das Schülerverhalten als ein höheres Ausmaß an Kontrolle des Arbeitsverhaltens und als Wahrung eines „Gruppen-Fokus". Mit der letzten Bezeichnung ist gemeint, daß der Lehrer bei der Beschäftigung mit einzelnen Schülern nicht die Arbeit oder Beteiligung der übrigen aus den Augen verliert. Die hier erörterten Verhaltensweisen des Lehrers können aber auch lerntheoretisch interpretiert werden als diskriminierende Reize, die als Hinweis dienen, daß Aufmerksamkeit und Beteiligung vom Lehrer beachtet und damit auch verstärkt werden.

Bewußtes Ignorieren von Erziehungsschwierigkeiten

Wie verschiedene Untersuchungen gezeigt haben, ist das Ignorieren einer Erziehungsschwierigkeit mitunter geeignet, deren Auftretenswahrscheinlichkeit zu reduzieren (Zimmermann und Zimmermann 1962; Pinkston u. a. 1973). Diese Wirkung des Ignorierens ist vor allem in der Tatsache begründet, daß häufiges Ermahnen und Schimpfen das unangemessene Verhalten geradezu verstärken können (Madsen, Becker, Thomas, Kosner und Plager 1968). Das Ignorieren wirkt dann im Sinne einer „Extinktion", d. h. die Erziehungsschwierigkeit wird nicht länger durch Beachtung von seiten des Lehrers verstärkt.

Das Ignorieren ist eine Technik, die vergleichsweise leicht zu erlernen ist. Wenn sie aber erfolgreich eingesetzt werden soll, ergibt sich eine Reihe von Schwierigkeiten:

1. Ignorieren bewirkt in der Regel keine rasche Verhaltensänderung. Es führt häufig zunächst zu einer Steigerung der Schwierigkeiten. Wird es allerdings konsequent durchgehalten, geht nach einer Weile die Auftretenshäufigkeit des problematischen Verhaltens dauerhaft zurück.
2. Erziehungsschwierigkeiten sollte man *nicht* ignorieren, um Konflikte mit der Klasse oder mit besonders problematischen Schülern zu vermeiden. Die Schüler interpretieren das entweder als Schwäche oder als Unfähigkeit des Lehrers zu sehen, was in der Klasse vor sich geht.
3. Verhaltensweisen, mit denen Kinder sich selbst oder andere in Gefahr bringen oder die „ansteckend" auf die Mitschüler wirken, dürfen auf keinen Fall bewußt ignoriert werden (vgl. Walters, Parke und Cane 1965).

Trotz dieser Einschränkungen gibt es einige Bereiche, in denen Ignorieren erfolgreich zur Reduktion von Erziehungsschwierigkeiten angewandt werden kann. Dazu gehören vor allem jene Verhaltensweisen, die durch gelegentliche oder ständige Beachtung von seiten des Lehrers verstärkt werden, z.B. Quengeln, Trotz, Wutanfälle oder manipulatives Weinen sowie übertriebene Abhängigkeit (d.h. den Lehrer wegen jeder Kleinigkeit fragen). Geeignet ist Ignorieren ferner bei relativ harmlosen Regelverstößen, die selten vorkommen und meist von selbst wieder verschwinden.
Die Technik des Ignorierens kommt allerdings erst dann zu ihrer vollen Wirksamkeit, wenn sie in Kombination mit klaren Verhaltensregeln und der gezielten Beachtung positiven Schülerverhaltens eingesetzt wird (Madsen, Becker und Thomas 1968). Diese Kombination erlaubt es dem Lehrer, viele Kleinigkeiten zu übersehen, ohne daß die Schüler den Eindruck gewinnen, daß er die Klasse aus den Augen verloren hat. Auch wegen ihres positiven Effekts auf das Verhältnis zwischen Lehrern und Schülern ist sie zu empfehlen.

Verbale Zurechtweisungen

Wie Untersuchungen über das Verhalten von Lehrern in Konfliktsituationen gezeigt haben, gehören die verschiedenen Formen der verbalen Zurechtweisung (z.B. Tadel, Rüge, Schimpfen, Ermahnungen und Appelle) zu den häufigsten Maßnahmen, die in der Schule zur Reduktion von Erziehungsschwierigkeiten eingesetzt werden (Gehrig und Geppert 1975, S. 326).
Die Häufigkeit dieser Maßnahme läßt sich durch zwei Faktoren erklären: Erstens ist es oft viel einfacher, ein Kind zu schimpfen oder ihm eine Strafe anzudrohen, als sich eine andere pädagogische Maßnahme zu überlegen, und zweitens haben Schimpfen und Drohungen oft einen unmittelbaren Erfolg: Der angesprochene Schüler hört mit dem getadelten Verhalten zumindest einen

Augeblick lang auf. Durch diesen Erfolg wird der Lehrer für sein Schimpfen verstärkt, ohne sich allerdings immer zu vergewissern, wie dauerhaft der Erfolg dieser Maßnahme war. Im folgenden geht es um die Effektivität von zwei verbreiteten Formen der verbalen Zurechtweisung: der kurzen Ermahnung und der längeren Zurechtweisung.

Ermahnungen von der Art „Setz' dich hin!" oder „Leg' das Lineal weg!" gehören zum Schulalltag wie Hefte und Bücher. Es ist unbestritten, daß solche Ermahnungen oft berechtigt sind und auch häufig zu einem augenblicklichen Erfolg führen. Welche Auswirkungen sie langfristig auf das Verhalten der Schüler haben, wird deutlich aus zwei Experimenten:

Madsen, Becker, Thomas, Kosner und Plager (1968) untersuchten in ihrer Studie die Auswirkung von Ermahnungen der Kinder, sich auf ihren Platz zu setzen. In der ersten Phase des Experiments waren durchschnittlich 3–4 Kinder nicht auf ihrem Platz. In der zweiten Phase gaben die Lehrer dreimal soviel Ermahnungen wie vorher. Obwohl die Schüler, wie in der ersten Phase, den Ermahnungen meist folgten, nahm die Zahl der Kinder, die nicht auf ihrem Platz waren, nicht ab, sondern sie nahm zu. In einigen Fällen verdoppelte sie sich.

Spencer (zitiert in Gentile u. a. 1973) erhielt ganz ähnliche Ergebnisse, als die von ihm beobachteten Lehrer den Kindern verboten, Gegenstände in den Mund zu nehmen. Sobald sie anfingen, die Schüler jedesmal zu ermahnen, das doch zu unterlassen, nahm die Häufigkeit dieses Verhaltens zu. In beiden Untersuchungen war die Ursache für diesen „paradoxen Effekt" nicht Trotz, denn die Kinder hörten ja auf, sobald sie ermahnt wurden. Die Kinder hatten vielmehr gelernt, daß die Ausführung der verbotenen Handlung eine Möglichkeit war, vom Lehrer öffentlich beachtet zu werden. Eine andere Interpretationsmöglichkeit ist die, daß die getadelten Verhaltensweisen durch das Verbot in den Augen der Kinder aufgewertet wurden (Aronson und Carlsmith 1963).

Die beschriebenen Experimente zeigen, daß Ermahnungen dieser Art oft das Gegenteil von dem erreichen, was sie anstreben. Wesentlich effizienter als das öffentliche Ermahnen und Schimpfen, wie es üblicherweise gehandhabt wird, ist eine Form der Ermahnung, die O'Leary, Kaufman u. a. (1970) beschreiben: Der Lehrer geht zu dem Kind, das getadelt werden muß, und ermahnt es so leise, daß es sonst niemand hört. Mit dieser Vorgehensweise ließ sich das Störverhalten einer Reihe von Kindern erheblich reduzieren (vgl. auch O'Leary und Becker 1968).

Unter *längeren Zurechtweisungen* verstehe ich Maßnahmen wie Strafpredigten vor der ganzen Klasse, Ausschimpfen, moralische Verurteilung oder Appelle an das Wertgefühl, z. B. an die Ehrlichkeit. Über die *generelle* Wirksamkeit solch längerer Zurechtweisungen existieren praktisch keine Untersuchungen. Das ist auch verständlich, da sie sich in ihrer Form stark voneinander unterscheiden können. Es gibt deshalb zahlreiche Hypothesen, daß die *Form*, in der die Zurechtweisung vorgebracht wird, über ihre Effektivität entscheidet. So hält man Zurechtweisungen, die mit Klarheit, Festigkeit, ohne Verärgerung und mit einer Anleitung zum adäquaten Verhalten vorgebracht werden, für effektiver als solche, bei denen das nicht der Fall ist. So plausibel diese Hypothesen auch sind, einer empirischen Überprüfung haben sie nicht standgehalten. Kounin (1970, S. 70; 1976, S. 81) kam aufgrund seiner Untersuchung zu dem Schluß, daß keine signifikanten Zusammenhänge bestehen zwischen der Form von Zurechtweisungen und dem Erfolg beim Umgang mit Erziehungsschwierigkeiten.

Auf einer ganz anderen Ebene entdeckte Kounin jedoch durchaus Unterschiede in der Effektivität, mit der Lehrer längere Zurechtweisungen als Mittel der Klassenführung einsetzten. Sie wirken sich nämlich unter Umständen *negativ* auf seinen Erfolg im Umgang mit Störverhalten und mangelnder Mitarbeit aus. Das ist der Fall,

1. wenn er zu lange und ausführlich auf das Störverhalten eingeht und dadurch den Fortgang des Unterrichts verzögert (Kounin 1970, S. 102; 1976, S. 110);
2. wenn er von einer längeren Zurechtweisung so sehr in Anspruch genommen wird, daß er seine laufende Beschäftigung mit anderen Schülern fallenläßt und diese aus den Augen verliert (Kounin 1970, S. 83; 1976, S. 93);
3. wenn die Zurechtweisung nicht rasch genug erfolgt oder häufig einen Unschuldigen trifft (Kounin 1970, S. 79f.; 1976, S. 89f.). Dies wirkt sich *besonders* negativ auf das Verhalten der Schüler aus. Wie speziell dieser Fehler vermieden werden kann, zeigt folgender Abschnitt.

Rasches Eingreifen bei Störverhalten

Eine wirksame Methode zur Kontrolle plötzlich auftauchender Erziehungsschwierigkeiten ist das rasche Eingreifen mit Hilfe kurzer Signale, z. B. scharfes Anschauen, Kopfschütteln, Näherkommen oder ein entschiedenes „Nein". Wesentliches Merkmal dieser Technik ist die Wahl des richtigen Augenblicks, um dem Initiator der Störung zu signalisieren, daß er mit seiner unerlaubten Tätigkeit aufhören soll. Nach Kounins Ergebnissen ist diese Art, auf Störverhalten einzugehen, neben einer zügigen Unterrichtsführung eine der effektivsten Techniken zur Reduktion schulischer Erziehungsschwierigkeiten. Er nennt sie „withitness", was sich im Deutschen mit „Umsicht und Geistesgegenwart" umschreiben läßt (vgl. S. 159f.). Völlig unabhängig von Kounin kamen Jones und Miller (1974) sowie Jones und Eimers (1975) in zwei experimentellen Studien zu einem ähnlichen Ergebnis. Nachdem sie Lehrer trainiert hatten, bei Störverhalten mit kurzen Aufforderungen oder den entsprechenden nicht-verbalen Ausdrucksweisen zu reagieren, waren diese in der Lage, die Unterrichtsstörungen in ihren Klassen erheblich (d. h. zwischen 40 und 80%) zu reduzieren.

Kounin interpretiert die Wirkung von „withitness" folgendermaßen: Ein Lehrer, der diese Technik der Verhaltenssteuerung beherrscht, gilt bei den Schülern als jemand, der „die Augen überall hat und der weiß, was in der Klasse vor sich geht. Bei einem solchen Lehrer

werden sich die Schüler eher an die Regeln halten als bei einem, der nach ihrer Meinung ahnungslos ist“ (Kounin 1970, S. 91; 1976, S. 100).
Rasches Eingreifen bei Störverhalten läßt sich jedoch auch lerntheoretisch als Extinktion oder Strafe interpretieren. Es handelt sich um eine Extinktion, wenn das Eingreifen eine ganze Kette von Interaktionen unterbricht, die als Verstärkung wirkten, z.B. amüsante Unterhaltungen während des Unterrichts. Es wirkt im Sinne einer Strafe, wenn es ohne zeitliche Verzögerung unmittelbar kontingent auf das unerwünschte Verhalten erfolgt. Walters, Parke und Cane (1965) konnten nachweisen, daß eine Strafe, die am Anfang einer Reihe zusammenhängender Verhaltensweisen auftritt, das Wiederholen dieser Verhaltensweisen sehr viel zuverlässiger verhindert als eine spätere Strafe. Die Wahl des richtigen Zeitpunkts für das Eingreifen ist also auch vom lerntheoretischen Standpunkt aus von entscheidender Bedeutung.

Es sollten auch die Grenzen dieser Technik nicht übersehen werden. Nach den Untersuchungen von Kounin sowie Jones und Mitarbeitern ist sie vor allem wirksam bei Verstößen gegen die Klassenordnung und gegen Arbeitsanforderungen, die nicht schwerwiegend sind, aber dafür sehr häufig vorkommen, z.B. Schwätzen, Träumen und Unaufmerksamkeit (vgl. Kapitel 8). Es ist unwahrscheinlich, daß diese Methode bei schwereren Regelverstößen ebenso effektiv ist.

Rasches Eingreifen bei Störverhalten ist eine relativ schwierige pädagogische Technik. Wenn sie erfolgreich angewandt werden soll, setzt sie eine Reihe von Fertigkeiten voraus:

1. Der Lehrer muß in der Lage sein, seine Aufmerksamkeit zu „teilen“, d.h. während er unterrichtet, muß er sofort bemerken, wo sich eine Störung entwickelt und wer ihr Urheber ist.
2. Er muß über ein gewisses Repertoire an ganz kurzen Signalen verfügen, die dem Schüler zu verstehen geben, daß er gegen die Regeln verstoßen hat.
3. Der Lehrer muß sich sofort entscheiden, ob die Störung überhaupt ein Eingreifen erfordert oder besser ignoriert werden soll, und seine Entscheidung rasch in die Tat umsetzen.

Punkteabzug und kurze Isolation

Zwei Maßnahmen, deren Wirksamkeit im Rahmen von verhaltenstherapeutischen Experimenten in Schulklassen häufig untersucht worden ist, sind Punkteabzug („response cost“) und soziale Isolation („time-out“ oder „social isolation“, vgl. Drabman und Spitalnik 1973).
Der *Punkteabzug* erwies sich in verschiedenen Untersuchungen als eine wirksame Maßnahme zur Reduktion von Verhaltensstörungen (McNamara 1971; Kazdin 1972). Im Vergleich zu anderen Strafen, die in der Schule eingesetzt werden, hat er auch kaum unerwünschte Nebenwirkungen. Er kann auf zwei verschiedene Weisen durchgeführt werden: Erstens in der Form von

Tokensystemen, die im 29. Kapitel ausführlich behandelt werden. Dabei können die Schüler sowohl Punkte gewinnen wie Punkte verlieren. In einer zweiten Variante dieses Verfahrens erhalten die Schüler zu Beginn jedes Unterrichtstages eine feste Anzahl von Punkten, die sie verlieren, wenn sie gegen die Regeln verstoßen. Die Punkte stellen einen Wert für die Schüler dar, z.B. verlängerte Pause, eine längere Turnstunde oder Vorlesezeit. Durch den Abzug von Punkten geht davon jeweils ein bestimmter Anteil verloren. Kaufman und O'Leary (1972) haben gezeigt, daß die zweite Form des Punkteabzugs ebenso erfolgreich sein kann wie ein Tokensystem, aber organisatorisch weniger aufwendig ist. Schwierigkeiten mit diesem System ergeben sich allerdings dann, wenn die Schüler schon nach kurzer Zeit alle Punkte verloren haben oder wenn es einzelnen gleichgültig ist, ob sie Punkte verlieren oder nicht (Burchard und Barrera 1972, S. 280).
Soziale Isolation ist die härteste Strafmaßnahme, deren Effektivität in Schulen systematisch untersucht worden ist. Sie ist jedoch immer noch eine mildere Strafe als viele andere pädagogische Disziplinierungsmaßnahmen, z.B. Arrest und lange Strafaufgaben. Experimente haben nachgewiesen, daß schon eine Isolation zwischen 5 und 15 Minuten Dauer zur Beendigung und Reduktion von Erziehungsschwierigkeiten beitragen kann (Walker, Mattson u.a. 1969; Pendergrass 1972; Drabman und Spitalnik 1973).

Die Schwierigkeiten beim Einsatz von sozialer Isolation in Schulen liegen vor allem in der praktischen Durchführung: Die Bedingungen sozialer Isolation wären eigentlich erst dann voll erfüllt, wenn der Schüler die Zeit in einem leeren Raum verbringen würde. Das läßt sich aber in den meisten Schulen nicht durchführen. Manche Lehrer schicken diese Schüler deshalb für kurze Zeit auf den Flur oder in eine andere Klasse. Beide Lösungen sind nicht unproblematisch: Beim Aufenthalt des Schülers auf dem Flur verletzt der Lehrer seine Aufsichtspflicht; schickt er den Schüler in eine andere Klasse, so dauert seine Abwesenheit meist länger als einige Minuten, und der Schüler versäumt seinen eigentlichen Unterricht. Viele Lehrer nehmen diese Nachteile allerdings in Kauf, weil die soziale Isolation trotz allem noch eine relativ unschädliche und doch effektive Strafmaßnahme ist.

Unerwünschte Nebenwirkungen häufiger und harter Strafmaßnahmen

Nach der Meinung vieler Eltern und mancher Lehrer lassen sich Erziehungsschwierigkeiten nur durch häufiges und hartes Strafen (körperliche Züchtigung, Arrest oder lange Strafarbeiten u.a.) abbauen. Im gesamten 6. Teil dieses Buches wird gezeigt, daß es eine große Zahl von Alternativen zu harten Strafmaßnahmen gibt und daß die oben zitierte Auffassung deshalb nicht zutrifft. Andererseits stimmt es auch nicht, daß Strafen für eine dauerhafte Verhaltensänderung überhaupt ungeeignet sind, wie es von manchen Lerntheoretikern lange Zeit behauptet wurde. Wenn Strafen gemäß den Lerngesetzen angewandt werden, sind sie sogar sehr effektive Maßnahmen zur Reduktion von Verhaltensstörungen (Bandura 1969, S. 293f.; MacMillan, Forness und Trumbull 1973).

Wenn in diesem Buch trotzdem vom häufigen Gebrauch harter Strafmaßnahmen abgeraten wird, so geschieht das deshalb, weil die Anwendung harter Strafen bei Kindern wegen einer Reihe unerwünschter Nebenwirkungen nur in extremen Ausnahmefällen zu rechtfertigen ist:

1. Bei häufigem Gebrauch harter Strafen tritt mit der Zeit ein Gewöhnungseffekt ein, so daß die Strafe ihre Wirksamkeit verliert (Azrin und Holz 1966, S. 411). Das führt dann nicht selten dazu, daß immer noch härtere Strafen eingesetzt werden.
2. Häufige harte Strafen bewirken oft, daß der Schüler Vermeidungsverhalten entwickelt, z.B. die Schule schwänzt oder der Strafe durch Lügen und Heuchelei auszuweichen versucht.
3. Manche Strafen wie öffentliches Blamieren, Ironie oder Sarkasmus beeinträchtigen in hohem Maß das Selbstwertgefühl des Schülers und führen zu persönlicher Unsicherheit und Abneigung gegen die Schule (Tausch und Tausch 1970, S. 161 und 383).
4. Strafen erzeugen Angst (Bandura 1969, S. 346). Bei Kindern, deren Hauptproblem ohnehin in Ängstlichkeit besteht, z.B. in echter Schulangst oder Bewertungsangst, sind Strafen deshalb als Erziehungsmaßnahme völlig ungeeignet (Hill 1972, S. 259).

28. Die Problemanalyse als Entscheidungsgrundlage für längerfristige Maßnahmen zur Reduktion von Erziehungsschwierigkeiten

Oft reichen die präventiven und unmittelbaren Maßnahmen nicht aus, um das Auftreten von Erziehungsschwierigkeiten zu verhindern. In solchen Fällen ist es notwendig, das Problem zu analysieren und längerfristige Maßnahmen zu planen.

In diesem Kapitel soll eine Problemlösungsstrategie vorgestellt werden, die sich im wesentlichen aus drei Schritten zusammensetzt. Der erste Schritt besteht aus einer genauen Problembeschreibung. Diese ist die Voraussetzung für alle weiteren Analysen und für die Planung von Maßnahmen.

Im zweiten Schritt geht es um eine Analyse der Ursachen von Erziehungsschwierigkeiten. Die möglichen Ursachen werden hier in drei Gruppen eingeteilt: 1. Ursachen für die Bezeichnung einer Verhaltensweise als „Erziehungsschwierigkeit", z. B. schulische Normen, subjektive Verhaltenserwartungen und emotionale Reaktionen des Lehrers. 2. Ursachen für das Verhalten, die sich vom Lehrer selber kaum verändern lassen, z. B. organische Ursachen, geringe Intelligenz und häusliche Umweltbedingungen. 3. Ursachen für das Verhalten, die in der Schule vorkommen und auf die der Lehrer einen Einfluß hat. Bei diesem zweiten Schritt steht die Frage im Mittelpunkt, wie der Lehrer in kurzer Zeit und trotz seiner begrenzten diagnostischen Möglichkeiten ausreichende Information über die möglichen Ursachen einer bestimmten Erziehungsschwierigkeit bekommen kann.

Der dritte Schritt besteht zunächst darin, sich einen Überblick über die verschiedenen Alternativen zur Lösung des Problems zu verschaffen und anschließend an Hand der Problembeschreibung und Ursachenanalyse eine geeignete Lösung auszuwählen. Folgende Problemlösungsmöglichkeiten werden zur Sprache kommen: 1. die Änderung der Verhaltenserwartungen des Lehrers, 2. die Beteiligung anderer Personen an einer Verhaltensänderung des Schülers, 3. Verhaltensänderung durch eine Veränderung der Umweltursachen in der Schule und 4. Verhaltensänderung durch Verstärkung adäquaten Verhaltens. Die Möglichkeiten eins bis drei werden in Zusammenhang mit der Analyse der Ursachen erörtert. Die vierte Alternative wird im nächsten Kapitel behandelt.

Die Problembeschreibung

Die Vielzahl der Aufgaben, die ein Lehrer während des Unterrichts zu bewältigen hat, und die große Zahl der Eindrücke, die er in dieser Zeit verarbeiten muß, bringen es mit sich, daß er von den Erziehungsschwierigkeiten eines einzelnen Schülers oft nur ein diffuses Problembewußtsein hat. Dieses reicht in der Regel nicht aus, um systematische Maßnahmen zur Verhaltensänderung des Schülers planen zu können, gleichgültig, ob er diese Maßnahmen selber durchführen oder an andere deligieren will.
Der Ausgangspunkt einer systematischen Problemanalyse besteht deshalb meist in einer genauen Beschreibung des Problems und seines Umfelds. Eine solche Beschreibung sollte folgende Angaben enthalten: eine knappe Darstellung der Situation, in der die Verhaltensstörung in der Regel auftritt; eine genaue und konkrete Beschreibung der Erziehungsschwierigkeiten, um die es geht; eine ungefähre Angabe über ihre Häufigkeit und eine Information über die emotionale Reaktion des Lehrers. Wenn es nicht ohnehin aus dem Zusammenhang klar ist, sollte ebenfalls die Verhaltensregel formuliert werden, gegen die das Kind verstößt. Falls das Verhalten des Kindes auch systematisch beobachtet werden soll, kann man der genauen Problembeschreibung die Form einer operationalen Definition geben O'Leary und O'Leary 1972, S. 628; Sulzer und Mayer 1972, S. 4). Das entscheidende Merkmal einer guten Problembeschreibung ist eine genaue Eingrenzung des Problems: Worin genau besteht es? Wann, wo und wie häufig tritt es auf? Wenn diese Fragen geklärt sind, ist die Grundlage für eine Problemlösung gegeben, und es läßt sich nachträglich entscheiden, ob sie erfolgreich war oder nicht.

Bei der Problembeschreibung wird häufig eine Reihe charakteristischer Fehler gemacht, die den Erfolg der Problemanalyse gefährden:

1. Die Problembeschreibung bezieht sich auf Eigenschaften („Rolf hat einen labilen Charakter") statt auf Verhaltensweisen („Er hat zweimal Geld gestohlen").
2. Die Problembeschreibung enthält Interpretationen des Verhaltens oder vorschnelle Folgerungen („Peter *will* nicht arbeiten" statt „Er fängt erst nach mehreren Aufforderungen mit seinen Rechenaufgaben an").
3. Die Beschreibung enthält vorschnelle Verallgemeinerungen („Hans paßt *nie* auf" statt „Er paßt im Mathematikunterricht während des Lehrvortrags häufig nicht auf").
4. Auffällige Verhaltensweisen (z.B. Provokationen des Lehrers) werden überbewertet, unauffällige Verhaltensstörungen (z.B. Träumen und Unaufmerksamkeit) werden übersehen.
5. Es werden nicht das Verhalten des Schülers und die emotionale Reaktion des Lehrers beschrieben, sondern nur die pädagogischen Maßnahmen des Lehrers („Markus muß oft ermahnt werden").

Die genaue Problembeschreibung trägt dazu bei, das Problem mit seinen verschiedenen Aspekten (Verhalten des Schülers; Situation, in der das

Verhalten auftritt; schulische Normen; Anwendung der Normen und emotionalen Reaktion des Lehrers) möglichst objektiv und vorurteilsfrei zu sehen. Sie verhindert vorschnelle Verallgemeinerungen und Interpretationen, die oft einer späteren Problemlösung im Weg stehen.

Die Frage nach den zugrundeliegenden Normen und ihrer Anwendung

Was bei der Beschreibung einer Erziehungsschwierigkeit den meisten Beteiligten gleich in den Sinn kommt, sind das Verhalten des Schülers und die Reaktion des Lehrers. Wie im 2. und 14. Kapitel gezeigt wurde, genügen diese beiden Elemente jedoch nicht, um eine Erziehungsschwierigkeit zu konstituieren. Eine Erziehungsschwierigkeit ist immer auch ein Regelverstoß oder – anders ausgedrückt – ein Konflikt zwischen der Verhaltenserwartung eines Lehrers und dem Verhalten eines Schülers. Dieser Konflikt kann nicht dadurch gelöst werden, daß der Schüler sein Verhalten ändert. Auch der Lehrer kann seine Erwartungen revidieren.
Eine Änderung der Erwartungen ist insbesondere dann nötig, wenn die Regel, gegen die der Schüler verstoßen hat, vom Schulrecht her nicht legitimiert werden kann, pädagogisch fragwürdig oder sehr ungebräuchlich ist. Illegitim ist z. B. das selten formulierte, aber vielen Schülern aufgrund entsprechender Erfahrungen deutlich bewußte Verbot, Lehrer zu kritisieren oder abweichende Meinungen zu vertreten. Illegitim sind ferner Vorschriften über Kleidung, Haartracht, Gebrauch von Kosmetika oder über das Verhalten außerhalb der Schule (z. B. politische Betätigung). (Vgl. Kapitel 14.)
Früher sehr verbreitet, aber inzwischen veraltet sind gewisse „Etiketteregeln" wie das Aufstehen beim Geben einer Antwort oder das Begrüßen des Lehrers zu Beginn der Stunde. Auch Verhaltenserwartungen, die allgemein üblich sind, sollten immer wieder auf ihren pädagogischen Wert hin überprüft werden. Ein Beispiel dafür ist das generelle Redeverbot während des Unterrichts mit Ausnahme der Partner- oder Gruppenarbeit. Sicherlich gibt es Situationen, in denen es notwendig ist, daß die Klasse sich ruhig verhält, z. B. bei Tests, wichtige Erklärungen usw. In anderen Unterrichtssituationen wird die Arbeitsleistung der Schüler aber höchstens geringfügig beeinträchtigt, wenn sie sich während der Arbeit miteinander unterhalten (McKinney, Mason u. a. 1975). Die negativen Auswirkungen verschiedener Formen der Unaufmerksamkeit, z. B. Träumen und in der Klasse umherschauen, sind in bezug auf den Lernerfolg viel schwerwiegender (Cobb 1972; McKinney, Mason u. a. 1975). Ein Lehrer sollte sich deshalb selbstkritisch fragen, ob er seine Verhaltenserwartungen danach

orientiert, was seinen Schülern nützt, oder eher nach dem, was ihn subjektiv stört.
Nicht selten bezeichnet ein Lehrer ungewöhnlich viele Verhaltensweisen als Erziehungsschwierigkeiten, weil er die schulischen Normen generell so streng anwendet, daß jede kleine Unregelmäßigkeit eines Schülers zu einem Regelverstoß wird. Eine solche Erziehungsauffassung kann bedingt sein durch eigene Unsicherheit oder durch die Angst, von den Schülern wie von Feinden bedroht zu werden (vgl. S. 112). Zur Selbstkontrolle in diesem Punkt eignet sich am ehesten ein Gespräch mit einem Kollegen oder, falls es sich ermöglichen läßt, mit einem psychologischen Berater.

Fragen nach Veranlagung, organischen Ursachen und Umweltursachen in der Familie

Die Ursachen für Erziehungsschwierigkeiten, um die es hier geht, lassen sich von Lehrern nur schwer beeinflussen. Sie sollten aus einer Reihe von Gründen trotzdem bei einer Problemanalyse berücksichtigt werden:

1. Ein Wissen um diese Ursachen macht dem Pädagogen und Therapeuten die Grenzen seiner Einflußmöglichkeiten bewußt.
2. Dieses Wissen kann dazu beitragen, Schwierigkeiten mit einem Schüler besser verstehen und unter Umständen auch tolerieren zu können.
3. Manche der hier behandelten Ursachen können in Zusammenarbeit mit Eltern, Ärzten, Psychologen oder Sozialarbeiter angegangen werden.

Folgende *Dispositionen* gelten als teilweise anlagebedingt und stehen in Zusammenhang mit dem Auftreten von Erziehungsschwierigkeiten in der Schule: niedrige Intelligenz, extreme Ausprägungen der Reaktionsbereitschaft des autonomen Nervensystems (insbesondere „Angstbereitschaft"), geringe Kontaktfähigkeit sowie motorische Hyperaktivität und kognitive Impulsivität (vgl. Kapitel 17).
Auf die Frage, wie ein Lehrer ermitteln kann, ob eine Erziehungsschwierigkeit teilweise durch Veranlagung bedingt ist, läßt sich zur Zeit keine befriedigende Antwort geben. Auch die Wissenschaft ist noch nicht in der Lage, genau abzuschätzen, in welchem Umfang das Verhalten eines Individuums durch Erbfaktoren determiniert wird. Es müssen deshalb zwei Hinweise genügen: Erstens ist keine der genannten Dispositionen ausschließlich durch Vererbung verursacht, und zweitens reicht es in der Praxis meist zu wissen, ob ein Kind ein bestimmtes Verhaltensmuster, z.B. Hyperaktivität, schon von klein an gezeigt

hat, um abschätzen zu können, ob es eher auf Veranlagung bzw. langfristigen Umwelteinflüssen oder auf gegenwärtigen situativen Faktoren beruht.
Wenn die Verhaltensstörung des Kindes wahrscheinlich auf Überforderung, Lernstörungen oder niedriger Intelligenz beruhen, sind entweder spezielle Fördermaßnahmen (z.B. innere und äußere Differenzierung, Legasthenieunterricht bzw. Nachhilfeunterricht) oder die Überweisung in eine Sonderschule für Lernbehinderte angezeigt (vgl. S. 217f.).
Bei Kontaktschwierigkeiten und Ängsten von Kindern kann eine psychologische Beratung der Eltern, z.B. in einer Erziehungsberatungsstelle, Fortschritte bringen (vgl. S. 211f.). Bei impulsiven und hyperaktiven Kindern haben sich sowohl pädagogisch-therapeutische Maßnahmen bewährt (Wagner 1976; Ayllon, Layman und Kandel 1975) als auch die ärztliche Behandlung mit Medikamenten (vgl. S. 213f.). Zum besseren Verständnis der Probleme und unter Umständen zu einer Änderung der Verhaltenserwartungen gegenüber einem solchen Kind trägt es bei, wenn man weiß, daß seine Familie in schwierigen sozialen Verhältnissen lebt, es häufig Streit zwischen den Eltern gibt, ein Elternteil Alkoholiker ist oder die Eltern sich gerade getrennt haben.
Informationen, die wichtig sind, um Eltern besser beraten zu können, sind unter anderem folgende: Haben die Eltern unrealistisch hohe Leistungserwartungen an ihr Kind oder üben sie zu wenig Kontrolle aus, insbesondere hinsichtlich der Hausaufgaben? Glauben die Eltern, ihr Kind nur durch harte Strafmaßnahmen lenken zu können? Zeigen die Eltern ihrem Kind zu wenig, daß sie das in der Schule Gelernte für wichtig halten, oder wird zu Hause zu viel von Noten geredet? Einblicke in die häusliche Situation und in die Einstellungen der Eltern gewinnt der Lehrer durch Gespräche mit dem Schüler selbst oder mit den Eltern (vgl. S. 209f.).

Die Frage nach Ursachen von Erziehungsschwierigkeiten in der Schule

Es geht im folgenden in erster Linie um Ursachen als „regulative Prozesse", d.h. um die auslösenden Bedingungen und Verstärker von Erziehungsschwierigkeiten (vgl. S. 168f.). Außerdem soll gezeigt werden, wie eine Kenntnis dieser Ursachen dazu verhelfen kann, die traditionellen pädagogischen Maßnahmen zur Reduktion von Erziehungsschwierigkeiten gezielter einzusetzen. Um sich von diesen Ursachen ein genaues Bild machen zu können, stehen dem Lehrer drei Methoden zur Informationssammlung zur Verfügung: die Beobachtung des Schülers, ein Gespräch mit diesem oder die Beobachtung des eigenen Verhaltens.
Durch direkte *Beobachtung* des Schülers lassen sich vor allem einige Auslöser

und Verstärker von Erziehungsschwierigkeiten feststellen. Es wäre z. B. zu fragen, ob das problematische Verhalten immer wieder von einer ähnlichen Reizkonstellation ausgelöst wird, z. B. durch das Zusammensein mit bestimmten Klassenkameraden oder durch bestimmte Gegenstände, die der Schüler von zu Hause mitgebracht hat. Ebenfalls kann man beobachten, ob die Erziehungsschwierigkeiten durch das negative Vorbild eines Klassenkameraden oder durch Anstiftung zustande kommen. Es läßt sich so auch ermitteln, ob eine Verhaltensstörung positiv verstärkt wird durch bewundernde Blicke der Klassenkameraden bzw. durch Beachtung und gelegentliches Nachgeben des Lehrers oder negativ verstärkt wird, indem sie dem Schüler hilft, schwierigen oder langweiligen Aufgaben auszuweichen.

Sollten in diesem Bereich tatsächlich auslösende oder aufrechterhaltende Bedingungen gefunden werden, bieten sich nicht selten ganz einfache und naheliegende Lösungen an, z. B. Trennung von Schülern durch Änderung der Sitzordnung, Wegschließen von Gegenständen, Bestrafung der Anstifter und nicht nur ihrer „ausführenden Organe" oder konsequentes Ignorieren von Provokationen. Wenn das störende Verhalten jedoch durch die Aufmerksamkeit der Klassenkameraden oder durch negative Verstärkung aufrechterhalten wird, sind diese Methoden weniger geeignet. Eine systematische Anwendung pädagogischer Verhaltensmodifikation, wie sie im nächsten Kapitel geschildert wird, verspricht hier mehr Erfolg.

Die zweite Methode der Informationssammlung ist das *Gespräch mit dem Schüler.* Um die Ursachen des Problemereignisses aus seiner Sicht zu erfassen, hat sich die von Redl (1971, S. 55f.) und Morse (1971, S. 485f.) beschriebene Methode des „situationsbezogenen therapeutischen Gesprächs" in der Praxis bewährt.

Das „situationsbezogene therapeutische Gespräch" geht normalerweise von einem konkreten Konfliktfall aus. Der Lehrer wartet deshalb am besten, bis ein Ereignis ihm besonders geeignet erscheint, um mit dem Schüler darüber zu sprechen. Das Gespräch sollte, wenn irgendwie möglich, unter vier Augen stattfinden, entweder in einer Pause oder nach der Schule. Der Lehrer versucht in dem Gespräch zunächst zu klären, was vorgefallen ist, und zwar so, wie der Schüler es wahrgenommen hat. Durch Fragen und „aktives Zuhören" versucht er dabei, auch an die Gefühle des Schülers heranzukommen. Es wird zunächst nicht diskutiert, was richtig oder falsch, was verboten oder erlaubt war, sondern nur, wie sich das Ereignis aus der Sicht des Schülers zugetragen, wie es in der Perspektive der anderen Beteiligten war und was sich objektiv feststellen läßt, z. B. die Folgen. Auf diese diagnostische Phase des Gesprächs folgt eine Lösungsphase. Zunächst legt der Erwachsene seine Sicht der Dinge dar: die Implikationen des Verhaltens, die vorgegebenen Normen und seine persönlichen Erwartungen. Dann versucht er gemeinsam mit dem Schüler, eine Lösung zu erarbeiten und ihm auch gegebenenfalls klarzumachen, welche negativen Konsequenzen sein Verhalten haben kann.

In dem Gespräch mit dem Schüler kann z. B. deutlich werden, daß bestimmte Umweltbedingungen in der Klasse für ihn „aversiv" sind und daß dadurch seine Erziehungsschwierigkeiten ausgelöst wurden. Zu solchen „aversiven Bedingungen" zählen immer wieder Überforderung, Langeweile, das Gefühl ungerecht behandelt oder von den Mitschülern gereizt oder verspottet zu werden. In diesem Gespräch kann sich auch herausstellen, daß gewisse Personen, Situationen oder Gegenstände bei dem Schüler starke emotionale Reaktionen auslösen.

Emotional gesteuertes Verhalten wie Angst und Wut läßt sich nur schwer beinflussen. Wenn der Lehrer aber weiß, wodurch dieses Verhalten ausgelöst wird, lassen sich die Situationen, in denen es auftritt manchmal vermeiden. Ähnliches gilt für den Abbau oder die Vermeidung aversiver Umweltreize. Um Langeweile und Überforderung auszuschalten, kommen didaktische Maßnahmen in Betracht, z. B. selbständige Projektarbeit oder Differenzierung und individuelle Hilfe (vgl. Kapitel 27). Am schwierigsten ist eine Lösung, wenn das Problem durch das Verhalten der Klassenkameraden verursacht wird. Manchmal ist es möglich, ein Gespräch mit der ganzen Klasse über das Problem in die Wege zu leiten oder den Schülern alternative Verhaltensweisen aufzuzeigen, z. B. sich entschuldigen, wenn man einen Kameraden verlezt hat, oder nachfragen, wenn man sich angegriffen fühlt, ob der andere überhaupt angreifen wollte.

Die dritte Methode der Informationssammlung, die Lehrern zur Verfügung steht, um die Auslöser und Verstärker problematischen Schülerverhaltens kennenzulernen, ist die *Beobachtung des eigenen Verhaltens.* Durch die Selbstbeobachtung kann geklärt werden, ob der Lehrer manche Erziehungsschwierigkeiten durch sein Verhalten provoziert. Neben den schon erwähnten Faktoren wie Überforderung und Ungerechtigkeit können hier auch Modelleinflüsse eine Rolle spielen. „Als erregter, hektischer Lehrer kann man eine Klasse erregter, hektischer Kinder erwarten" (MacMillan 1975, S. 62).
Das Verhalten des Lehrers kann ebenfalls Ursache für verschiedene Verhaltensdefizite sein, z. B. Regelübertretungen aus Unkenntnis der Regeln oder Störungen des Arbeitsverhaltens aus Unfähigkeit zu selbständiger Einzelarbeit. Der Lehrer kann sich fragen, ob er dem betreffenden Schüler die Regeln oft und deutlich genug erklärt hat und ob er auch versucht hat, ihm den Sinn der Regeln und mögliche Konsequenzen von Regelverstößen nahezubringen (vgl. S. 125 f.). Bei Störungen des Arbeitsverhaltens wäre zu fragen, ob versucht wurde, den Schüler Arbeitstechniken in kleinen Schritten zu lehren, und ob er individuelle Hilfestellungen bekam, wenn er sie brauchte (vgl. S. 181 f.).
Schließlich können die Erziehungsschwierigkeiten auch darauf beruhen, daß vom Lehrer zu wenig auslösende Bedingungen oder zu wenig Verstärkung für adäquates Verhalten gegeben wurde. „Auslöser" für die Regelbefolgung im Unterricht sind neben einer abwechslungsreichen Stillarbeit (S. 161) und Kounin 1970, S. 137; 1976, S. 141) vor allem jene Faktoren, die zu einer guten Strukturierung des Unterrichtsablaufs beitragen: zügige Unterrichtsführung, reibungslose Übergänge und die „Kontinuität der Aufforderungsreize" (vgl. S. 177 f.). Zu wenig Verstärkung geben Lehrer ihren Schülern, wenn sie adäquates Arbeits- und Sozialverhalten der Schüler zu selten beachten und anerkennen (vgl. S. 179 f.).

29. Längerfristige systematische Maßnahmen des Lehrers: Verhaltensmodifikation durch Verstärkung adäquaten Verhaltens

Eine pädagogische Technik, die zwar auch schon immer gelegentlich praktiziert wurde, die man aber erst in letzter Zeit als Möglichkeit zur systematischen Verhaltensänderung erkannte, ist die Reduzierung von Erziehungsschwierigkeiten durch Verstärkung adäquaten Verhaltens. Die Ursachen der Verhaltensstörung werden hier nicht direkt angegangen, sondern es wird nur dafür gesorgt, daß adäquates Verhalten so effektiv wie möglich belohnt wird. Der große Vorteil dieser Technik ist es, daß sie auch dann noch erfolgreich angewendet werden kann, wenn die Ursachen der Erziehungsschwierigkeiten nicht bekannt sind oder wenn der Lehrer keinen Einfluß auf sie hat.

Die pädagogisch-therapeutischen Maßnahmen, von denen hier die Rede ist, sind unter der Bezeichnung „pädagogische Verhaltensmodifikation" bekannt geworden. Dieser Sprachgebrauch ist nicht ganz korrekt, da man unter „Verhaltensmodifikation" *jede* Maßnahme versteht, die unter Berücksichtigung der Lerngesetze versucht, Verhalten zu ändern (O'Leary und O'Leary 1972, S. 14). Dazu gehören fast alle der in diesem Buch erörterten pädagogisch-therapeutischen Techniken. Aus Gründen der Übersichtlichkeit soll der Ausdruck „Verhaltensmodifikation" hier für Methoden reserviert bleiben, die versuchen, erziehungsschwieriges Verhalten durch die Verstärkung adäquaten Verhaltens zu ändern.

Es gibt – formal betrachtet – zwei verschiedene Problemsituationen, in denen Erziehungsschwierigkeiten durch Verstärkung adäquaten Verhaltens abgebaut werden können. In der einen Situation besteht das Problem darin, daß ein Schüler eine *erwünschte* Verhaltensweise zu *selten* zeigt, z.B. zu seltener Kontakt zu seinen Klassenkameraden („Verhaltensdefizit"). Wenn die Verhaltensweise aber einmal auftritt, kann sie sofort vom Lehrer verstärkt werden. In der anderen Situation ist das Problem, daß der Schüler eine *unerwünschte* Verhaltensweise zu *häufig* zeigt, z.B. das Umherlaufen in der Klasse während des Unterrichts. In diesem Fall bestehen zwei Möglichkeiten der Verhaltensmodifikation: Entweder der Lehrer verstärkt den Schüler, wenn er das unerwünschte Verhalten einmal nicht zeigt. Diese Technik nennt man „differentielle Verstärkung niedriger Auftretenshäufigkeit", und sie wird relativ selten angewandt, weil sie den Schüler nur motiviert, etwas *nicht* zu tun. Die andere Methode besteht darin, eine Verhaltensweise zu finden, die mit dem unerwünschten Verhalten unvereinbar ist, und diese zu verstärken. Um auf das Beispiel von oben zurückzukommen: Nicht vereinbar mit „in der Klasse umherlaufen“ ist offensichtlich „auf dem Platz bleiben und arbeiten“. Man bezeichnet diese Form der Verhaltensmodifikation als „Verstärkung inkompatiblen Verhaltens“. Sie wird sehr häufig zur Reduktion von Erziehungsschwierigkeiten benutzt, und von ihr wird auch im folgenden hauptsächlich die Rede sein.

Die Auswahl der Verhaltensweise, die verstärkt werden soll

Für die erfolgreiche Durchführung einer Verhaltensmodifikation ist es notwendig, diejenige Verhaltensweise, die verstärkt werden soll, genau zu spezifizieren. Die im vorigen Kapitel erörterte Problembeschreibung ist zwar die Voraussetzung einer solchen Spezifikation, ist aber nur in wenigen Fällen, z. B. bei einigen Verhaltensdefiziten, mit ihr identisch. In der Mehrzahl der Fälle, in denen es darum geht, daß unerwünschtes Verhalten seltener auftritt, ist die Auswahl eines inkompatiblen Verhaltens ein eigenes Problem.

Selbst bei einem Verhaltensdefizit liegt die zu verstärkende Verhaltensweise nicht immer klar auf der Hand. Wenn das adäquate Verhalten so selten auftritt, daß es kaum jemals belohnt werden kann, müssen geeignete Zwischenschritte gefunden werden. Es ist z. B. notwendig, bei einem Kind, das nie mit Lehrern oder Klassenkameraden spricht, schon jede kleinste Zielannäherung zu verstärken, z. B. Anschauen, Näherkommen oder Kopfnicken auf eine vom Lehrer gestellte Frage.

Wenn das Problem darin besteht, daß eine Erziehungsschwierigkeit in Zukunft seltener vorkommen soll, muß eine Verhaltensweise gefunden werden, die mit der Erziehungsschwierigkeit unvereinbar ist und die an deren Stelle treten soll. Das ist oft nicht ganz einfach, denn welche Verhaltensweisen sind z. B. inkompatibel mit körperlichen Aggressionen oder mit Stehlen? Folgende Lösungen erwiesen sich in solchen Fällen als erfolgreich: Dem häufig stehlenden Kind übergab man die Verwaltung der Klassenkasse und lobte es oft für seine gewissenhafte Buchführung. Aggressive Kinder verstärkte man für gelegentliche Hilfsbereitschaft, Teilen, freundschaftliche Gespräche und Partnerarbeit. So konnte die Anzahl ihrer Aggressionen erheblich reduziert werden (Parke 1972, S. 281). Wahrscheinlich ändert sich durch eine solche Vorgehensweise nicht nur das Verhalten, sondern auch das Bild, das ein Kind von sich selber hat, denn plötzlich wird es von seiner Umwelt vor allem dann beachtet, wenn es sich hilfsbereit und kameradschaftlich verhält, und es bekommt überwiegend positive Rückmeldungen über das eigene Verhalten und die eigene Person (vgl. Bem 1972).

Einfacher als in den oben beschriebenen Fällen ist das Finden eines inkompatiblen Verhaltens dann, wenn das Problemverhalten aus einer oder mehreren Verhaltensweien besteht, die mit Arbeitsverhalten unvereinbar sind, z.B. Umherlaufen und Stören oder Unaufmerksamkeit. In zahlreichen Studien wurde nachgewiesen, daß sich diese Erziehungsschwierigkeiten reduzieren lassen, indem man Arbeitsverhalten verstärkte (Hall, Lund und Jackson 1968; Bushell, Wrobel und Michaelis 1968; Walker und Buckley 1968). Allerdings führte diese Vorgehensweise nicht immer dazu, daß sich auch die Schulleistung verbesserte (Ferritor, Buckholdt u.a. 1972). Man ging deshalb in letzter Zeit immer häufiger dazu über, direkt die Leistung zu verstärken, und erreichte dadurch eine Verbesserung der Leistung, eine Verbesserung des Arbeitsverhaltens und eine Abnahme der Unterrichtsstörungen (Ayllon und Roberts 1974).
Ebenso wie bei dem Problem der Verhaltensdefizite ist es aber auch hier nicht immer möglich, gleich diejenigen Verhaltensweisen zu verstärken, die man eigentlich anstrebt, z.B. Arbeitsverhalten oder die gute Leistung. Es müssen deshalb Zwischenschritte gefunden werden, die allmählich zu dem angestrebten Verhalten hinführen. Entscheidend ist hierbei nicht nur die Verstärkung des Kindes beim Erreichen jedes Zwischenziels, sondern auch, daß die Anforderungen, um Anerkennung oder eine greifbare Belohnung zu bekommen, ständig gesteigert werden („Verhaltensformung"). Um Kinder zu selbständigem Arbeitsverhalten zu führen, kann man z.B. folgende Zwischenziele wählen:

- auf dem Platz bleiben,
- auf Fragen und Aufforderungen des Lehrers reagieren,
- Befolgen einfacher Anweisungen,
- Arbeitsverhalten bei individueller Hilfestellung,
- kurzes selbständiges Arbeiten.

(Vgl. hierzu Hewett 1968, S. 115f.; Schumacher 1975, S. 84f.)

Die Auswahl der Verstärker

Der Versuch, die Häufigkeit erwünschten Verhaltens durch positive Verstärker zu steigern, ist in der Pädagogik nicht neu. Nur beschränkte man sich früher meist auf ein gelegentliches Lob und bei adäquaten Leistungen auf gute Noten. Ein *gelegentliches* Lob reicht jedoch nicht aus, um wirkungsvoll das Verhalten von Schülern zu beeinflussen. Gute Noten sind zwar – vor allem Schülern aus der Mittelschicht – wichtig; sie sind aber ebenfalls zu selten und auch wegen ihrer Bewertungsfunktion als Mittel zur Verhaltenssteuerung ungeeignet.
Es ist ein Verdienst der Forschungsarbeiten über pädagogische Verhaltensmo-

difikation, daß sie uns deutlich gemacht haben, wie vielfältig die Möglichkeiten sind, mit denen man Kinder für positives Verhalten verstärken kann.

Ich werde die verschiedenen Verstärker in Form eines Kontinuums bzw. einer Verstärker-Hierarchie darstellen. Dieses Kontinuum ist so zu verstehen: Die verschiedenen Stufen entsprechen pädagogischen Entwicklungsstufen. Es ist erzieherisch sinnvoll, Kinder ihrem Entwicklungsstand entsprechend zu verstärken, also sehr kleine oder retardierte Kinder eher mit Süßigkeiten und Grundschulkinder eher mit Anerkennung. Auf welchen Verstärker ein Kind anspricht, läßt sich allerdings von vornherein nicht sagen. Man muß es ausprobieren. Für diese Erprobung empfiehlt MacMillan (1975) bei einem entwicklungsmäßig höheren Verstärker (z.B. Lob) anzufangen und nur, wenn sich dieser als unwirksam erweist, auf einen primitiveren Verstärker (z.B. Bonbons oder Spielzeuge) zurückzugreifen. Auch sollte man nicht auf einer Stufe der Verstärkungschierarchie stehenbleiben, sondern im Laufe der Zeit primitivere Verstärker durch entwicklungsmäßig höhere ersetzen. Indem der Lehrer sich bemüht, die Schüler allmählich von rein äußeren Verstärkern zu einer interessen- und sachbezogenen Motivation zu führen, vermeidet er die Gefahren, die einer zu starken Abhängigkeit von äußerer Verstärkung innewohnen (MacMillan und Forness 1970; Forness 1973).

Als *primäre Verstärker* bezeichnet man diejenigen verstärkenden Reize, auf die jedermann aufgrund eines primären Triebes (Hunger, Durst) anspricht, also z. B. Nahrung oder Flüssigkeit. Primäre Verstärker setzen keinerlei Lernprozesse voraus, um wirksam werden zu können. Allerdings sind sie nur dann effektiv, wenn sich der Organismus in bezug auf dem Verstärker nicht in einem Zustand der „Sättigung" befindet. Die im pädagogischen Bereich üblichen primären Verstärker sind Süßigkeiten oder Obst. Der Einsatzbereich dieser Verstärker liegt vor allem in der Vorschule, den ersten Monaten der Grundschule und in der Sonderpädagogik.

Neben den primären Verstärkern werden noch andere *materielle Verstärker* zur Verhaltensmodifikation bei Kindern eingesetzt, z.B. Sternchen, Tier- oder Klebebilder. Ihre Effektivität bei der „Motivierung" von Kindern im Kindergarten- und Grundschulalter ist durch zahlreiche Untersuchungen nachgewiesen (Lipe und Jung 1971, S. 251f.). Oft sind diese materiellen Verstärker fast die einzige Möglichkeit, soziokulturell benachteiligte Kinder für die Arbeit in der Schule zu gewinnen.

Mit den materiellen Verstärkern sind in gewisser Hinsicht die sogenannten „*Tokens*" verwandt. Das sind Plastikchips, Spielzeugmarken oder Punkte, die sich gegen Süßigkeiten, Bilder, kleine Spielzeuge oder beliebte Tätigkeiten, sogenannte „Eintauschverstärker", einwechseln lassen. Die Ähnlichkeit zu den materiellen Verstärkern besteht darin, daß es sich auch hier um eine sichtbare und greifbare Form der Verstärkung handelt. Sie unterscheiden sich von den materiellen Verstärkern jedoch durch ihren Tauschwert und die dadurch gegebene größere Flexibilität.

Tokens haben gegenüber materiellen Verstärkern folgende Vorteile:

1. Es tritt keine „Sättigung“ mit Verstärkern auf. Jedes Kind hat einmal genug Süßigkeiten oder Bilder. Da die Tokens aber ein möglichst breites Angebot materieller Verstärker oder beliebter Tätigkeiten eingetauscht werden können, ist dieser Effekt hier nicht zu befürchten.
2. Die Eintauschverstärker können auf individuelle Bedürfnisse der Kinder eingestellt werden.
3. Bei der Verteilung von Süßigkeiten oder Bildern kommt es leicht zu einer Unterbrechung des Unterrichts, weil die Kinder sich diese gegenseitig zeigen, sie sofort anschauen bzw. essen wollen. Das ist bei Tokens, die erst nach dem Unterricht eingetauscht werden, nicht der Fall.
4. Die häufige Verteilung materieller Verstärker wird bald zu einem finanziellen Problem. Dieses Problem kann zwar auch bei Token-System auftauchen, braucht es aber nicht, wenn beliebte Tätigkeiten als Eintauschverstärker verwendet werden (McLaughlin und Malaby, 1972).
5. Token-Programme erlauben es, alle Kinder einer Klasse sehr häufig zu belohnen.
6. Die Verstärkung durch Tokens kann immer unmittelbar nach dem erwünschten Verhalten erfolgen, was nach den Lerngesetzen die Effektivität einer Verstärkung ganz erheblich steigert.

Aufgrund ihrer großen Flexibilität und immer wieder nachgewiesener Effizienz wurden Token-Programme in vielen amerikanischen Schulen (insbesondere aber in Sonderschulen) zur Bewältigung von Erziehungsschwierigkeiten eingesetzt (O'Leary und Drabman 1971; Kazdin und Bootzin 1972; Hippler und Scholz 1974). Token-Programme wurden mit Erfolg zur Verringerung des Störverhaltens mehrerer Kinder in einer Sonderklasse für Erziehungsschwierige gebraucht (O'Leary und Becker 1967), zur Verbesserung des Arbeitsverhaltens (Bushell, Wrobel und Michaelis 1968) und zur indirekten Reduktion von Erziehungsschwierigkeiten durch Verstärkung der Leistungen einzelner Schüler (Ayllon und Roberts 1974). Token-Programme eignen sich aber auch, um ganze Schulklassen, die sich in einem chaotischen Zustand befinden, unter Kontrolle zu bringen (Orme und Purnell 1968 vgl. auch S. 205 f.).

Eine praktische Anleitung zur Durchführung dieser Methode würde den Rahmen dieser Arbeit sprengen. Konkrete Hinweise findet man in dem Buch von Stainback u. a. (1973) und in den Aufsätzen von O'Leary und Drabman (1971) sowie insbesondere Drabman und Tucker (1974). Darstellungen in deutscher Sprache, die auch auf Probleme der praktischen Durchführung eingehen, enthalten die Bücher von MacMillan (1975, S. 127–150) und Kern 1974, S. 71–97). MacMillan gibt auch spezielle Anregungen für die Durchführung von Token-Programmen mit einzelnen Schülern (S. 161) und Kern für Token-Systeme mit Schülergruppen innerhalb einer Klasse (S. 73–83).

Auf einem ähnlichen Prinzip wie Token-Programme für einzelne Schüler beruht die Methode, zwischen dem Schüler einerseits und einem Lehrer oder den

Eltern andererseits einen Vertrag zu schließen. Auch hier wird das Verhalten genau festgelegt und die Belohnung, die der Schüler erhält, sobald er die Bedingungen des Vertrages erfüllt hat. Diese sogenannten *„Kontingenzverträge"* oder „Verhaltensverträge" werden auch erfolgreich mit älteren Schülern durchgeführt. Homme und seine Mitarbeiter geben eine praktische Anleitung für die Durchführung in ihrem Buch, das auch in deutscher Sprache erschienen ist (Homme u. a. 1974).

Die Anwendung von *Tätigkeitsverstärkern* beruht auf dem von Premack (1959) beschriebenen Prinzip, daß Verhaltensweisen eines Individuums mit hoher Auftretenswahrscheinlichkeit als Verstärker für Verhaltensweisen mit niedriger Auftretenswahrscheinlichkeit dienen können. Alltagssprachlich ausgedrückt: Beliebte Tätigkeiten können als Belohnung für weniger beliebte eingesetzt werden. Das Neue am „Premack-Prinzip" ist nicht die Idee an sich, sondern der experimentelle Nachweis, daß die Häufigkeit, mit der ein Individuum spontan eine Tätigkeit aufnimmt, einen Hinweis gibt auf deren Wirksamkeit als Verstärker.

Homme (1966) fand z. B. bei seiner Arbeit mit verhaltensgestörten Jugendlichen, die nur mit größter Schwierigkeit zu irgendwelchen schulischen Tätigkeiten zu bewegen waren, daß sich einige von ihnen häufig einen programmierten Russischlehrgang anschauten. Die Möglichkeit zum Erlernen der russischen Sprache wurde daraufhin erfolgreich als Verstärker eingesetzt, um diese Jugendlichen zum Lösen ihrer Rechenaufgaben zu bringen.

Auch bei Schülern im Grundschulalter findet man Tätigkeiten, von denen man auf den ersten Blick nicht vermuten würde, daß man sie als Verstärker einsetzen kann, z. B. die Tafel wischen, dem Lehrer beim Aufräumen helfen, als Bote dienen oder Hefte austeilen. In Klassen mit einem flexiblen Stundenplan können beliebte Fächer wie Sport oder Werken als Gruppenverstärker für gute Mitarbeit in den weniger beliebten Fächern eingesetzt erden. Der am häufigsten angewandte Tätigkeitsverstärker ist jedoch zusätzliche Spielzeit oder Freizeit zum Lesen oder Anfertigen der Hausaufgaben (Lovitt u. a. 1969; Osborne 1969; Hopkins u. a. 1971). Praktische Hinweise für die Arbeit mit Tätigkeitsverstärkern finden sich in den Büchern von Krumboltz und Thoreson (1969, S. 43–45), Becker u. a. (1971, S. 134), Sulzer und Mayer (1972, S. 32–35), Kern (1974, S. 140), MacMillan (1975, S. 160) sowie Blackham und Silberman (1975, S. 208–214).

Als positive *soziale Verstärker* bezeichnet man die verschiedenen Formen sozialer Zuwendung, die zu einer höheren Auftretenswahrscheinlichkeit der ihnen vorausgehenden Verhaltensweisen führen. Während verbale Formen der Zuwendung, z. B. Lob, zu den „klassischen" Formen erzieherischer Einflußnahme gehören, sind die nicht-verbalen Formen bisher noch relativ selten auf ihre Wirksamkeit untersucht worden. Dabei bieten gerade Mimik und Körpersprache eine Fülle von Möglichkeiten: als freundlicher Gesichtsausdruck (Anlächeln, Zublinzeln, Lachen, Zunicken), in der Form körperlicher Nähe (bei einem Kind stehenbleiben, seine Arbeit beachten) oder als Körperkontakt (dem Kind die Hand auf die Schulter legen oder ihm über das Haar streichen). Dies sind bei vielen Schülern, allerdings nicht bei allen, wirkungsvolle Verstärker. Es ist möglich, allein mit Hilfe nicht-verbaler Zuwendung das Verhalten von Schülern zu beeinflussen (Kazdin, Silverman und Sittler 1975). Häufiger untersucht wurde jedoch nicht-verbale Zuwendung in Verbindung mit Lob (Becker, Madsen, Arnold und Thomas 1967; Hall, Lund und Jackson 1968; Kazdin und Klock 1973). In zahlreichen experimentellen Untersuchungen wurde auch nachgewiesen, daß Lob allein zur Änderung erziehungsschwierigen Verhaltens geeignet ist (Hall, Panyan, Rabon und Broden 1968; McAllister, Stachowiak, Baer und Conderman 1969; Ward und Baker 1968).

Aufgrund der Erfahrungen in verschiedenen Untersuchungen lassen sich für die Anwendung von Lob als Verstärker für adäquates Verhalten folgende Regeln aufstellen:

1. Der Lehrer sollte sich durch sorgfältige Beobachtung üben, adäquates Verhalten – insbesondere von schwierigen Kindern – sofort zu erkennen.
2. Das Lob sollte so formuliert werden, daß das Kind genau weiß, wofür es gelobt wird. Wenn es nicht aus dem Kontext ganz klar ist, sollte das gelobte Verhalten ausdrücklich genannt werden („deskriptives Lob“).
3. Ein Lob sollte ehrlich sein. Um aber einen erziehungsschwierigen Schüler ehrlich loben zu können, muß man ihn an seinem bisherigen Verhalten messen und nicht am Klassendurchschnitt.
4. Man sollte es vermeiden, aus Gutmütigkeit oder Gedankenlosigkeit schlechte Leistungen zu loben, die *keine* Zielannäherung darstellen.
5. Wenn ein Kind dafür gelobt wird, daß es mit einem unerwünschten Verhalten *aufhört*, kann dadurch die gesamte unerwünschte Verhaltenssequenz verstärkt werden (Cahoon und Wenrich 1965).
6. Bei älteren Schülern ist es manchmal günstiger, sie nicht vor der Klasse zu loben, sondern eher leise, indem man zu ihnen hingeht, nach dem Unterricht mit ihnen spricht oder in Form von positiven Bemerkungen unter schriftlichen Arbeiten.

Eine weitere Form der sozialen Verstärkung ist das rein *informative Feedback* über das Verhalten oder die Leistung des Schülers.

Unter dem Terminus „Feedback“ versteht man ursprünglich die Rückmeldung in einem Regelkreis, die angibt, ob eine veränderliche Größe noch mit einem bestimmten „Sollwert“ übereinstimmt. Der Ausdruck hat sich auch in der Psychologie eingebürgert, um die Wirkung einer (meist kognitiv verstandenen) Rückmeldung auf das Verhalten zu kennzeichnen. Dem informativen Feedback fehlt im Unterschied zu den anderen sozialen Verstärkern das emotionale und das wertende Element. Es wird in ihm lediglich gesagt, ob eine Verhaltensweise das vorgegebene Ziel (oder die Norm) erreicht, verfehlt, sich angenähert oder davon entfernt hat.

Ein Beispiel für die Anwendung informativen Feedbacks gibt ein Lehrer, der einen Schüler auf richtige und falsche Lösungsansätze hinweist, während sich dieser an einer schwierigen Textaufgabe versucht. Untersuchungen haben gezeigt, daß Schüler wesentlich länger bei einer schwierigen Aufgabe durchhalten, wenn ihnen informatives Feedback gegeben wird (Travers 1973, S. 312).

Dabei ist das negative Feedback, also die Rückmeldung über die Fehler, oft noch wirksamer als das positive (Anderson und Faust 1973, S. 271). Diese Ergebnisse zeigen, daß auch negative Feedback als positiver Verstärker dienen kann. Für den Unterricht folgt daraus, daß die Rückmeldung über Fehler sich durchaus mit dem Grundsatz vereinbaren läßt, vor allem mit positiver Verstärkung zu arbeiten.

Am häufigsten wird das informative Feedback zur Verhaltensänderung bei Erwachsenen eingesetzt, z. B. bei Training im Sport, aber auch in steigendem Ausmaß zum Verhaltenstraining bei Lehrern, Eltern und Erziehern (Allen und Ryan 1972; Fuller und Manning 1973). Drabman und Lahey (1974) konnten zeigen, daß rein informatives Feedback auch zur Verhaltensmodifikation mit Erziehungsschwierigkeiten gebraucht werden kann.

Das informative Feedback wird in der Reihe der möglichen Verstärker an letzter Stelle genannt, weil es meines Erachtens eine besonders anspruchsvolle Form der Verstärkung ist. Es kann zwar effektiv sein, besonders beim Lernen neuer Verhaltensweisen, setzt aber ein größeres Maß an Bereitschaft zur Mitarbeit voraus als die anderen Formen der Verstärkung.

Die Auswahl der Personen, die verstärkt werden sollen

Es erscheint plausibel, immer nur denjenigen Schüler zu verstärken, dessen Verhalten geändert werden soll. Diese einfachste Lösung ist aber nicht immer die günstigste. Unter Umständen kann die Verhaltensänderung eher erreicht werden, wenn man statt dessen einen Banknachbarn belohnt („stellvertretende Verstärkung") oder die ganze Klasse („Gruppenverstärkung des Typus 1"). Zunächst soll die Möglichkeit, ein einzelnes Kind innerhalb eines Klassenverbandes zu verstärken, zur Sprache kommen.

Wenn empfohlen wird, ein einzelnes schwieriges Kind für adäquates Verhalten besonders häufig zu belohnen, wird von Lehrern oft der Einwand gebracht, die Mitschüler würden sich dadurch ungerecht behandelt fühlen und eventuell sogar Verhaltensstörungen zeigen, um auch in den Genuß der Verstärkung zu kommen. Christy (1975) ging dieser Frage nach, und erwartungsgemäß forderten die Kinder zunächst gleiche Behandlung, als nur *ein* Schüler für angemessenes Verhalten mit Süßigkeiten belohnt wurde. Nach wenigen Tagen hörten diese Forderungen auf, als die Lehrerin nicht darauf einging und den Schülern nur erklärte, daß sie mit dem betreffenden Schüler eine Abmachung getroffen habe. Das wichtigste Ergebnis aber war: Die Verstärkung eines einzelnen Kindes führte zu einer generellen *Verbesserung* im Betragen der anderen Schüler.

Zu ganz ähnlichen Ergebnissen kam eine Reihe anderer Untersuchungen, in

denen die Schüler mit Lob (Broden u. a 1970; Kazdin 1973), nicht-verbaler Zuwendung (Kazdin, Silverman u. a. 1975) oder informativem Feedback (Drabman und Lahey 1975) verstärkt wurden. In allen diesen Fällen zeigte sich, daß die nicht-verstärkten Schüler, die in der Nähe saßen und die Verstärkung beobachten konnten, ihr Verhalten zum positiven hin änderten.
Bandura (1971 c) interpretiert diesen Effekt, für den es auch aus Laboruntersuchungen zahlreiche Belege gibt, als *„stellvertretende Verstärkung“*. Unter einer positiven „stellvertretenden Verstärkung“ versteht man die Zunahme der Auftretenswahrscheinlichkeit eines Verhaltens, dessen positive Konsequenzen bei einem anderen beobachtet wurden.

Die stellvertretende Verstärkung kann unter bestimmten Bedingungen auch zur systematischen Verhaltensänderung eingesetzt werden:

1. Stellvertretende Verstärkung eines Banknachbarn ist besonders dann angebracht, wenn der erziehungsschwierige Schüler inkompatibles adäquates Verhalten sehr selten zeigt (Bandura 1971 d).
2. Stellvertretende Verstärkung ist im allgemeinen nicht geeignet, erwünschtes Verhalten bei dem nicht verstärkten Schüler über längere Zeit aufrechtzuerhalten (Bandura 1971 c, Christy 1975).
3. Beim Gebrauch nicht-verbaler sozialer Verstärker wird die stellvertretende Verstärkung erst dann wirksam, wenn man die Klasse auf das positive Verhalten des Schülers aufmerksam macht, bevor man ihn verstärkt (Kazdin, Silverman und Sittler 1975).

Noch relevanter für die pädagogische Arbeit als die stellvertretende Verstärkung sind die verschiedenen Formen der *„Gruppenverstärkung“*. Ihnen allen ist gemein, daß mehrere Schüler gleichzeitig in die Verhaltensmodifikation einbezogen werden. Man unterscheidet jedoch vier verschiedene Typen der Gruppenverstärkung.
Im ersten Typus werden alle Schüler verstärkt, wenn einer oder mehrere ausgewählte Schüler – deren Verhalten geändert werden soll – ein bestimmtes Leistungskriterium (z. B. eine bestimmte Zahl von Aufgaben) erreichen bzw. sich adäquat verhalten.

In der Untersuchung von Coleman (1970) wurden einzelne Kinder in sehr kurzen Abständen mit Süßigkeiten dafür belohnt, wenn sie auf dem Platz blieben und arbeiteten. Einen Teil dieser Belohnungen konnten sie nach dem Unterricht an ihre Klassenkameraden verteilen. Bei allen Schülern, bei denen diese Untersuchung durchgeführt wurde, zeigte sich eine erhebliche Verbesserung des Verhaltens.

Es ist unverkennbar, daß bei dieser Art der Verstärkung der Druck einkalkuliert ist, den die Gruppe auf den einzelnen ausübt, damit er sein Leistungskriterium erreicht. Viele Lehrer stehen dieser Art von Verstärkung deshalb skeptisch oder ablehnend gegenüber. Es gibt jedoch Situationen, in denen auch diese Vorgehensweise berechtigt sein kann, z. B. wenn die Verhaltensanalyse gezeigt hat, daß eine Erziehungsschwierigkeit ganz offensichtlich durch die Reaktion der Mitschüler aufrechterhalten wird. Die Aussicht auf eine Belohnung (z.B. auch in Form zusätzlicher Spielzeit) kann in solchen Fällen die Klassenkameraden dazu motivieren, das erziehungsschwierige Verhalten eines Schülers zumindest nicht ständig zu bewundern.

Ein offensichtlicher Nachteil der Gruppenverstärkung dieses Typs besteht darin, daß so nur die Verhaltensstörungen von einem oder sehr wenigen Problemschülern angegangen werden können.

Bei den folgenden Formen der Gruppenverstärkung geht es um die Verhaltensänderung von Schülern einer ganzen Klasse. Die einfachste und am häufigsten angewandte Methode besteht in der Verstärkung jedes einzelnen Schülers, sobald er das Kriterium erreicht („2. Typus der Gruppenverstärkung"). Im Grunde handelt es sich um eine Einzelverstärkung, die aber für alle Schüler erreichbar ist. Von „Gruppenverstärkung" kann man hier nur deshalb sprechen, weil das Leistungs- oder Verhaltenskriterium für alle Schüler gleich ist.

Beispiele für diese Form der Verstärkung sind die meisten mit einer ganzen Klasse durchgeführten Token-Programme (O'Leary und Drabman 1971). Die Vorteile dieser Methode gegenüber der Einzelverstärkung und der Gruppenverstärkung des 1. Typus sind die Möglichkeit zur Verhaltensmodifikation mehrerer Schüler gleichzeitig, das Vermeiden von Gruppendruck und die Möglichkeit, alle Schüler, die sich adäquat verhalten, zu belohnen. Besonders der letzte Punkt trägt zur Beliebtheit dieser Methode bei, weil sie deshalb als gerecht empfunden wird. Nachteile dieser Form der Verstärkung sind der verhältnismäßig große Aufwand und die Kosten (regelmäßiger Einkauf und Verteilung der Eintauschverstärker).

Bei dritten Typus der Gruppenverstärkung werden alle Schüler der Klasse belohnt, wenn die ganze Klasse ein Leistungs- oder Verhaltenskriterium erreicht hat. Die Feststellung, ob das Kriterium erreicht ist oder nicht, kann durch eine Einschätzung des Verhaltens der ganzen Klasse erfolgen, anhand eines Durchschnittswerts der Leistungen aller Schüler oder aufgrund des Verhaltens eines Schülers, der durch Losentscheid jeden Tag neu bestimmt wird.

Meistens wird das Kriterium am Verhalten der ganzen Klasse überprüft. Das ist z.B. der Fall, wenn ein Lehrer den Lärmpegel einschätzt und danach entscheidet, ob die Klasse zusätzliche Vorlesezeit gewinnt oder verliert. Für experimentelle Untersuchungen sind diese Einschätzungen nicht genau genug. Man verwendet deshalb zur Überprüfung des Lärmpegels akustische Meßgeräte.

In der Untersuchung von Schmidt und Ulrich (1969) erhielten die Schüler einer extrem unruhigen Klasse für alle zehn Minuten, in denen sie ruhig arbeiteten, zwei Minuten zusätzliche Zeit für ihre Sportstunde. Der Lärmpegel wurde mit Hilfe eines Schallmeßgerätes bestimmt. Sobald der Lärmpegel über 42 Dezibel stieg, ertönte ein Pfeifton, und der

Kurzzeitwecker, den man zur Bestimmung der Zehnminutenabstände benutzte, wurde auf seine Ausgangsposition zurückgestellt. Die durchschnittliche Lautstärke in dieser Klasse sank daraufhin von 52,5 auf 39 Dezibel[1].

In anderen Untersuchungen benutzte man statt eines solchen Verhaltenskriteriums ein Leistungskriterium. Z.B. wurde eine bestimmte Zahl von Aufgaben festgelegt, welche die Klasse erarbeiten mußte, um eine gemeinsame Belohnung zu erhalten. Um zu ermitteln, ob das Kriterium erreicht war oder nicht, errechnete man die durchschnittliche Zahl der von den einzelnen Schülern erledigten Aufgaben. Diese Methode wurde erfolgreich angewandt in der Untersuchung von Hamblin u.a. 1971.

Neben der Einschätzung der Leistung oder des Verhaltens der ganzen Klasse besteht die Möglichkeit, das Verhalten eines zufällig ausgewählten Schülers als repräsentativ für das Verhalten der Klasse zu betrachten. Drabman, Spitalnik und Spitalnik (1974) ließen den Schüler, der vom Lehrer beobachtet wurde, auslosen. Es wurde der Klasse aber nicht mitgeteilt, wer dieser Schüler war. Diese Methode zur Überprüfung des Verhaltenskriteriums erwies sich als wesentlich leichter durchführbar als eine Beobachtung der ganzen Klasse. Sie ist erheblich zeitsparender als ein traditionelles Token-System („Gruppenverstärkung des Typus 2"), aber ebenso effektiv.

Beim vierten Typus der Gruppenverstärkung wird die Klasse in zwei oder mehr *„Mannschaften"* aufgeteilt. Eine der am gründlichsten untersuchten Maßnahmen dieser Art ist das „Good Behavior Game" (Barrish, Saunders und Wolf 1969; Medland und Stachnik 1972; Harris und Sherman 1973).

Das „Good Behavior Game" basiert im Unterschied zu den anderen in diesem Kapitel besprochenen Maßnahmen nicht auf dem Prinzip der positiven Verstärkung adäquaten Verhaltens, sondern auf dem Verfahren des Punkteabzugs (vgl. S. 187f.). Es wird hier trotzdem behandelt, weil es das am besten erforschte Beispiel für den vierten Typus der Gruppenverstärkung ist.

Im „Good Behavior Game" werden Regelverstöße, nach Mannschaften getrennt, als Minuspunkte notiert. Jede Mannschaft, die unterhalb der als Kriterium festgelegten Zahl von Minuspunkten bleibt (z.B. 4 oder 8 Punkte pro Stunde), wird Sieger. Aber selbst wenn eine Mannschaft die Zahl der zugelassenen Minuspunkte überschritten hat, ist für sie das Spiel noch nicht verloren. Es ist nämlich möglich, daß andere Mannschaften noch schlechter abschneiden. Falls alle Mannschaften die zugelassene Zahl von Minuspunkten überschreiten, gewinnt dijenige mit den wenigsten Punkten das Spiel.

Das Spiel hat folgende Vorteile: Das Kriterium für die Erlangung einer Verstärkung (Sieger im Spiel und zusätzlich ein Preis) ist für alle erreichbar, weil in ein und demselben Spiel jeder Sieger werden kann. Andererseits braucht eine Mannschaft noch nicht aufzugeben, wenn sie das Kriterium verfehlt hat. Der Wettkampfcharakter des Spiels wirkt außerdem stark motivierend. Es wurde bei Schülern bis zu zwölf Jahren erfolgreich eingesetzt.

---

1. Weil das Dezibel eine logarithmische Größe ist, entspricht eine Senkung des Lärmpegels um 13,5 dB mehr als einer Halbierung der Lautstärke.

Ein Nachteil dieses Spiels ist seine Konzentration auf den Abbau von Erziehungsschwierigkeiten, ohne daß versucht wurde, positives Arbeits- oder Sozialverhalten zu fördern. Außerdem fand man, daß die Kinder die Lust an dem Spiel verloren, wenn sie in einer schlechten Mannschaft waren, und daß es manchmal schwierig war, Schüler, die nicht mehr mitspielen wollten, in die Mannschaften zu integrieren.

Ausgeklügelte Programme mit Gruppenverstärkung, deren Effizienz wissenschaftlich erprobt ist, üben auf manche Lehrer und Psychologen eine erhebliche Faszination aus. Man erhofft sich von ihnen eine schnelle und dauerhafte Reduzierung von Erziehungsschwierigkeiten. Nicht selten wird diese Hoffnung jedoch enttäuscht. Die Mißerfolge liegen teilweise daran, daß die organisatorischen Schwierigkeiten unterschätzt werden, zum Teil aber auch daran, daß die Methoden mit schneller und deutlich sichtbarer Wirkung wie Token-Programme oder das „Good Behavior Game" in ihrer Wirksamkeit stark auf die Situation beschränkt sind, in der das Verstärkungsprogramm gerade angewandt wird, d.h. sie generalisieren nicht über die Situation hinweg. Ebenso zeigen sie nur eine ganz geringe „Generalisierung über die Zeit", d.h. die Schüler kehren wieder zu ihrem ursprünglichen Verhalten zurück, sobald das Programm abgesetzt wird (vgl. Eisert und Barkey 1975).
Eine Verhaltensmodifikation, die hauptsächlich mit sozialer Verstärkung arbeitet, wirkt nicht so schnell auf das Verhalten der Schüler wie z.B. ein Token-Programm, und die Effekte sind meist nicht so eindrucksvoll. Dafür ist die Wahrscheinlichkeit größer, daß hier eine Generalisierung eintritt. Das liegt in erster Linie daran, daß soziale Verstärker wie Beachtung, Lob und nicht-verbale Zuwendung im Unterschied zu Tokens und materiellen Verstärkern auch in anderen schulischen Situationen vorkommen, in denen keine geplante Verhaltensmodifikation durchgeführt wird. Wenn adäquates Verhalten zunächst durch häufige soziale Verstärkung gefestigt wurde und diese dann allmählich „ausgeblendet", d.h. auf das übliche Maß reduziert wird, genügt die *gelegentliche* soziale Verstärkung, um dieses Verhalten aufrechtzuerhalten. Die durchstrukturierten Programme mit Token-Verstärkung oder das „Good Behavior Game" sollten deshalb für solche Gelegenheiten vorbehalten bleiben, in denen soziale Verstärkung allein nicht ausreicht, um eine Verhaltensänderung herbeizuführen.

30. Längerfristige Maßnahmen mit Beteiligung von Eltern, Psychologen, Sozialarbeitern oder Ärzten

Wenn die Ursachen für Verhaltensstörungen organisch sind oder wenn sie in der Familiensituation des Kindes begründet liegen, hat ein Lehrer meist nur geringe Einflußmöglichkeiten auf das Verhalten. Es kann dann notwendig sein, Eltern, Psychologen, Sozialarbeiter oder Ärzte an den pädagogisch-therapeutischen Maßnahmen zu beteiligen.
Eine Beteiligung von Psychologen, Sozialarbeitern und Ärzten ist nur über die Eltern möglich. Die Zusammenarbeit mit ihnen entscheidet deshalb über Erfolg und Mißerfolg von fast allen in diesem Kapitel diskutierten Maßnahmen.

Maßnahmen mit Beteiligung der Eltern

Wenn ein Lehrer Eltern schriftlich bittet, in seine Sprechstunde zu kommen, werden diese der Einladung meistens Folge leisten. Schwierigkeiten gibt es hier in der Regel nur, wenn die Mutter berufstätig ist, und bei Eltern aus der untersten Sozialschicht.

Berufstätige Mütter haben oft Schwierigkeiten, am Vormittag zu einer Besprechung in die Schule zu kommen. Eine telefonische Kontaktaufnahme oder eine Sprechstunde nach gegenseitiger Vereinbarung kann hier Abhilfe schaffen.
Mit Eltern aus der untersten Sozialschicht in Verbindung zu kommen, erscheint oft aussichtslos. Dies beruht jedoch meist nicht auf Desinteresse dieser Eltern, sondern z. B. auf Faktoren wie Unsicherheit gegenüber dem Lehrer, schwierigen Lebensumständen, die Erziehungsprobleme sekundär erscheinen lassen, oder einfach auf der Unfähigkeit, sich an feste Termine zu halten (Hess und Croft 1972, S. 84 f.). Oft genügt es, die Eltern mehrmals schriftlich zu bitten, in die Sprechstunde zu kommen. Auch ein vorher angekündigter Hausbesuch ist möglich.

Ein Gespräch mit den Eltern über Erziehungsschwierigkeiten ihres Kindes wird immer wieder anders verlaufen. Es ist trotzdem möglich, einige Strukturmerkmale festzuhalten: Für die Eltern ist es zunächst wichtig zu erfahren, was vorgefallen ist und welche Maßnahmen der Lehrer bisher unternommen hat, um mit dem Problem selber fertig zu werden. Dann bittet er die Eltern um eine Stellungnahme. Er versucht dabei, möglichst detaillierte Information darüber zu bekommen, wie sich das Kind zu Hause verhält, welche Erwartungen die Eltern haben und welchen situativen Belastungen das Kind ausgesetzt ist (vgl. S. 194). Erst nach dieser zusätzlichen Information sollte eine Entscheidung über weitere Maßnahmen erfolgen. Der Lehrer muß sich entscheiden, ob er versuchen will, mit den Eltern zusammen das Problem zu lösen, ob er zur Hilfe von dritter Seite (Arzt, Erziehungsberatungsstelle) raten soll, ob Nachhilfeunterricht, Klassen- oder Schulwechsel in Erwägung gezogen werden soll oder ob mit einer Unterstützung der Eltern überhaupt nicht zu rechnen ist. Eine Zusammenarbeit mit den Eltern ohne Hinzuziehung Dritter kommt vor allem dann in Betracht, wenn die Erziehungsschwierigkeiten von Verhaltensweisen der Eltern ausgelöst wurden, die diese relativ leicht ändern können.

Das ist z. B. der Fall bei Eltern, die ihr Kind leistungsmäßig überfordern. Manche Eltern schätzen die Intelligenz ihrer Kinder falsch ein und führen schulisches Versagen nur auf „Faulheit" zurück. Andere wissen, daß ihr Kind überfordert ist, sind aber nicht bereit, die Konsequenz daraus zu ziehen, weil dadurch die Zukunftspläne durchkreuzt werden. Die Überforderung kann sich äußern in Freizeitentzug, „um mehr lernen zu können", demonstrativer Enttäuschung, Nörgeln und Vorwürfen. Die Folgen sind bei einigen Kindern Prüfungsangst und andere Formen der Bewertungsangst in Leistungssituationen (Hill 1972, S. 257), bei anderen Verschweigen schlechter Noten, Lügen oder Schuleschwänzen (vgl. Innerhofer 1976, S. 86 f.).
Falls es sich herausstellt, daß Überforderung eine der Ursachen für die Erziehungsschwierigkeiten ist, können folgende Fragen zusammen mit den Eltern erörtert werden:

1. Ist den beteiligten Erwachsenen (Eltern und Lehrer) klar, daß zwischen der Überforderung und den Erziehungsschwierigkeiten ein Zusammenhang besteht?
2. Geben die Erwachsenen dem Kind Gelegenheit, sich in den Gebieten hervorzutun, wo seine Stärken liegen?
3. Hat man sich bemüht, die Erwartungen der tatsächlichen Begabung des Kindes anzupassen?
4. Wird das Kind auch schon für kleine Fortschritte gelobt und beachtet, oder erwartet man, daß aus einem schlechten in kurzer Zeit ein guter Schüler wird?

Eine Beteiligung der Eltern an pädagogisch-therapeutischen Maßnahmen ist auch dann angebracht, wenn die Eltern ihrem Kind zu wenig vermitteln, daß sie das in der Schule Gelernte für wichtig halten. Es sind hier nicht diejenigen Eltern gemeint, denen es gleichgültig ist, ob ihr Kind in der Schule mitarbeitet und seine Hausaufgaben erledigt, sondern Eltern, die zwar Interesse am Fortschritt ihres Kindes haben, dieses Interesse aber zu selten zeigen. Es ist bekannt, daß sich Probleme mit den Hausaufgaben am ehesten in Zusammenarbeit mit den Eltern lösen lassen. Experimentelle Untersuchungen haben aber darüber hinaus gezeigt, daß sich auch die Mitarbeit in der Schule durch Beteiligung der Eltern verbessern ließ.

In dem Experiment von Hawkins, Sluyter und Smith (1972) erhielten die Schüler an Tagen, in denen sie ein bestimmtes Leistungskriterium erreich hatten, eine hektographierte Mitteilung an die Eltern. Leistungskriterien waren z.B. gute Aufmerksamkeit und Mitarbeit in bestimmten Fächern. Lehrer und Eltern hatten vorher vereinbart, daß die Schüler für jede solche Mitteilung zu Hause belohnt würden. Belohnungen waren hier neben Lob und zusätzlicher Spielzeit: Aufhängen der Mitteilung in der Wohnung, längeres Aufbleiben, längere Fernsehzeit und Spielzeuge. Die Liste der Belohnungen zeigt, daß Eltern vielfältigere Möglichkeiten haben, ein Kind zu belohnen, als Lehrer. Tatsächlich erwies sich die von Hawkins und Mitarbeitern entwickelte Methode in sechs von sieben Fällen als erfolgreich. Zu ähnlich positiven Ergebnissen kamen Gottwald, Innerhofer und Peterander (1977), die diese Technik auf deutsche Schulverhältnisse übertrugen. Ein Vorteil dieser Methode ist, daß sie ohne großen zeitlichen oder finanziellen Aufwand durchgeführt werden kann. Sie setzt allerdings eine gute Zusammenarbeit zwischen Elternhaus und Schule voraus.

Maßnahmen mit Beteiligung einer Erziehungsberatungsstelle

Manchmal wird es im Gespräch mit den Eltern klar, daß die Erziehungsschwierigkeiten ihre wichtigsten Ursachen im Verhalten der Eltern oder auch der Geschwister haben, daß die Eltern aber eine intensivere psychologische Beratung brauchen, als der Lehrer sie geben kann. Das ist insbesondere der Fall, wenn ein unangemessener Erziehungsstil, Verhaltensstörungen der Eltern oder starke Geschwisterrivalität eine Rolle spielen. In solchen Fällen sollte der Lehrer den Eltern empfehlen, eine Erziehungsberatungsstelle aufzusuchen. Er sollte es auch dann tun, wenn er zwar sicher ist, daß die Ursachen im Elternhaus liegen, seine Information aber nicht ausreicht, um diese Ursachen genau identifizieren zu können.

Die traditionellen Methoden der Erziehungsberatung sind neben dem Beratungsgespräch vor allem die Anwendung von Tests und die Spieltherapie.

Intelligenztests können besonders dann hilfreich sein, wenn Eltern ihr Kind für außerordentlich begabt halten, es deshalb überfordern und diese Überforderung die Verhaltensstörungen auslöst. Von einem objektiven Testergebnis lassen sich manche Eltern eher überzeugen als vom Urteil des Lehrers. Weniger sinnvoll ist dagegen die Anwendung von Persönlichkeitstests, um zu entscheiden, ob ein Kind „wirklich" verhaltensgestört ist oder nicht. Psychodiagnostische Tests können über das Verhalten des Kindes und seine Ursachen meist keine so gute Aussage machen wie eine genaue Beobachtung und Verhaltensanalyse (vgl. Mischel 1968, S. 103–148; O'Leary 1972 c).

Die „klientenzentrierte" Spieltherapie nach Virginia Axline ist manchmal erfolgreich beim Abbau allgemeiner Ängstlichkeit, bei der Förderung der verbalen Ausdrucksfähigkeit oder beim Aufbau eines komplexen Spielverhaltens (Schmidtchen 1974, S. 110f.; Schmidtchen und Erb 1976, S. 113f.). Es ist dagegen sehr zweifelhaft, ob sie ebenso geeignet ist zur Behandlung von Aggressivität, Störungen des Arbeitsverhaltens oder von anderen spezifisch

schulischen Erziehungsschwierigkeiten. Nach dem Urteil von Schmidtchen und Erb (1976, S. 115) sind die empirischen Befunde zur Wirkung des Spiels bei der Behandlung von Verhaltensstörungen „insgesamt gesehen ... noch sehr unbefriedigend“.
Eine indirekte Form der Kindertherapie hat sich dagegen bei der Behandlung vieler und sehr unterschiedlicher Verhaltensstörungen von Kindern als wirksam erwiesen. Es handelt sich um die Unterweisung von Eltern in denjenigen erzieherischen und therapeutischen Fertigkeiten, die aufgrund einer Problemanalyse geeignet erscheinen, eine Verhaltensänderung bei dem Kind herbeizuführen („Elterntraining“).

Die von Innerhofer (1977 a) entwickelte Form des Elterntrainings setzt sich aus folgenden Teilschritten zusammen:

1. Die Eltern lernen, das Verhalten ihres Kindes und ihr eigenes Verhalten als Erzieher an Hand von Videoaufzeichnungen genau zu beobachten.
2. Die Eltern lernen, Verhalten nach den Lerngesetzen zu interpretieren.
3. Sie lernen, die theoretischen Kenntnisse auf ihr eigenes Erziehungsproblem anzuwenden.
4. Sie üben unter Anleitung des Trainers im Rollenspiel alternative Formen des Erzieherverhaltens, die zur Lösung des Problems führen können.

Mit diesen vier Lernschritten ist allerdings nur eine formale Struktur vorgegeben. Was inhaltlich geübt wird, hängt davon ab, welche Erziehungsschwierigkeiten vorliegen und in welcher Beziehung sie zum Verhalten der Eltern stehen. Die Effizienz solchen Trainings als Mittel der Verhaltensänderung ist in zahlreichen Untersuchungen nachgewiesen worden (O'Dell 1974; Innerhofer 1977 b). Diese Therapieform ist allerdings noch so neu, daß sie zur Zeit nur von wenigen Erziehungsberatungsstellen angeboten werden kann.

Maßnahmen mit Beteiligung des Jugend- oder Sozialamtes

Wie im 23. Kapitel gezeigt wurde, können Erziehungsschwierigkeiten auch durch eine finanzielle Notlage der Familie oder durch extrem beengte Wohnverhältnisse bedingt sein. Manche Eltern sind über die Möglichkeit, staatliche Unterstützung zu bekommen, nur schlecht informiert. Der Lehrer kann in solchen Fällen auf das Recht hinweisen, Wohngeld oder Sozialhilfe zu beantragen. Ein besonderer Anspruch auf Sozialhilfe besteht z. B. dann, wenn die Familie durch Schwangerschaft, Krankheit oder Behinderung in wirtschaftliche Not gerät. Während in solchen Fällen das Sozialamt zuständig ist, sollte man geschiedene Frauen, die von ihren Männern keine Unterstützung für die Kinder erhalten, an das Jugendamt verweisen.
Wenn sich im Gespräch mit den Eltern herausstellt, daß die Schwierigkeiten des Kindes mit ehelicher Disharmonie, Alkoholismus- oder Suchtproblemen

zusammenhängen und die Eltern den Lehrer um Rat fragen, kann ihnen empfohlen werden, eine der zuständigen Beratungsstellen aufzusuchen[1].
In manchen Fällen sind Eltern durch Erziehungsprobleme derartig überfordert, daß sie nicht nur eine gelegentliche Beratung, sondern ständige Unterstützung brauchen. Das Jugendamt kann in solchen Fällen einen freiwilligen Erziehungsbeistand vermitteln. Wenn diese Maßnahme nicht ausreicht, gibt es noch die Möglichkeit der „freiwilligen Erziehungshilfe“, d.h. das Kind kommt in eine Pflegefamilie oder in ein Heim, kann aber auf Wunsch der Eltern jederzeit in seine eigentliche Familie zurückkehren (zur Problematik der Heimerziehung vgl. jedoch S. 218).

Maßnahmen mit Beteiligung von Ärzten

Im 17. und 18. Kapitel wurde darauf hingewiesen, daß motorische Hyperaktivität und kognitive Impulsivität organische Ursachen haben können. Erziehungsschwierigkeiten wie leichte Ablenkbarkeit und Konzentrationsschwierigkeiten bei der Arbeit sowie zahlreich Verhaltensstörungen aggressiver Art (z.B. exzessives Suchen nach Aufmerksamkeit, häufiger Streit mit anderen Kindern und Unfähigkeit, länger als einige Minuten auf dem Platz zu bleiben) können durch eine angeborene Disposition zur Hyperaktivität oder durch einen Hirnschaden bedingt sein. Das Problem einer ärztlichen Behandlung dieser Störungen besteht vor allem darin, daß sich eine organische Grundlage nur in den wenigsten Fällen nachweisen läßt und die Behandlung mit Medikamenten nur die Symptome beseitigt. Manche Ärzte stehen deshalb den Behandlungsmethoden, von denen im folgenden die Rede sein soll, skeptisch gegenüber.
Eine Behandlung mit Beruhigungsmitteln (Tranquilizern) kann eine gewisse Dämpfung der motorischen Aktivität extrem hyperaktiver Kinder bewirken, hat aber negative Auswirkungen auf die Lernleistung (Conners 1972, S. 332; Sprague und Werry 1974, S. 21). Als Mittel zur Reduzierung schulischer Erziehungsschwierigkeiten sind Beruhigungsmittel deshalb ungeeignet.
Bewährt haben sich dagegen Stimulantien („Psychoanaleptika“). Das sind Psychopharmaka, die auf Erwachsene eher aktivierend und aufputschend wirken. Die deutlichsten Erfolge erzielte man bisher mit Methylphenidat (Handelsname „Ritalin“), D-Amphetamin und DL-Amphetamin (Conners 1972; Sprague und Werry 1974; Eichlseder 1974 a). Bei Kindern bewirken diese Medikamente, daß sie ihre Aufmerksamkeit länger als bisher auf einen

1 Adressen von Ehe-, Alkoholiker-, Drogen- und Erziehungsberatungsstellen sind enthalten im „Beratungsführer“ der Bundeszentrale für gesundheitliche Aufklärung in Köln sowie in dem Buch von Kalbfuss (1976).

Gegenstand konzentrieren können und daß sie weniger empfänglich sind für Ablenkungen von außen (Conners, Eisenberg und Barcai 1967; Sprague und Werry 1974, S. 22). Durch das längere Verweilen bei einer Tätigkeit sinkt das Ausmaß der motorischen Aktivität, und die Kinder erscheinen ruhiger. Im Unterschied zu den Tranquilizern beruht die Wirkung der Stimulantien also nicht darauf, daß sie die Aktivität der Kinder dämpfen, sondern auf einer Erhöhung ihrer Konzentrationsfähigkeit.

Schon Bradley (1937) fand bei seinen ersten Experimenten den „paradoxen Effekt", daß Medikamente, die Erwachsene aktivieren, zu einer Reduzierung der motorischen Hyperaktivität bei Kindern führen. Die Untersuchungsergebnisse von Bradley sind seitdem in mehr als dreißig experimentellen Untersuchungen bestätigt worden (Conners 1972; Grinspoon und Singer 1973; Sprague und Werry 1974). Immer wieder fand man, daß die Kinder nach Aussagen ihrer Eltern und Lehrer besser arbeiten konnten, daß sie ausgeglichener wurden und die Streitigkeiten mit anderen Kindern abnahmen (Conners, Eisenberg und Barcai 1967). Im Unterschied zur Behandlung mit Beruhigungsmitteln verbesserte sich auch ihre Lernleistung (Conners und Rothschild 1968). Die Angaben über den Erfolg der Behandlung schwanken allerdings zwischen 33–50% bei Kindern, die bei ihren Eltern wohnen, und 60–75% bei Heimkindern (Eichlseder 1974 a; Bradley 1950).

Trotz dieser positiven Auswirkungen lehnen manche Lehrer und Eltern eine Behandlung mit Stimulantien ab. Einige Gründe für die Ablehnung sind ethischer Art (z. B. grundsätzliche Bedenken gegen eine Verhaltensänderung durch Medikamente). Die Gegner dieser Therapieform weisen darauf hin, daß Amphetamine bei Erwachsenen und Jugendlichen sucht- und gewohnheitsbildend wirken können und daß sie in der „Drogenszene" eine erhebliche Rolle spielen. Die Befürworter halten ihnen entgegen, daß in den vergangenen dreißig Jahren noch kein Fall von Suchterzeugung bei Kindern bekannt geworden sei (Eichlseder 1974b, S. 583). Obwohl die Wahrscheinlichkeit einer Medikamentenabhängigkeit gering ist, kann sie beim gegenwärtigen Stand der Forschung noch nicht mit Sicherheit ausgeschlossen werden (Werry, Aman & Lampen 1976, S. 26). Außerdem hat man festgestellt, daß die Stimulantien manchmal unerwünschte Nebenwirkungen haben, z. B. Appetitlosigkeit, die gelegentlich zu einer (allerdings nur geringfügigen) Verminderung des Längenwachstums führt (Safer und Allen 1973). Diese Nebenwirkungen zeigen, daß es sich bei der Behandlung des Kindes mit Medikamenten nicht um eine völlig harmlose Maßnahme handelt, die man allen Eltern hyperaktiver Kinder bedenkenlos empfehlen kann. Der Einsatz von Stimulantien sollte vielmehr erst dann erfolgen, wenn vorher pädagogisch-therapeutische Maßnahmen wie Verhaltensmodifikation durch Verstärkung adäquaten Verhaltens oder Aufmerksamkeitstraining (Wagner 1976) versucht worden sind (vgl. Grinspoon und Singer 1973, S. 548f.; Rosenbaum, O'Leary und Jacob 1975). Schließlich kann die Behandlung mit Medikamenten kein Ersatz sein für eine pädagogische

Bemühung um das Kind, sondern nur eine Ergänzung. Da sie aber unter Umständen einen erfolgreichen Einsatz pädagogischer Maßnahmen überhaupt erst möglich macht, sollte sie bei der Suche nach Lösungen für die Probleme hyperaktiver Kinder zumindest in Erwägung gezogen werden.
Als eine Alternative zur Behandlung mit Psychopharmaka entwickelte Feingold (1973) eine spezielle Diät, bei der die Ernährung der hyperaktiven Kinder frei gehalten wird von allen Salicylaten und von künstlichen Farb- und Geschmackstoffen. Bisher liegt allerdings erst eine kontrollierte Untersuchung vor, die geeignet ist, Feingolds These von der Effektivität dieser Therapieform zu stützen (Conners, Goyette u. a. 1976).

31. Schulorganisatorische Maßnahmen

Unter schulorganisatorischen Maßnahmen verstehe ich schulische „Ordnungsmaßnahmen“ wie Verweise und zeitweiliger Ausschluß vom Unterricht, die Überweisung an eine andere Schule, z. B. eine Sonderschule für Erziehungsschwierige, und innovative Ansätze, die eine Veränderung der Schulorganisation mit sich bringen.

Ordnungsmaßnahmen

Für den Umgang mit erziehungsschwierigen Schülern ist vom Schulrecht der einzelnen Bundesländer eine Reihe von „Ordnungsmaßnahmen“ vorgesehen, die der einzelne Lehrer nur zusammen mit dem Schulleiter, der Lehrerkonferenz oder dem Schulamt durchführen kann. Hierzu gehören z. B. der „verschärfte Verweis“ (eine schriftliche Mitteilung des Rektors an die Eltern), Ausschluß vom Unterricht für drei bis sechs Unterrichtstage, Versetzung in eine Parallelklasse, Ausschluß vom Unterricht für zwei bis vier Wochen, Androhung der Entlassung und Entlassung, die allerdings nicht bei Pflichtschulen möglich ist (vgl. Heckel und Seipp 1969, S. 407; Amberg und Schiedermair 1974, S. 363 f.). Alle diese Maßnahmen mit Ausnahme der Versetzung in eine Parallelklasse sind „Strafen“ im Sinne der Lerntheorie.

Da Strafen wegen ihrer unerwünschten Nebenwirkungen pädagogisch fragwürdig sind, soll im folgenden nur auf die Möglichkeit eines Klassenwechsels eingegangen werden. Klink (1962, S. 86) hält diesen besonders dann für angebracht, wenn die Erziehungsschwierigkeiten auf einem Spannungsverhältnis zwischen Lehrer und Schüler beruhen. Nach eigenen Beobachtungen kann sich die Versetzung in eine Parallelklasse auch dann positiv auswirken, wenn die Erziehungsschwierigkeiten durch das Verhalten von Mitschülern ausgelöst oder aufrechterhalten wurden. Das ist z. B. bei Schülern der Fall, deren dominierendes Verhalten durch den Gehorsam ihrer Gefolgsleute unterstützt wird; ebenso bei Schülern, die z. B. die Rolle des Klassenclowns spielen, weil sie dafür in ihrer gegenwärtigen Klasse regelmäßig beachtet werden, und schließlich auch bei solchen Kindern, die sich durch das Verhalten bestimmter Klassenkameraden häufig zu Wutanfällen oder körperlichen Aggressionen provozieren lassen (vgl. S. 169).

Die Versetzung eines Schülers in eine Parallelklasse derselben Schule ist ohne großen verwaltungsmäßigen Aufwand möglich. Sie setzt allerdings das Einverständnis des Rektors und des Klassenlehrers voraus, der diesen Schüler übernehmen soll. Soll der Schüler dagegen eine andere Schule besuchen, zu deren Schulsprengel er nicht gehört, müssen die Eltern einen Gastschulantrag stellen. Diese Anträge werden von der Schulaufsichtsbehörde nur genehmigt, wenn „zwingende persönliche Gründe" für die Umschulung vorliegen (Heckel und Seipp 1969; Amberg und Schiedermair 1974, S. 267).

Übertritt in eine Schule einer anderen Schulart

Ein Schulwechsel von einer öffentlichen Schule in eine Privatschule kann unter Umständen ähnlich positive Ergebnisse haben wie die Versetzung in eine Parallelklasse. Wenn der Schüler zusätzlich noch ein Internat besucht, können auch die Auswirkungen aktueller Konflikte und Probleme im Elternhaus abgeschwächt werden. Allerdings hängt die Möglichkeit, Privatschulen oder Internate zu besuchen, fast ausschließlich von der wirtschaftlichen Lage der Eltern ab.
Wesentlich problematischer als der freiwillige Übertritt von Schülern in eine Privatschule ist die Überweisung in eine Sonderschule für Lernbehinderte oder Verhaltensgestörte. Es kann auch für Erziehungsschwierige sinnvoll sein, eine Sonderschule für Lernbehinderte zu besuchen, wenn ihre Verhaltensstörungen von schulischer Überforderung ausgelöst wurden. Dagegen ist es kaum zu verantworten, normal begabte, verhaltensgestörte Kinder auf die Sonderschule für Lernbehinderte zu überweisen, wie es gelegentlich geschieht. Diese Schüler werden dort nicht genügend gefordert. Jantzen (1971) zeigte in seiner Untersuchung die Nachteile einer solchen Überweisung für die Lernbehindertenschule: Die Verhaltensgestörten nehmen unter den Lernbehinderten sehr bald Führungspositionen ein, beeinflussen häufig ganze Klassen in ihrem Sinne.
Für erziehungsschwierige Schüler kommen am ehesten die speziell für sie eingerichteten Sonderschulen in Betracht. In den Stadtstaaten (Hamburg, Bremen und West-Berlin) gibt es neben Sonderschulen auch Sonderklassen für Verhaltensgestörte, die organisatorisch einer regulären Volksschule angegliedert sind (Klink 1962, S. 107f.). Da sie sich nur in der Organisationsform, nicht aber in der Funktion von den entsprechenden Schulen unterscheiden, werden sie hier mit aufgeführt. Eigenständige Sonderschulen für Verhaltensgestörte, die nicht einem Heim angeschlossen sind, gibt es in einigen Großstädten. Am häufigsten findet man Schulen für Erziehungsschwierige jedoch in Verbindung mit einem Heim der Fürsorgeerziehung.

Die Betreuung verhaltensgestörter Schüler in eigenen Klassen und Schulen scheint auf den ersten Blick eine ideale Lösung zu sein: Die Schüler werden in kleineren Klassen von speziell dafür ausgebildeten Lehrern unterrichtet. Der Lehrplan ist derselbe wie in der allgemeinen Schule und nicht reduziert wie in der Sonderschule für Lernbehinderte.
Trotz dieser unbestreitbaren Vorteile scheint der Besuch einer Sonderschule für Erziehungsschwierige auf längere Sicht zu keiner Reduzierung der Verhaltensstörungen zu führen.

Rubin, Simson und Betwee (1966) verglichen die Verhaltensänderung von Kindern einer Sonderklasse, die speziell mit dem Ziel eingerichtet war, ihre Schüler wieder in die allgemeine Schule zurückzuführen, mit der Verhaltensänderung von ebenfalls erziehungsschwierigen Kindern, die keine solche Klassen besuchten. Es zeigten sich zunächst zwar etwas bessere Ergebnisse in der therapeutisch geführten Sonderklasse. Diese verschwanden aber sofort, sobald die Schüler in eine reguläre Klasse zurückkehrten.

Während es sich in der Untersuchung von Rubin, Simson und Betwee (1966) um gut ausgerüstete Sonderklassen handelte, ist das bei vielen Sonderschulen für Erziehungsschwierige nicht der Fall. Kluge und Benzel (1974, S. 84f.) fanden bei ihrer Umfrage bei „Schulen für Erziehungshilfe“ in Nordrhein-Westfalen, daß viele dieser Schulen räumlich und personell sehr schlecht ausgestattet sind. Ferner ist das Bemühen der Lehrer und Erzieher oft deshalb wirkungslos, weil eine Ansammlung erziehungsschwieriger Schüler eine ständige Gelegenheit zum Beobachtungslernen neuer Verhaltensstörungen bietet. Schließlich scheint auch die öffentliche Etikettierung als „Verhaltensgestörter“ oder „Fürsorgezögling“ zu einer Isolation unter Gleichaltrigen zu führen und die Übernahme eines solchen Etiketts in die Selbsteinschätzung zu begünstigen (vgl. S. 112f.). Der Aufenthalt im Heim oder in der Sonderschule für Erziehungsschwierige wird deshalb nicht selten zu einer Etappe auf dem Weg zu einer „Abweichungskarriere“, d.h. er steht in Zusammenhang mit Verhaltensstörungen und Kriminalität im Erwachsenenalter (vgl. S. 83).
Angesichts dieser Nebenwirkungen erscheint es fraglich, ob man Schüler überhaupt in Sonderschulen für Erziehungsschwierige überweisen soll. Eine solche Überweisung sollte eine der äußersten Maßnahmen sein, die ein Lehrer in Erwägung zieht. Manchmal wird er es trotzdem tun müssen, z.B. wenn es nur noch darum geht, den erziehungsschwierigen Schüler vor seiner gewohnten Umwelt oder die Klasse vor diesem Schüler zu schützen. Andererseits darf man nicht übersehen, daß es Heime und Erziehungsschwierigenschulen gibt, die von der Ausstattung und vom Personal her gut ausgerüstet sind, und andere, die trotz unzureichender personeller Ausstattung das menschenmögliche tun, um ihre Schüler zumindest vor den negativen Folgen einer Heimerziehung zu bewahren. Wenn sich also eine Überweisung nicht vermeiden läßt, sollte man sich vom

Jugendamt oder anderen Jugend-Sozialarbeitern über die in Frage kommenden Schulen oder Heime beraten lassen.

Innovative Ansätze

Die öffentliche Kritik an den schädigenden Auswirkungen der Fürsorgeerziehung in schlecht geführten Heimen trifft sich in ihrem Grundanliegen mit den Bedenken, die in letzter Zeit gegen die wachsende Aussonderungstendenz der allgemeinen Schulen vorgebracht werden (Dunn 1968; Speck 1973; Muth 1973). Der ständige Anstieg des Anteils von Sonderschülern an der schulpflichtigen Bevölkerung kann nicht nur darauf zurückgeführt werden, daß inzwischen mehr Sonderschulen für diejenigen Schüler zur Verfügung stehen, die sie tatsächlich brauchen. Er beruht vielmehr auch darauf, daß es immer üblicher wird, erziehungsschwierige Schüler mit schlechten Schulleistungen in die Sonderschule für Lernbehinderte zu überweisen. Dieser Tendenz zur Aussonderung schwieriger Schüler steht die Forderung gegenüber, behinderte und verhaltensgestörte Schüler soweit wie möglich in die Regelschule zu integrieren (Muth 1973; Bittner, Ertle und Schmid 1974, S. 37; Deutscher Bildungsrat 1974, S. 24). Als Voraussetzungen für eine solche Integration werden zur Zeit folgende Maßnahmen erprobt: erstens eine bessere Vorbereitung auf den Umgang mit erziehungsschwierigen Schülern im Rahmen der Lehrerbildung, zweitens Beratung für Lehrer, die Probleme mit Schülern haben, und drittens die Koordination von gezielter Förderung, Elternarbeit und Beratung in Form eines „pädagogisch-therapeutischen Teams".

Ein erster Schritt zu einer besseren Vorbereitung auf den Umgang mit erziehungsschwierigen Schülern ist es, Pädagogikstudenten mit der Tatsache von Verhaltensstörungen in der Schule und ihren Ursachen besser vertraut zu machen. Diese Aufgabe kann im Rahmen von Vorlesungen und Seminaren geleistet werden. Die traditionellen Formen der akademischen Lehrveranstaltung reichen jedoch nicht aus, wenn es darum geht, den Studenten auch konkrete Fertigkeiten zu vermitteln. Solche Fertigkeiten sind z. B. eine genaue Beobachtung des Schülerverhaltens und die Durchführung einer Problemanalyse (vgl. Kapitel 28), die Planung und Durchführung einer Verhaltensmodifikation (vgl. Kapitel 29) und bestimmte Techniken des Lehrerverhaltens, die zur Prävention und als unmittelbare Maßnahmen geeignet sind (vgl. Kapitel 26 und 27). Diese Fertigkeiten können am ehesten im Rahmen eines Lehrertrainings mit Hilfe von Rollenspiel und Video-Feedback gelernt werden (Allen und Ryan 1972; Fuller und Manning 1973; Jones und Miller 1974; Jones und Eimers 1975; Havers und Innerhofer, in Vorbereitung).

Es ist nicht zu erwarten, daß eine verbesserte und stärker praxisorientierte

Lehrerbildung *allein* ausreicht, um Lehrern bei der Lösung der Probleme, die beim Umgang mit erziehungsschwierigen Schülern auftauchen, zu helfen. Viele Probleme lassen sich nicht vorhersehen, und viele Lösungsmöglichkeiten lassen sich deshalb auch nicht vorher trainieren. Newman, Bloomberg u. a. (1971, S. 284) fordern zu Recht eine ständige Weiterbildung des Lehrers „vor Ort“ in Form von Fallbesprechungen mit psychologisch geschulten Beratern. Eine solche Lehrerberatung kann auch eine wirksame Hilfe in aktuellen Konfliktsituationen bieten. Neben der in Westdeutschland bekanntesten Form der Beratung auf psychoanalytischer Grundlage (Bittner, Ertle und Schmid 1974, S. 78f.; Junker 1976) setzen sich immer stärker auch solche Beratungsformen durch, die sich an der Lerntheorie orientieren (Krumboltz und Thoreson 1969; McKenzie 1972).

Eine Schwierigkeit reiner Beratungstätigkeit ist jedoch, daß Gespräche oft nicht ausreichen, um eine wirksame Verhaltensänderung herbeizuführen. Wie im fünften Teil dieser Arbeit gezeigt wurde, liegen die Ursachen für Verhaltensstörungen häufig in bestimmten lerngeschichtlichen und situativen Bedingungen. Da ein einzelner Lehrer meist überfordert ist, wenn er alle diese Bedingungen analysieren bzw. sie gezielt verändern soll, entwickelte eine Gruppe von Münchner Psychologen und Pädagogen (Gottwald, Havers, Innerhofer und Speck) das Konzept des „pädagogisch-therapeutischen Teams“.

Ein „pädagogisch-therapeutisches Team“ setzt sich zusammen aus einem Sonderschullehrer, einem Psychologen und einem Sozialarbeiter. Gemeinsames Ziel ist die Integration lerngestörter und erziehungsschwieriger Schüler in die allgemeine Schule, d.h. die Reduzierung von Sonderschulbedürftigkeit. Aufgabe des Sonderschullehrers ist eine spezielle Förderung lerngestörter Kinder. Diese trägt auch dazu bei, die Überforderung dieser Kinder im regulären Unterricht zu vermeiden. Der Psychologe im Team berät die Lehrer bei Konflikten mit erziehungsschwierigen Schülern und führt zusammen mit dem Sozialarbeiter, der für den Kontakt mit den Eltern zuständig ist, Elterntrainings durch (vgl. S. 210f.). Die ersten Ergebnisse aus diesem Versuch sind ermutigend. Es hat sich deutlich gezeigt, daß ein solch koordinierter Einsatz von Fachleuten geeignet ist, Verhaltens- und Lernstörungen abzubauen und durch Integration dieser Schüler die Sonderschulbedürftigkeit zu reduzieren (Speck 1976; Havers und Schattenmann 1976; Gottwald, Innerhofer und Peterander 1977; Innerhofer und Tammerle 1977).

Die wissenschaftliche Erprobung von innovativen Ansätzen zur Integration verhaltensgestörter Schüler in die Regelschule steht am Anfang ihrer Entwicklung. Bisher hat man zeigen können, daß einige Ansätze erfolgversprechend sind. Ungelöst ist noch das Problem der Kosten solcher Innovationen und auch die Frage, wie sich die neuen Ansätze in das traditionelle Ausbildungssystem für Pädagogikstudenten bzw. die Organisationsstruktur der Schule einfügen lassen.

Literaturverzeichnis

Achenbach, T. M.: The classification of children's psychiatric symptoms: A factor analytic study. Psychological Monographs, 1966, 80, 6.

Adorno, Th. W.: Tabus über den Lehrerberuf. Neue Sammlung, 1965, 5, 487–496.

Allen, D. W. & Ryan, K. A.: Microteaching. Weinheim: Beltz, 1972.

Allgemeine Schulordnung: Vollständige Ausgabe mit den ergänzenden Bestimmungen für die Volksschulen. 2. Aufl., München: Maiss, 1975.

Amberg, H. & Schiedermayer, W.: Bayerisches Schulrecht. Donauwörth: Auer, 1974.

Anderson, R. C. & Faust, G. W.: Educational psychology, The science of instruction and learning. New York: Dodd, Mead & Co., 1973.

Anthony, E. J.: The behavior disorders of childhood. In: Mussen, P. M. (Hrsg.): Carmichael's manual of child psychology, 3. Aufl., Bd. 2, New York: John Wiley & Sons, 1970, 667–764.

Aronson, E. & Carlsmith, J. M.: Effect of the severety of threat on the devaluation of forbidden behavior. Journal of Abnormal and Social Psychology, 1963, 66, 584–588.

Atkinson, R. C.: Ingredients for a theory of instruction. American Psychologist, 1972, 27, 921–931.

Ayllon, T. & Azrin, N. H.: Reinforcement and instructions with mental patients. Journal of the Experimental Analysis of Behavior, 1964, 7, 327–331.

Ayllon, T., Layman, D. & Burke, S.: Disruptive behavior and reinforcement of academic performance. The Psychological Record, 1972, 22, 315–323.

Ayllon, T., Layman, D. & Kandel, H. J.: A behavioral-educational alternative to drug control of hyperactive children. Journal of Applied Behavior Analysis, 1975, 8, 137–146.

Ayllon, T. & Roberts, M. D.: Eliminating discipline problems by strengthening academic performance. Journal of Applied Behavior Analysis, 1974, 7, 71–76.

Ayllon, T., Smith, D. & Rogers, M.: Behavioral management of school phobia. Journal of Behavior Therapy and Experimental Psychiatry, 1970, 1, 125–128.

Azrin, N. H. & Holz, W. C.: Punishment. In: Honig, W. K. (Hrsg.): Operant behavior. Areas of research and application. New York: Appleton-Century-Crofts, 1966, 380–447.

Bärsch, W.: Das schwierige Kind in der Schule. Esslingen: Burgbücherei Wilhelm Schneider, 1968.

Bandura, A.: Social learning through imitation. In: Jones, M. R. (Hrsg.): Nebraska symposion on motivation: 1962. Lincoln: University of Nebraska Press, 1962, 211–269.

Bandura, A.: Principles of behavior modification. New York: Holt, Rinehart and Winston, 1969.

Bandura, A.: Psychotherapy based upon modeling principles. In: Bergin, A. E. & Garfield, S. L. (Hrsg.): Handbook of psychotherapy and behavior change. New York: Wiley, 1971 a.

BANDURA, A.: Analysis of modeling processes. In: BANDURA, A. (Hrsg.): Psychological modeling, conflicting theories. Chicago: Aldine-Atherton, 1971 b.
BANDURA, A.: Vicarious and self-reinforcement processes. In: GLASER, R. (Hrsg.): The nature of reinforcement. New York: Academic Press, 1971 c.
BANDURA, A.: Social learning theory. New York: General Leraning Press, 1971 d.
BANDURA, A.: Aggression, a social learning analysis. Englewood Cliffs: Prentice-Hall, 1973.
BANDURA, A., GRUSEC, J. E. & MENLOVE, F. L.: Vicarious extinction of avoidance behavior. Journal of Personality and Social Psychology, 1967, 5, 16–23.
BANDURA, A., ROSS, D. & ROSS, S. A.: Imitation of film-mediated aggressive models. Journal of Abnormal and Social Psychology, 1963, 66, 3–11.
BARBER, T. X.: Pitfalls in research: Nine investigator and experimenter effects. In: TRAVERS, R. M. W.: Second handbook of research on teaching. Chicago: Rand McNally, 1973, 382–404.
BARKER, R., DEMBO, T. & LEWIN, K.: Frustration and regression: An experiment with young children. University of Iowa Studies in Child Welfare, 1941, 18 (No. 386).
BARNARD, J. W., ZIMBARDO, P. G. & SARASON, S. B.: Teachers' ratings of student personality traits as they relate to IQ and social desirability. Journal of Educational Psychology, 1968, 59, 128–132.
BARRISH, H. H., SAUNDERS, M. & WOLF, M. M.: Good behavior game: Effects of individual contingencies for group consequences on disruptive behavior in a classroom. Journal of Applied Behavior Analysis, 1969, 2, 119–124.
BAUMRIND, D.: Socialization and instrumental competence in young children. In: HARTUP, W. W. (Hrsg.): The young child. Reviews of research. Bd. 2, Washington, D. C.: National Association for the Education of Young Children, 1972, 202–224.
BECKER, H. S.: Outsiders: Studies in the sociology of deviance. Glencoe: The Free Press, 1963.
BECKER, H. S.: Nachträgliche Betrachtungen zur „Etikettierungstheorie". In: BECKER, H. S.: Außenseiter. Zur Soziologie abweichenden Verhaltens. Frankfurt: S. Fischer, 1973, 159–188.
BECKER, W. C.: Consequences of different kinds of parental discipline. In: HOFFMAN, M. & HOFFMAN, L. W. (Hrsg.): Review of child development research. New York: Russel Sage Foundation, 1974, 169–208.
BECKER, W. C., ENGELMANN, S. & THOMAS, D. R.: Teaching: A course in applied psychology. Chicago: Science Research Associates, 1971.
BECKER, W. C., MADSEN, C. H., Jr., ARNOLD, C. R. & THOMAS, D. R.: The contingent use of teacher attention and praise in reducing classroom behavior problems. The Journal of Special Education, 1967, 1, 287–307.
BEILIN, H.: Teachers' and clinicians' attitudes toward the behavior problems of children: A reappraisal. Child Development, 1959, 30, 9–25.
BEILIN, H. & WERNER, E.: Sex differences among teachers in the use of the criteria of adjustment. Journal of Educational Psychology, 1957, 48, 426–436.
BELLER, E. K.: Research on organized programs of early education. In: TRAVERS, R. M. W. (Hrsg.): Second handbook for research on teaching. Chicago: Rand McNally, 1973, 530–600.
BELSCHNER, W.: Behandlungsmodelle. In: BELSCHNER u. a.: 1973, 36–39.
BELSCHNER, W., HOFFMANN, M., SCHOTT, F. & SCHULZE, CH.: Verhaltenstherapie in Erziehung und Unterricht. Stuttgart: Kohlhammer, 1973.
BEM, D. J.: Self-perception theory. In: L. BERKOWITZ (Hrsg.): Advances in experimental social psychology, Bd. 6, New York: Academic Press, 1972, 1–62.
BENETT, N.: Teaching styles and pupil progress. London: Open Books, 1976.

BERGER, M.: Early experience and other environmental factors: An overview. 1. Studies with humans. In: EYSENCK, H. J. (Hrsg.): Handbook of abnormal psychology. London: Pitman, 1973, 604–624.

BERNART, E.: Sorgenkinder in der Volksschule. München: 1958.

BERSCHEID, E. & WALSTER, E. H.: Interpersonal attraction. Reading, Mass.: Addison Wesley, 1969.

BIRKE, F.: Problemfamilien. Nachrichtendienst des deutschen Vereins für öffentliche und private Fürsorge, 1971, 328–336.

BITTNER, G., ERTLE, C. & SCHMID, V.: Schule und Unterricht bei verhaltensgestörten Kindern. In: Sonderpädagogik 4 (Deutscher Bildungsrat, Gutachten und Studien der Bildungskommission, Bd. 35). Stuttgart: Klett, 1974, 13–102.

BLACKHAM, G. J. & SILBERMAN, A.: Grundlagen und Methoden der Verhaltensmodifikation. Weinheim: Beltz, 1975.

BLECKMANN, K.-H.: Zur Frage einer epochalen Wandlung der Symptomatik erziehungsschwieriger Kinder. Praxis der Kinderpsychologie und Kinderpsychiatrie, 1962, 11, 273–277.

BLEIDICK, U.: Über die Beziehung zwischen Milieuschädigung und Lernbehinderung. In: RÖHRS, H. (Hrsg.): Das schwererziehbare Kind. Frankfurt: Akademische, 1969, 93–118.

BOOCOCK, S. S.: An introduction to the sociology of learning. New York: Houghton Mifflin, 1972.

BOWLBY, J.: Disruption of affectional bonds and its effects on behavior. Canada's Mental Health. Supplement No. 59, 1969.

BOWLBY, J.: Bindung. Eine Analyse der Mutter-Kind-Beziehung. München: Kindler, 1975.

BOWLBY, J., AINSWORTH, M., BOSTON, B. & ROSENBLUTH, D.: The effect of mother-child seperation: A follow-up study. British Journal of Medical Psychology, 1956, 29, 211 ff.

BRACKEN, H. v.: Entwicklungsgestörte Jugendliche. 3. Aufl., München: Juventa, 1970.

BRADLEY, C.: The behavior of children receiving Benzedrine. American Journal of Psychiatry, 1935, 94, 577–585.

BRADLEY, C.: Benzedrine and dexedrine in the treatment of children's behavior disorders. Pediatrics, 1950, 5, 24–36.

BRODEN, M., HALL, R. V., DUNLAP, A. & CLARK, R.: Effects of teacher attention and a token reinforcement system in a junior high school special education class. Exceptional Children, 1970, 36, 341–349.

BRONFENBRENNER, U.: Two worlds of childhood: U.S. and U.S.S.R. New York: Pocket Books, 1973.

BRONFENBRENNER, U.: Wie wirksam ist kompensatorische Erziehung? Stuttgart: Klett, 1974.

BRÜGGEMANN, O.: Sexuelle Konflikte an Gymnasien. Ergebnisse einer Umfrage. Heidelberg: Quelle & Meyer, 1967.

BRUSTEN, M.: Wer produziert die „Auffälligen"? Schule als Instanz sozialer Kontrolle. Zur Problematik von Beobachtungsbögen. Neue Praxis, 1971, 2, 105–111.

BRUSTEN, M. & HURRELMANN, K.: Abweichendes Verhalten in der Schule. München: Juventa, 1973.

BURCHARD, J. D. & BARRERA, F.: An analysis of timeout and response cost in a programmed environment. Journal of Applied Behavior Analysis, 1972, 5, 271–282.

BUSHELL, D., Jr., WROBEL, P. A. & MICHAELIS, M.: Applying „group" contingencies to the classroom study behavior of preschool children. Journal of Applied Behavior Analysis, 1968, 1, 55–61.

CAHOON, D. D. & WENRICH, W. W.: Note on behavior modification using extinction and counterconditioning procedures. The Psychological Record, 1965, 535–536.

CAMPBELL, D. T. & FISKE, D. W.: Convergent and discriminant validation by the multitrait-multimethod matrix. Psychological Bulletin, 1959, 56, 81–105.

CALDWELL, B.: The effects of infant care. In: HOFFMAN, M. L. & HOFFMAN, L. W.: Review of child development research. New York: Russel Sage Foundation, 1964.

CAMPBELL, S. B., DOUGLAS, V. I. & MORGENSTERN, G.: Cognitive styles in hyperactive children and the effect of methylphenidate. Journal of Child Psychology and Psychiatry, 1971, 12, 55–67.

CANTWELL, D. P.: Psychiatric illness in the families of hyperactive children. Archives of General Psychiatry, 1972, 414–417.

CARNINE, D.: Effects of two teacher-presentation rates on off-task behavior, answering correctly, and participation. Journal of Applied Behavior Analysis, 1976, 9, 199–206.

CHESNEY-LIND, M.: Juvenile delinquency. The sexualisation of female crime. Psychology today, July 1974, Bd. 8, Nr. 4, 43–46.

CHRISTY, P. R.: Does use of tangible rewards with individual children affect peer observers? Journal of Applied Behavior Analysis, 1975, 8, 187–196.

CLARIZIO, H.: Stability of deviant behavior through time. Mental Hygiene, 1968, 52, 228–293.

CLEMENTS, S. D.: Task force I: Minimal brain dysfunction in children. National Institute of Neurological Diseases and Blindness. Monograph Nr. 3. Washington: U.S. Department of Health, Education and Welfare, 1966.

COATES, T. & THORESEN, L. E.: Teacher anxiety: A review with recommendations. Stanford, Cal.: Stanford Center for Research and Development in Teaching, 1974. (Auch in: Review of Educational Research, 1976, 46, 159ff.)

COBB, J. A.: The relationship of discrete classroom behaviors to fourth grade achievement. Journal of Educational Psychology, 1972, 63, 74–80.

COHEN, R.: Zum Problem der Systematik psychogener Störungen aus lern- und denkpsychologischer Sicht. In: FÖRSTER, E. & WEWETZER, K. H.: Systematik der psychogenen Störungen. Bern & Stuttgart: Huber, 1968, 24–37.

COLEMAN, R.: A conditioning technique applicable to elementary school classrooms. Journal of Applied Behavior Analysis, 1970, 3, 293–297.

CONNERS, C. K.: Symptom patterns in hyperkinetic, neurotic and normal children. Child Development, 1970, 41, 667–682.

CONNERS, C. K.: Recent drug studies with hyperkinetic children. Journal of Learning Disabilities, 1971, 4, 476–483.

CONNERS, C. K.: Pharmacotherapy of psychopathology in children. In: QUAY, H. C. & WERRY, J. C.: Psychopathological disorders of childhood. New York: Wiley, 1972, 316–347.

CONNERS, C. K.: What parents need to know about stimulant drugs and special education. Journal of Learning Disabilities, 1973, 6, 13–15.

CONNERS, C. K., EISENBERG, L. & BARCAI, A.: Effect of dextroamphetamine on children: Studies on subjects with learning disabilities and school behavior problems. Archives of General Psychiatry, 1967, 17, 478–485.

CONNERS, C. K., GOYETTE, C. H., SOUTHWICK, D. A., LEES, J. M. & ANDRULONIS, P. A.: Food additives and hyperkinesis: A controlled double – blind experiment. Pediatrics, 1976, 58, 154–166.

CONNERS, C. K. & ROTHSCHILD, G. H.: Drugs and learning in children. In: HELLMUTH, J. (Hrsg.): Learning disorders, Bd. 3, Seattle, Wash.: Special Child Publications, 1968, 191–224.

Cooper, J. A.: Application of consultant role to parent-teacher management of school avoidance behavior. Psychology in the Schools, 1973, 10, 259–262.

Cowan, P. A. & Walters, R. H.: Studies of reinforcement of aggression: 1. Effects of scheduling. Child Development. 1963, 34, 543–551.

Cruickshank, W. M. (Hrsg.): Cerebral palsy: Its individual and community problems. 2. Aufl., Syracuse, N. Y.: Syracuse University Press, 1966.

Cruickshank, W. M.: Schwierige Kinder in Schule und Elternhaus. Berlin: Marhold, 1973.

Cruickshank, W. M., Bentzen, F. A., Ratzeburg, F. H. & Tannhauser, M. T.: A teaching method for brain-injured and hyperactive children. Syracuse, N. Y.: Syracuse University Press, 1961.

Dencker, S.: A follow-up study of 128 closed head injuries in twins using co-twins as controls. Acta Psychiatrica et Neurologica Scandinavica, 1958, 33, Supp. 123.

Denk, K.: Pädagogik bei verhaltensgestörten Kindern. In: Jussen, H. (Hrsg.): Handbuch der Heilpädagogik in Schule und Jugendhilfe. München: Kösel, 1967.

Destunis, G.: Die Schwererziehbarkeit und die Neurosen des Kindesalters. Stuttgart: Klett, 1961.

Deutscher Bildungsrat (Hrsg.): Zur pädagogischen Förderung behinderter und von Behinderung bedrohter Kinder und Jugendlicher. Stuttgart: Klett, 1974.

Dielman, T. E., Cattell, R. B. & Lepper, C.: Dimensions of problem behavior in the early grades. Consulting and Clinical Psychology, 1971, 37, 243–349.

Dietrich, W.: Der junge Lehrer und die Schulzucht. Hannover: Schroedel, 1967.

Dietrich, G. & Walter, H.: Grundbegriffe der psychologischen Fachsprache. München: Ehrenwirth, 1970.

Dion, K., Berscheid, E. Walster, E.: What is beautiful is good. Journal of Personality and Social Psychology, 1972, 24, 285–290.

Dobzhansky, T.: Intelligenz, Vererbung und Umwelt. München: Deutscher Taschenbuchverlag, 1975.

Dohrenwend, B. P. & Dohrenwend, B. S.: Sozialer Status und psychische Störungen: Bestandsaufnahme epidemiologischer Forschung. In: Keupp, H. (Hrsg.): Verhaltensstörungen und Sozialstruktur. München: Urban & Schwarzenberg, 1974.

Dollard, J., Doob, L. W., Miller, N. E., Mowrer, O. H. & Sears, R. R.: Frustration and aggression. New Haven, Conn.: Yale University, 1939.

Domke, H.: Lehrer und abweichendes Schülerverhalten. Zum sogenannten Disziplinproblem in der Schule. Donauwörth: Auer, 1973.

Douglas, J. W. B.: The home and the school. London: Mac Gibbon & Kee, 1968.

Drabman, R. S. & Lahey, B. B.: Feedback in classroom behavior modification: Effects on the target and her classmates. Journal of Applied Behavior Analysis, 1974, 7, 591–598.

Drabman, R. S. & Spitalnik, R.: Social isolation as a punishment procedure: A controlled study. Journal of Experimental Child Psychology, 1973, 16, 236–249.

Drabman, R. S., Spitalnik, R. & Spitalnik, K.: Sociometric and disruptive behavior as a function of four types of token reinforcement programs. Journal of Applied Behavior Analysis, 1974, 7, 93–101.

Drabman, R. S. & Tucker, R. D.: Why classroom token economies fail. Journal of School Psychology, 1964, 12, 178–188.

Dreeben, R.: The school as a workplace. In: Travers, R. M. W. (Hrsg.): Second handbook of research on teaching. Chicago: Rand McNally, 1973, 450–473.

Drever, J. & Fröhlich, W. D.: DTV-Wörterbuch zur Psychologie. München: Deutscher Taschenbuchverlag, 1968.

Drew, C. J.: Research on the psychological-behavioral effects of the physical environment. Review of Educational Research, 1971, 41, 447–465.

Dunn, L. M.: Special education for the mildly retarded. Is much of it justificable? Exceptional Children, 1968, 35, 5–22.

Eichlseder, W.: Zur Behandlung konzentrationsgestörter Kinder mit DL-Amphetamin. Pädiatrische Praxis, 1974 a, 14, 109–123.

Eichlseder, W.: Leserbrief zu dem Artikel „Zur Behandlung konzentrationsgestörter hyperaktiver Kinder mit DL-Amphetamin." Pädiatrische Praxis, 1974 b, 14, 574–585.

Eisenberg, L.: School phobia: A study in the communication of anxiety. American Journal of Psychiatry, 1958, 114, 712–718.

Eisenberg, L.: Principles of drug therapy in child psychiatry with special reference to stimulant drugs. American Journal of Orthopsychiatry, 1971, 41, 371–379.

Eisert, H. G. & Barkey, P.: Verhaltensmodifikation in der Schule. In: Rost, D. H., Grunow, P. & Oechsle, D. (Hrsg.): Pädagogische Verhaltensmodifikation. Weinheim: Beltz, 1975.

Ellis, D. B. & Miller, L. W.: Teachers' attitudes and child behavior problems. Journal of Educational Psychology, 1936, 27, 501–511.

Essler, W. K.: Wissenschaftstheorie I. Definition und Reduktion. Freiburg/München: Alber, 1970.

Eyferth, K.: Erziehungsschwierigkeiten. In: Rombach, H. (Hrsg.): Lexikon der Pädagogik. Neue Ausgabe. Bd. 1. Freiburg: Herder, 1970, 406.

Fatke, R.: Die Einstellung des Lehrers zu Verhaltensproblemen von Schülern. In: Halbfas, H., Maurer, F. & Popp, W.: Neuorientierung des Primarbereichs, Bd. 2, Lernen und soziale Erfahrung. Stuttgart: Klett, 1974, 95–109.

Feingold, B. B.: Introduction to clinical allergy. Springfield, Ill.: C. C. Thomas, 1973.

Ferritor, D. E., Buckholdt, D., Hamblin, R. L. & Smith, L.: The noneffects of contingent reinforcement for attending behavior on work accomplished. Journal of Applied Behavior Analysis, 1972, 5, 7–17.

Feshbach, S.: Aggression. In: Mussen, P. H. (Hrsg.): Carmichael's manual of child psychology. 3. Aufl., Bd. 2, New York: Wiley, 1970, 159–259.

Foppa, K.: Lernen, Gedächtnis, Verhalten. Ergebnisse und Probleme der Lernpsychologie. Köln: Kiepenheuer & Witsch, 1965.

Forness, S. R.: The reinforcement hierarchy. Psychology in the Schools, 1973, 10, 168–177.

Fürstenau, P.: Zur Psychoanalyse der Schule als Institution. Das Argument, 1964, 6, 65–78.

Fuller, F. F. & Manning, B. A.: Self-confrontation reviewed: A conceptualisation for video playback in teacher education. Review of Educational Research, 1973, 43, 469–528.

Gage, N. L.: Teacher effectiveness and teacher education. The search for a scientific basis. Palo Alto, Cal.: Pacific Books, 1972.

Gage, N. L., Runkel, P. J. & Chatterjee, B. B.: Changing teacher behavior through feedback from pupils: An application of equilibrium theory. In: Charters, W. W., Jr. & Gage, N. L. (Hrsg.) : Readings in the social psychology of education. Boston: Allyn & Bacon, 1963, 173–181.

Geen, R. G.: Aggression. Morristown, N. J.: General Learning Press, 1972.

Gehrig, H. & Geppert, M.: Lehrerverhalten in Konfliktsituationen. Basel: Beltz, 1975.

Gentile, J. R., Frazier, T. W. & Morris, M. C.: Instructional applications of behavior principles. Monterey, Cal.: Brooks/Cole Publishing Company, 1973.

Gibbs, F., Gibbs, E., Spies, H. & Carpenter, P.: Common types of childhood encephalitis. Archives of Neurology, 1964, 10, 1–11.

GLASER, R.: Educational psychology and education. American Psychologist, 1973, 28, 557–566.

GLAVIN, J. P. & QUAY, H. C.: Behavior disorders. Review of Educational Research, 1969, 39, 83–103.

GLAVIN, J. P., QUAY, H. C. & WERRY, J. S.: Behavioral and academic gains of conduct problem children in different classroom settings. Exceptional Children, 1971, 37, 441–446.

GLIDEWELL, J. C. & SWALLOW, C. S.: The prevalence of maladjustment in elementary schools. Chicago: University of Chicago Press, 1969.

GLUECK, S. & GLUECK, E.: Juvenile delinquents grown up. New York: The Commonwealth Fund, 1940.

GOLDFARB, W.: Childhood psychosis. In: MUSSEN, P. H. (Hrsg.): Carmichael's manual of child psychology. 3. Aufl., Bd. 2, New York: Wiley, 1970, 765–830.

GÖLLNITZ, G.: Die Bedeutung der frühkindlichen Hirnschädigungen für die Kinderpsychiatrie. Leipzig: Thieme, 1954.

GORDON, T.: Familienkonferenz, die Lösung von Konflikten zwischen Eltern und Kind. Hamburg: Hoffmann und Campe, 1972.

GOTTESMAN, I.: Genetic variance in adaptive personality traits. Journal of Child Psychology and Psychiatry. 1966, 7, 199–208.

GOTTWALD, P., INNERHOFER, P. & PETERANDER, F.: Umstrukturierung eines Klassenzimmers und Durchführung von Token- und Elternbrief-Programmen zur Erleichterung der Integration verhaltens- und leistungsgestörter Kinder. In: CRAMER,M., GOTTWALD, P. & KEUPP, H. (Hrsg.): Verhaltensmodifikation in der Schule. Sonderheft II/1976 der „Mitteilung der DGVT e. V.“. München, 1977. (Zu beziehen durch DGVT, Kraepelinstr. 10, 8000 München 40)

GRAEFE, O.: Zur Klassifizierung kindlicher Verhaltensstörungen. Psychologische Rundschau, 1956, 7, 1–9.

GRAHAM, F., ERNHART, C., THURSTON, D. & CRAFT, M.: Development three years after perinatal anoxia and other potentially damaging newborn experiences. Psychological Monographs, 1962, 76, 1–53.

GRAHAM, P. & RUTTER, M.: Organic brain dysfunction and child psychiatric disorder. British Medical Journal, 1968, 3, 695–700.

GRAUBARD, P. S., ROSENBERG, H. & MILLER, M. B.: Student applications of behavior modification to teachers and environments or ecological approaches to social deviancy. In: RAMP, E. & HOPKINS, B. L. (Hrsg.): A new direction for education: Behavior analysis 1971. The University of Kansas. Support and Development Center for Follow-Through. Department of Human Development, 1971.

GREENWOOD, C. R., HOPS, H., DELQUARDRI, J. & GUILD, J.: Group contingencies for group consequences in classroom management: A further analysis. Journal of Applied Behavior Analysis, 1974, 7, 413– 425.

GRELL, J.: Die sogenannte Erfahrung. Barrieren gegen die Schulreform im Bewußtsein des Lehrers. Betrifft: Erziehung, 1970, 3, Heft 8, 17–19.

GRINSPOON, L. & SINGER, S. B.: Amphetamines in the treatment of hyperkinetic children. Harvard Educational Review, 1973, 43, 515–555.

GROPPER, G. L. & KRESS, G. C.: Managing problem behavior in the classroom. New York: New Century, 1970.

GROUP FOR THE ADVANCEMENT OF PSYCHIATRY: Psychopathological disorders of childhood: Theoretical considerations and a proposed classification. Reports and symposiums, Bd. 6, Report No. 62, New York: Group for the Advancement of Psychiatry, 1966.

GUMP, P. V.: What's happening in the elementary classroom? In: WESTBURY, I. &

Bellack, A. (Hrsg.): Research into classroom processes. New York: Teachers' College Press, 1971, 155–165.

Halbfas, H.: „Was stellen die Lehrer sich unter richtiger Erziehung vor?" Ein Interview mit Schülern. In: Halbfas, H., Maurer, F. & Popp, W.: Lernen und soziale Erfahrung, Stuttgart: Klett, 1974, 9–21.

Hall, R. V., Fox, R., Willard, D., Goldsmith, L., Emerson, M., Owen, M., Davis, F. & Porcia, E.: The teacher as observer and experimenter in the modification of disputing and talking-out behaviors. Journal of Applied Behavior Analysis, 1971, 4, 141–149.

Hall, R. V., Lund, D. & Jackson, D.: Effects of teacher attention on study behavior. Journal of Applied Behavior Analysis, 1968, 1, 1–12.

Hall, R. V., Panyan, M., Rabon, D. & Broden, M.: Instructing beginning teachers in reinforcement procedures which improve classroom control. Journal of Applied Behavior Analysis, 1968, 1, 315–322.

Hamblin, R. L., Hathaway, C. & Wodarski, J. S.: Group contingencies, peer tutoring and accelerating academic achievement. In: Ramp, E. A. & Hopkins, B. L. (Hrsg.): A new direction for education: Behavior analysis. Bd. 1, Lawrence: The University of Kansas, 1971, 41–53.

Hanselmann, H.: Einführung in die Heilpädagogik. Zürich: Rotapfel, 1946.

Hanselmann, H.: Sorgenkinder daheim, in der Schule, in der Anstalt, in der menschlichen Gesellschaft. Zürich: Rotapfel, 1954.

Harbauer, H.: Anfälligkeiten des Kindes im Schulalter bis zur Pubertät. In: Stutte, H. & Harbauer, H.: Concilium paedopsychiatricum. Basel: Karger, 1968, 120–124.

Harbauer, H., Lempp, R., Nissen, G. & Strunk, P.: Lehrbuch der speziellen Kinder- und Jugendpsychiatrie. Berlin, Heidelberg, New York: Springer, 1971.

Hare, R. D.: Psychopathy: Theory and research. New York: Wiley, 1970.

Haring, N. G., Hayden, A. H. & Nolen, P.: Accelerating appropriate behaviors of children in a Head Start Program. Exceptional Children, 1969, 35, 773–784.

Haring, N. G. & Phillips, E. L.: Educating emotionally disturbed children. New York: Mc Graw-Hill, 1962.

Harnack, G. A. v.: Nervöse Verhaltensstörungen beim Schulkind. Stuttgart: Thieme, 1958.

Harrington, J. & Latemendia, F.: Persistent psychiatric disorder after head injury in children. Journal of Mental Science, 1958, 104, 1205–1218.

Harris, V. W. & Sherman, J. A.: Use and analysis of the „good behavior game" to reduce disruptive classroom behavior. Journal of Applied Behavior Analysis, 1973, 6, 405–417.

Hassenstein, B.: Darf eine Säuglings- und Kleinkindmutter berufstätig sein? Blätter der Wohlfahrtspflege, 1975, 122, 216–219.

Hartup, W. W.: Peer interaction and social organisation. In: Mussen, P. H. (Hrsg.): Carmichael's manual of child psychology, Bd. 2, 3. Aufl., New York: Wiley, 1970, 361–456.

Harvey, O. J., White, B. J., Prather, M. S., Alter, R. D. & Hoffmeister, J. K.: Teachers' belief system and preschool atmospheres. Journal of Educational Psychology, 1966, 57, 373–381.

Hastorf, A. H., Schneider, D. J. & Polefka, J.: Person perception. Reading, Mass.: Addison-Wesley, 1970.

Havers, N. & Schattenmann, M.: Ein Schulversuch zur Reduzierung der Sonderschulbedürftigkeit. Die Grundschule, 1976, 8, 552–555.

Havers, N. & Innerhofer, P.: Lehrertraining nach dem Münchner Trainings-Modell. (Unveröffentlichtes Manuskript)

HAWKINS, R. L., SLUYTER, D. J. & SMITH, C. D.: Modification of achievement by a simple technique involving parents and teacher. In: HARRIS, M. B. (Hrsg.): Classroom uses of behavior modification. Columbus, Ohio: Merrill, 1972, 101–119.

HECKEL, H. & SEIPP, P.: Schulrechtskunde. 4. Aufl., Neuwied & Berlin: Luchterhand, 1969.

HECKHAUSEN, H.: Förderung der Lernmotivierung und der intellektuellen Tüchtigkeiten. In: ROTH, H. (Hrsg.): Begabung und Lernen. Stuttgart: Klett, 1968, 193–228.

HECKHAUSEN, H.: Anlage und Umwelt als Ursache von Intelligenzunterschieden. In: GRAUMANN, C. F., HECKHAUSEN, H., HOFER, M. u. a.: Pädagogische Psychologie, Bd. 1, Frankfurt: Fischer Taschenbuch V., 1974, 275–312.

HEINSTEIN, M.: Behavior problems of young children in California. San Francisco: San Francisco State University, Departement of Psychology, 1969. (Unveröffentlichtes, hektographiertes Manuskript.)

HERBERT, M.: The concept and testing of brain damage in children: A review. Journal of Child Psychology and Psychiatry, 1964, 5, 197–216.

HERMAN, S. H. & TRAMONTANA, J.: Instructions and group versus individual reinforcement in modifying disruptive group behavior. Journal of Applied Behavior Analysis, 1971, 4, 113–119.

HERRMANN, T.: Lehrbuch der empirischen Persönlichkeitsforschung. Göttingen: Verlag für Psychologie, 1969.

HESS, R. D.: Class and ethnic influences upon socialization. In: MUSSEN, P. H. (Hrsg.): Carmichael's manual of child psychology. 3. Aufl., Bd. 2, New York: Wiley, 1970, 457–557.

HESS, R. D. & CROFT, D. J.: Teachers of young children. Boston: Houghton Mifflin Company, 1972.

HETHERINGTON, E. M. & DEUR, J. L.: The effects of father absence on child development. In: HARTUP, W. W. (Hrsg.): The young child. Reviews of research. Bd. 2. Washington: National Association for the Education of Young Children, 1972, 303–319.

HETHERINGTON, E. M. & MARTIN, B.: Family interaction and psychopathology in children. In: QUAY, H. C. & WERRY, J. C.: Psychopathological disorders of childhood. New York: Wiley, 1972, 30–82.

HEWETT, F. M.: The emotionally disturbed child in the classroon. Boston: Allyn & Bacon, 1968.

HEWETT, F. M. & BLAKE, P. R.: Teaching the emotionally disturbed. In: TRAVERS, R. M. W. (Hrsg.): Second Handbook of Research on Teaching. Chicago: Rand McNally, 1973, 657–688.

HILL, K. T.:Anxiety in the evaluative context. In: HARTRUP, W. W. (Hrsg.): The young child. Bd. 2, Washington: National Association for the Education of Young Children, 1972, 225–263.

HILL, K. T. & SARASON, S. B.: The relation of test anxiety and defensiveness to test and school performance over the elementary school years: A further longitudinal study. Monographs of the Society for Research in Child Development, Serial No. 104, 1966, 31.

HINSIE, L. E. & CAMPBELL, R. J.: Psychiatric dictionary. 4. Aufl., London: Oxford University Press, 1970.

HIPPLER, B. & SCHOLZ, W.: Tokenverstärkungssysteme in der Schule. In: KRAIKER, C. (Hrsg.): Handbuch der Verhaltenstherapie. München: Kindler, 1974.

HOFER, M.: Die Schülerpersönlichkeit im Urteil des Lehrers. Weinheim: Beltz, 1969.

HÖHN, E.: Der schlechte Schüler. Sozialpsychologische Untersuchungen über das Bild des Schulversagers. München: Piper, 1967.

HOMFELD, H. G.: Stigma und Schule. Abweichendes Verhalten bei Lehrern und Schülern. Düsseldorf: Schwann, 1974.

HOMME, L. E.: Contingency management. Washington: American Psychological Association, Division of Clinical Psychology, Newsletter 5 (4), November 1966.

HOMME, L., CSANYI, A. P., GONZALES, M. A. & RECHS, J. R.: Verhaltensmodifikation in der Schulklasse. Weinheim: Beltz, 1974.

HOPKINS, B. L., SCHUTTE, R. C. & GARTON, K.: The effect of access to a playroom on the rate and quality of printing and writing of first and second-grade students. Journal of Applied Behavior Analysis, 1971, 4, 77–87.

HORNEY, W. & MÜLLER, H. A.: Schule und Disziplin. Gütersloh: Bertelsmann, 1964.

HOY, W. K.: The influence of experience on the beginning teacher. School Review, 1968, 76, 312–323.

HURLOCK, E. E. & MCDONALD, L. C.: Undesirable behavior traits in junior high school students. Child Development, 1934, 5, 278–290.

IBEN, G.: Randgruppen der Gesellschaft. Untersuchungen über Sozialstatus und Erziehungsverhalten obdachloser Familien. 2. Aufl. München: Juventa, 1972.

IMMELMANN, K.: Das Problem der Begabung aus biologischer Sicht – die Aussagen der Verhaltensforschung über die Bedeutung früher Umgebungseinflüsse. In: Jahresbericht 1975 der Studienstiftung. Bonn: Studienstiftung des deutschen Volkes, 1976 (Als Manuskript gedruckt).

INNERHOFER, P.: Ein Regelmodell zur Analyse und Intervention in Familie und Schule. Abänderung und Erweiterung des S-R-K-Modells. Zeitschrift für Klinische Psychologie, 1974, 3, 1–29.

INNERHOFER, P.: Sozialisation in der Schule und Therapieversuche bei sozialgestörten Kindern einer Sonderschule. In: BIERMANN, G. u.a.: Kindliche Sozialisation und Sozialentwicklung. München: Urban & Schwarzenberg, 1975, 143–169.

INNERHOFER, P.: Kleine Psychologie für Eltern. München: Moderne Verlags GmbH, 1975.

INNERHOFER, P.: Das Münchner Trainingsmodell. Beobachtung, Interaktionsanalyse, Verhaltensänderung. Heidelberg: Springer, 1977 a.

INNERHOFER, P.: Kindertherapie durch Elternarbeit. In: PONGRATZ, L. J. (Hrsg.): Handbuch der Psychologie. Bd. 8. Teil 2. Göttingen: Verlag für Psychologie, 1977 b.

INNERHOFER, P. & MÜLLER, G. F.: Behandlung eines hyperaktiven Jungen über ein Verhaltenstraining der Eltern. In: INNERHOFER, P. & MÜLLER, G. F.: Elternarbeit in der Verhaltenstherapie. Sonderheft 1/1974 der „Mitteilungen der GVT“. München: Gesellschaft zur Förderung der Verhaltenstherapie, 1974, 63–106.

INNERHOFER, P. & TAMMERLE, M.: Lehrer-Elterntraining als Hilfe bei der Integration verhaltensgestörter Kinder. In: CRAMER, M., GOTTWALD, P. & KEUPP, H. (Hrsg.): Verhaltensmodifikation in der Schule. Sonderheft III/1976 der „Mitteilungen der DGVT, e.V.“ München, 1977. (Zu beziehen durch DGVT, Kraepelinstr. 10, 8000 München 40.)

JACKSON, P. W.: Life in classrooms. New York: Holt, Rinehart & Winston, 1968.

JANTZEN, W.: Die Entwicklung der Sozialstruktur einer Sonderschulklasse in Abhängigkeit von Intelligenz, Schulleistungen und Milieu. Heilpädagogische Forschung, 1971, 3, 313–332.

JONES, F. H. & EIMERS, R. C.: Role playing to train elementary teachers to use a classroom management "skill package". Journal of Applied Behavior Analysis, 1975, 8, 421–433.

JONES, F. H. & MILLER, W. H.: The effective use of negative attention for reducing group disruption in special elementary school classrooms. The Psychological Record, 1974, 24, 435–448.

Jonsson, G. & Kälvesten, A. L.: 222 Stockholms pojkar. En socialpsychiatrisk undersökning av pojkar i skolaldern. Stockholm 1964.

Junker, H.: Konfliktberatung in der Schule. München: Kösel, 1976.

Kagan, J.: Impulsive and reflective children: Significance of conceptual tempo. In: Krumbolz, J. D. (Hrsg.): Learning and the educational process. Chicago: Rand McNally, 1965, 133–161.

Kagan, J. & Moss, H. A.: Birth to maturity. The Fels study of psychological development. New York: Wiley, 1962.

Kalbfuss, H.: Wer hilft wo? Beratungsstellen in der Bundesrepublik Deutschland, Österreich und der Schweiz. Freiburg: Herder, 1976.

Kalverboer, A. F.: A neurobehavioural study in pre-school children. London: Heinemann Medical Books, 1975.

Kamlah, W. & Lorenzen, P.: Logische Propädeutik. Vorschule des vernünftigen Redens. Mannheim: Bibliographisches Institut, 1967.

Kanfer, F. H. & Saslow, G.: Behavioral analysis. An alternative to diagnostic classification. Archives of General Psychiatry, 1965, 12, 529–538.

Karlin, M. S. & Berger, R.: Discipline and the disruptive child. A practical guide for elementary teachers. West Nyack: Parker Publishing, 1972.

Kaufman, K. F. & O'Leary, K. D.: Reward, cost, and self-evaluation procedures for disruptive adolescents in a psychiatric hospital school. Journal of Applied Behavior Analysis, 1972, 5, 293–309.

Kazdin, A. E.: Response cost: The removal of conditioned reinforcers for therapeutic change. Behavior Therapy, 1972, 3, 533–546.

Kazdin, A. E.: The effect of vicarious reinforcement on attentive behavior in the classroom. Journal of Applied Behavior Analysis, 1973, 6, 71–78.

Kazdin, A. E. & Bootzin, R. R.: The token economy: An evaluative review. Journal of Applied Behavior Analysis, 1972, 5, 343–372.

Kazdin, A. E. & Klock, J.: The effect of nonverbal teacher approval on student attentive behavior. Journal of Applied Behavior Analysis, 1973, 6, 643–654.

Kazdin, A. E., Silverman, N. A. & Sittler, J. L.: The use of prompts to enhance vicarious effects of nonverbal approval. Journal of Applied Behavior Analysis, 1975, 8, 279–286.

Keckeisen, W.: Die gesellschaftliche Definition abweichenden Verhaltens. Perspektiven und Grenzen des labeling approach. München: Juventa, 1974.

Keil, T. U.: Prävention genetischer Intelligenzdefekte. Ärztliche Praxis, 1974, 45, 2243–2244.

Kemmler, L.: Untersuchungen über den frühkindlichen Trotz. Psychologische Forschung, 1957, 25, 279–338.

Kern, H. J.: Verhaltensmodifikation in der Schule. Anleitung für die Schulpraxis. Stuttgart: Kohlhammer, 1974.

Keupp, H.: Psychische Störungen als abweichendes Verhalten. Zur Soziogenese psychischer Störungen. München: Urban & Schwarzenberg, 1972 a.

Keupp, H. (Hrsg.): Der Krankheitsmythos in der Psychopathologie. Darstellung einer Kontroverse. München: Urban & Schwarzenberg, 1972 b.

Klauer, K. J.: Erziehungsschwierigenpädagogik. In: Horney, W., Ruppert, J. P. & Schultze, W.: Pädagogisches Lexikon in zwei Bänden. Bd. 1, Gütersloh: Bertelsmann, 1970, Sp. 792–794.

Klink, J.-G.: Schwererziehbarkeit und Erziehungsschwierigkeiten in der Schule. Hamburg: Gesellschaft der Freunde des vaterländischen Schul- und Erziehungswesens, 1962.

Klink, J.-G.: Das erziehungsschwierige Kind in der Kleinklasse. Zeitschrift für Heilpädagogik, 1965, 15, 65–76.

Klink, J.-G.: Klasse H 7 e. Aufzeichnungen aus dem Schulalltag. Bad Heilbrunn: Klinkhardt, 1974.

Kluge, K. J.: Erziehungsschwierigkeiten und Schwererziehbarkeit – spezifisch strukturierte Variante von Verhaltensauffälligkeit. Empirische Beobachtungen und Erfahrungen. Praxis der Kinderpsychologie und Kinderpsychotherapie, 1971, 20, 52–62.

Kluge, K. J.: Verhaltensauffälligkeiten in Grundschulen. Heilpädagogische Forschung, 1974, 5, 1–36.

Kluge, K. J. & Benzel, W.: Schulen für Verhaltensauffällige. Berlin: Marhold, 1974.

Kluge, K. J., Eul, E., Kuhlmann, H.-J., Schneider, N. & Schwarz, H.: Sie prügeln sich und leisten wenig. Verhaltensauffällige in Grund- und Hauptschulen. Eine Chance für gute Lehrer. Neuburgweiler: Schindele, 1975.

Kluge, K. J. & Kuhlmann, H. J.: Verhaltensauffälligkeiten in Grundschulen einer Industriegroßstadt K 1. In: Kluge, K. J. u. a.: Sie prügeln sich und leisten wenig. Verhaltensauffällige in Grund- und Hauptschulen. Neuburgweiler: Schindele, 1975.

Kluge, K. J. & Schneider, N.: Verhaltensauffälligkeiten von Grundschülern in Modellschulen und Nicht-Modellschulen in einer Großstadt des Rheinlandes. In: Kluge, K. J. u. a.: Sie prügeln sich und leisten wenig. Neuburgweiler: Schindele, 1975.

Koch, J.–J.: Lehrer – Studium und Beruf. Einstellungswandel in den beiden Phasen der Ausbildung. Ulm: Süddeutsche Verlagsgesellschaft, 1972.

Kossakowski, A.: Das Klassenkollektiv als Bedingung für diszipliniertes Verhalten im Unterricht. In: Kossakowski, A. & Otto, K.: Untersuchungen zur Entwicklung der bewußten Disziplin. Berlin: Volk und Wissen, 1967, 53–75.

Kossakowski, A. & Otto, K.: Untersuchungen zur Entwicklung der bewußten Disziplin. Berlin: Volk und Wissen, 1967.

Kounin, J. S.: Discipline and group management in classrooms. New York: Holt, Rinehart & Winston, 1970.

Kounin, J. S.: Techniken der Klassenführung. Bern: Huber, Stuttgart: Klett, 1976. (Übersetzung von Kounin, 1970).

Kounin, J. S. & Doyle, P. H.: Degree of continuity of a lesson's signal system and the task involvement of children. Journal of Educational Psychology, 1975, 67, 159–164.

Kounin, J. S. & Gump, P. V.: Signal systems of lesson settings and the task-related behavior of preschool children. Journal of Educational Psychology, 1974, 66, 544–562.

Knoche, W.: Jungen, Mädchen, Lehrer und Schulen im Zensurenvergleich. Weinheim: Beltz, 1969.

Krumboltz, J. D. & Krumboltz, H. B.: Changing children's behavior. Englewood Cliffs, N. J.: Prentice-Hall, 1972.

Krumboltz, J. D. & Thoreson, C . E.: Behavioral counceling: Cases and techniques. New York: Holt, Rinehart & Winston, 1969.

Lausch, E.: Macht uns das Wetter krank? Die Zeit, 31. Jg., No. 10, Zeit Magazin, 12–15.

Lemert, E. M.: Human deviance, social problems, and social control. Englewood Cliffs: Prentice-Hall, 1967.

Lempp, R.: Frühkindliche Hirnschädigung und Neurose. Bern und Stuttgart: Huber, 1964.

Lempp, R.: Eine Pathologie der psychischen Entwicklung. Bern und Stuttgart: Huber, 1967.

Lempp, R.: Organische Psychosyndrome. In: Harbauer, H., Lempp, R., Nissen, G., Strunk, P. (Hrsg.): Lehrbuch der speziellen Kinder- und Jugendpsychiatrie. Berlin: Springer, 1971, 209–241.

Lempp, R.: Die Schulangst wird immer größer. Der Leistungsdruck trifft jetzt schon die Kinder in der Vorschule. Die Zeit, 1975, 30. Jg., 26, 44.

LENZ, W.: Medizinische Genetik. 2. Aufl., Stuttgart: Thieme, 1970.

LESEMANN, G.: Epochale psychische Auffälligkeiten der Schuljugend von heute und Folgerungen daraus für die Volks- und Sonderschule. Zeitschrift für Heilpädagogik, 1957, 8.

LEVITT, E.: The result of psychotherapy with children. Journal of Consulting psychology, 1957, 21, 189–196.

LEVITT, E.: Psychotherapy with children: A further evaluation. Behavior Research and Therapy, 1963, 1, 45–51.

LEVY, D. M.: Maternal overprotection. New York: Columbia University Press, 1943.

LEWIS, W. W.: Continuity and intervention in emotional disturbance: A review. Exceptional Children, 1965, 31, 465ff.

LIEBHART, E. H.: Sozialisation im Beruf. Ergebnisse einer Panelbefragung von Studienreferendaren. Kölner Zeitschrift für Soziologie und Sozialpsychologie, 1970, 22, 715–736.

LIPE, D. & JUNG, S. M.: Manipulating incentives to enhance school learning. Review of Educational Research, 1971, 41, 249–280.

LONG, N. J., MORSE, W. C. & NEWMANN, R. G.: Conflict in the classroom: The education of children with problems. 2. Aufl., Belmont, Cal.: Wadsworth Publishing Company, 1971.

LONG, N. J. & NEWMAN, R. G.: A differential approach to the management of surface behavior of children. In: MORSE, W. C. & WINGO, G. M.: Psychology and teaching. 3. Aufl., Glenview, Ill.: Scott, Foresman & Co., 1969, 441–447.

LORTIE, D.: Teacher socialization, the Robinson Crusoe model. In: NATIONAL COMMISSION ON TEACHER EDUCATION (Hrsg.): The real world of the beginning teacher. Washington: National Education Association, 1966, 54–66.

LOVITT, T. C., GUPPY, T. E. & BLATTNER, J. E.: The use of free-time contingency with fourth graders to increase spelling accuracy. Behavior Research and Therapy, 1969, 1, 151–156.

MACCOBY, E. E.: The taking of adult roles in middle childhood. Journal of Abnormal and Social Psychology, 1961, 63, 493–503.

MACCOBY, E. E. & MASTERS, J. C.: Attachment and dependency. In: MUSSEN, P. H. (Hrsg.): Carmichael's manual of child psychology. 3. Aufl., Bd. 2, New York: Wiley, 1970, 73–157.

MACFARLAINE, J. W., ALLEN, L. & HONZIG, M.: A developmental study of the behavior problems of normal children between twenty-one months and fourteen years. Berkeley: University of California Press, 1954.

MACMILLAN, D. L.: Verhaltensmodifikation. Eine Einführung für Lehrer und Erzieher. München: Kösel, 1975.

MACMILLAN, D. L., FORNESS, S. R. & TRUMBULL, B. M.: The role of punishment in the classroom. Exceptional Children, 1973, 40, 85–96.

MADSEN, C. H., Jr., BECKER, W. C. & THOMAS, D. R.: Rules, praise and ignoring: Elements of elementary classroom control. Journal of Applied Behavior Analysis, 1968, 1, 139–150.

MADSEN, C. H., Jr., BECKER, W. C., THOMAS, D. R., KOSNER, L. & PLAGER, E.: An analysis of the reinforcing function of „sit-down" commands. In: PARKER, R. (Hrsg.): Readings in educational psychology. Boston: Allyn & Bacon, 1968, 265–278.

MARJORIBANKS, K.: Environment, social class and mental abilities. Journal of Educational Psychology, 1972, 63, 103–109.

MARTI, J.: Zur klinischen Analyse der intrakraniellen Blutungen bei Frühgeburten und Neugeborenen. Schweizer Medizinische Wochenschrift, 1960, 90, 767ff.

Martin, J. A.: The effect of incongruent instructions and consequences on imitation in retarded children. Journal of Applied Behavior Analysis, 1972, 5, 467–475.

Mayntz, R., Holm, K. & Hübner, P.: Einführung in die Methoden der empirischen Soziologie. Köln: Westdeutscher Verlag, 1969.

McAllister, W. L., Stachowiak, J. G., Baer, D. M. & Conderman, L.: The application of operant conditioning techniques in a secondary school classroom. Journal of Applied Behavior Analysis, 1969, 2, 277–285.

McCarthy, J. M. & Paraskevopoulos, J.: Behavior patterns of learning disabled, emotionally disturbed, and average children. Exceptional Children, 1969, 36, 69–74.

McCord, W., McCord, J. & Zola, I. K.: The origins of crime: A new evaluation of the Cambridge-Sommerville Youth Study. New York: Columbia University Press, 1959.

McKenzie, H. S.: Special education and consulting teachers. In: Clark, F. E. u.a.: Implementing behavioral programs for school and clinic. Champaign, Ill.: Research Press, 1972, 103–123.

McKinney, J. D., Mason, J., Perkerson, K. & Clifford, M.: Relationship between classroom behavior and academic achievement. Journal of Educational Psychology, 1975, 67, 198–203.

McLaughlin, T. F. & Malaby, J.: Intrinsic reinforcers in a classroom token economy. Journal of Applied Behavior Analysis, 1972, 5, 263–270.

McLaughlin, T. F. & Malaby, J.: Reducing and measuring inappropriate verbalisations in a token classroom. Journal of Applied Behavior Analysis, 1972, 5, 329–333.

McNamara, J. R.: Teachers and students as sources for behavior modification in the classroom. Behavior Therapy, 1971, 2, 205–213.

McPherson, G.: Small-town teacher. Cambridge: Harvard University Press, 1972.

Medland, M. B. & Stachnik, T. J.: Good behavior game: A replication and systematic analysis. Journal of Applied Behavior Analysis, 1972, 5, 45–51.

Meichenbaum, D. H., Bowers, K. S. & Ross, R. R.: A behavioral analysis of teacher expectancy effect. Journal of Personality and Social Psychology, 1969, 13, 306–316.

Meichenbaum, D. H. & Goodman, J.: Training impulsive children to talk to themselves. A means of developing self-control. Journal of Abnormal Psychology, 1971, 77, 115–126.

Michael, C. M., Morris, D. P. & Soroker, E.: Follow-up studies of shy, withdrawn children 2: Relative incidence of schizophrenia. The American Journal of Orthopsychiatry, 1957, 27, 331–337.

Milgram, S.: Das Milgram-Experiment. Zur Gehorsamsbereitschaft gegenüber Autorität. Reinbek: Rowohlt, 1975.

Miller, L. C.: School behavior check list: An inventory of deviant behavior for elementary school children. Journal of consulting and Clinical Psychology, 1972, 38, 134–144.

Minde, K., Lewin, D., Weiss, G., Lavigeur, H., Douglas, V. & Sykes, E.: The hyperactive child in elementary school: A 5 year, controlled, follow-up. Exceptional Children, 1971, 38, 215–221.

Mischel, W.: Personality and assessment. New York: Wiley, 1968.

Mischel, W.: Sex-typing and socialization. In: Mussen, P. H. (Hrsg.): Carmichael's manual of child psychology. 3. Aufl., Bd. 2, New York: Wiley, 1970, 3–72.

Mischel, W.: Towards a cognitive social learning reconceptualization of personality. Psychological Review, 1973, 80, 252–283.

Moos, R. H. & Insel, P. M. (Hrsg.): Issues in social ecology. Human milieus. Palo Alto, Cal.: National Press Books, 1974.

Morse, W. C.: Crisis intervention in school mental health and special classes for the

disturbed. In: Long, N. J., Morse, W. C. & Newman, R. G.: Conflict in the Classroom. Belmont: Wadsworth, 1971, 459–464.
Morse, W. C. & Wingo, G. M.: Psychology and teaching. 3. Aufl., Glenview, Ill.: Scott, Foresman & Co, 1969.
Mrochen, S., Rehmann, H. & Müller, R. G. E.: Erziehungs- und Bildungsprobleme bei Kindern aus Obdachlosenfamilien. Heilpädagogische Forschung, Bd. 6, 1975, 2–17.
Müller, R. G. E.: Verhaltensstörungen bei Schulkindern. 2. Aufl., München: Reinhardt, 1970.
Müller-Bek, H.: Das Berufsmilieu des Volksschullehrers. Psyche, 1958/59, 12, 50–62.
Müller-Fohrbrodt, G.: Wie sind Lehrer wirklich? Ideale – Vorurteile – Fakten. Eine empirische Untersuchung über angehende Lehrer. Stuttgart: Klett, 1973.
Mussen, P. H., Conger, J. J. & Kagan, J.: Child development and personality. 3. Aufl., New York: Harper & Row, 1969.
Muth, J. (Hrsg.): Sonderpädagogik. Teil 1: Behindertenstatistik. Früherkennung, Frühförderung. Stuttgart: Klett, 1973.
Mutimer, D. D. & Rosemier, R. A.: Behavior problems of children as viewed by teachers and the children themselves. Journal of Consulting Psychology, 1967, 31, 538–587.
Newman, H. H., Freeman, F. N. & Holzinger, K. J.: Twins: A study of heredity and environment. Chicago: University of Chicago Press, 1937.
Newman, R. G., Bloomberg, C., Emerson, R., Keith, M., Kitchner, H. & Redl, F.: Psychoeducational consulting. In: Long, N. J., Morse, W. C. & Newman, R. G.: Conflict in the classroom. Belmont: Wadsworth, 1971, 275–286.
Nissen, G.: Der psychische Hospitalismus. In: Harbauer, H., Lempp, R., Nissen, G. & Strunk, P.: Lehrbuch der speziellen Kinder- und Jugendpsychiatrie. Berlin: Springer, 1971, 49–57.
O'Connor, R.: Modification of social withdrawal through symbolic modeling. Journal of Applied Behavior Analysis, 1969, 2, 15–22.
O'Dell, S.: Training parents in behavior modification: A review. Psychological Bulletin, 1974, 81, 418–433.
Ojeman, R. H.: Behavior problems. In: Ebel, R. L. (Hrsg.): Encyclopedia of educational research. London: Collier-Macmillan, 1969, 98–105.
O'Leary, K. D.: The entrée of the paraprofessional in the classroom. In: Bijou, S. W. & Ribes-Inesta, E.: Behavior modification. Issues and extensions. New York: Academic Press, 1972 a, 93–108.
O'Leary, K. D.: The assessment of psychopathology in children. In: Quay, H. C. & Werry, J. S. (Hrsg.): Psychopathological disorders of childhood. New York: Wiley, 1972 c, 234–272.
O'Leary, K. D. & Becker, W. C.: Behavior modification of an adjustment class: A token reinforcement program. Exceptional Children, 1967, 33, 637–642.
O'Leary, K. D. & Becker, W. C.: The effects of the intensity of a teacher's reprimands on children's behavior. Journal of School Psychology, 1968, 7, 8–11.
O'Leary, K. D., Becker, W. C., Evans, M. B. & Saudargas, R. A.: A token reinforcement program in a public school: A replication and systematic analysis. Journal of Applied Behavior Analysis, 1969, 2, 3–13.
O'Leary, K. D. & Drabman, R.: Token reinforcement in the classroom: A review. Psychological Bulletin, 1971, 75, 379–398.
O'Leary, K. D., Drabman, R. & Kass, R. E.: Maintenance of appropriate behavior in a token program. Journal of Abnormal Child Psychology, 1973, 1, 127–138.
O'Leary, K. D., Kaufman, K. F., Kass, R. E. & Drabman, R. S.: The effects of loud and soft reprimands on the behavior of disruptive students. Exceptional Children, 1970, 37, 145–155.

O'LEARY, K. D. & O'LEARY, S. G.: Behavior modification with children. In: O'LEARY, K. D. & O'LEARY, S. G. (Hrsg.): Classroom management: The successful use of behavior modification. New York: Pergamon, 1972, 1–51.

ORME, M. E. J. & PURNELL, R. F.: Behavior modification and transfer in an out-of-control classroom. Monograph No. 5, Cambridge, Mass.: Harvard Research and Development Center on Educational Differences, 1968.

OSBORN, D. K. & ENDSLEY, R. C.: Emotional reactions of young children to TV violence. Child Development, 1971, 42, 321–331.

OSBORNE, J. G.: Free-time as a reinforcer in the management of classroom behavior. Journal of Applied Behavior Analysis, 1969, 2, 113–118.

OTTO, K.: Probleme der phänomenologischen und konditionalgenetischen Analyse von Disziplinschwierigkeiten. In: KOSSAKOWSKI, A. & OTTO, K. (Hrsg.): Untersuchungen zur Entwicklung der bewußten Disziplin. Berlin: Volk und Wissen, 1967, 39–52.

OTTO, K.: Disziplin bei Mädchen und Jungen. Berlin: Volk und Wissen, 1970.

PARKE, R. D.: Some effects of punishment on children's behavior. Young Children, 1969, 24, 225–240. Auch in HARTUP, W. W. (Hrsg.): The young child. Reviews of research. Bd. 2, 1972, 264–283.

PATTERSON, G. R.: An empirical approach to the classification of disturbed children. Journal of Clinical Psychology, 1964, 20, 326–337.

PATTERSON, G. R. & COBB, J. A.: Stimulus control for classes of noxious behaviors. In: KNUTSON, J. F. (Hrsg.): The control of aggression: Implications from basic research. Chicago: Aldine Atherton, 1972, 145–199.

PENDERGRASS, V. E.: Timeout from positive reinforcement following persistent, high-rate behavior in retardates. Journal of Applied Behavior Analysis, 1972, 5, 85–91.

PETERSON, D. R.: Behavior problems of middle childhood. Journal of Consulting Psychology, 1961, 25, 205–209.

PETERSON, D. R.: Scope and generality of verbally defined personality factors. Psychological Review, 1965, 72, 48–59.

PHILLIPS, L. & DRAGUNS, J. G.: Classification of the behavior disorders. Annual Review of Psychology, 1971, 22, 447–482.

PINKERT, E.: Schulversagen und Verhaltensstörungen in der Leistungsgesellschaft. 2. Aufl., Neuwied/Berlin: Luchterhand, 1974.

PINKSTON, E. M., REESE, N. M., LEBLANC, J. M. & BAER, D. M.: Independent control of a preschool child's aggression and peer interaction by contingent teacher attention. Journal of Applied Behavior Analysis, 1973, 6, 115-124.

PRECHTL, H.: Die neurologische Untersuchung des Neugeborenen. Wiener Medizinische Wochenschrift, 1960 a, 110, 1035 ff.

PRECHTL, H.: The long term value of the neurological examination of the newborn infant. Developmental Medicine and Child Neurology, 1960 b, 2, 69–74.

PREMACK, D.: Toward empirical behavior laws: 1. Positive reinforcement. Psychological Review, 1959, 66, 219–233.

QUAY, H. C.: Personality patterns in pre-adolescent delinquent boys. Educational and Psychological Measurement, 1966, 26, 99–110.

QUAY, H. C.: Patterns of aggression, withdrawal, and immaturity. In: QUAY, H. C. & WERRY, J. S. (Hrsg.): Psychopathological disorders of childhood. New York: Wiley, 1972, 1–29.

QUAY, H. C., MORSE, W. C. & CUTLER, R. L.: Personality patterns of pupils in special classes for the emotionally disturbed. Exceptional Children, 1966, 32, 297–301.

QUAY, H. C. & PARSONS, L. B.: The differential behavioral classification of the juvenile offender. Washington, D. C.: Burreau of Prisons, U. S. Department of Justice, 1970.

QUENSEL, S.: Soziale Fehlanpassung und Stigmatisierung. In: REHBINDER, M. &

SCHELSKY, H. (Hrsg.): Zur Effektivität des Rechts. Düsseldorf: Bertelsmann Universitätsverlag, 1972. (Jahrbuch für Rechtssoziologie und Rechtstheorie, Bd. 3.)

REDL, F.: Erziehung schwieriger Kinder. Beiträge zu einer psychotherapeutisch orientierten Pädagogik. München: Piper, 1971 a.

REDL, F.: The concept of punishment. In: LONG, N. J., MORSE, W. C. & NEWMAN, R. G.: Conflict in the classroom. Belmont: Wadsworth, 1971 b, 434–441.

ROBERTS, C. F.: A follow-up study of the juvenile drug offender. Sacramento, Cal.: Institute for the Study of Crime and Delinquency, 1967.

ROBINS, L. N.: Deviant children grown up. A sociological and psychiatric study of sociopathic personality. Baltimore: Williams & Wilkins, 1966.

ROBINS, L. N.: Follow-up studies of behavior disorders in children. In: QUAY, H. C. & WERRY, J. C.: Psychopathological disorders of chilhood. New York: Wiley, 1972, 414–450.

ROSENBAUM, A., O'LEARY, K. D. & JACOB, R. G.: Behavioral intervention with hyperactive children: Group consequences as a supplement to individual contingencies. Behavior Therapy, 1975, 6, 315–323.

ROSENSHINE, B.: Teaching behaviours and student achievement. Slough, Bucks, England: National Foundation for Educational Research, 1971.

ROSS, A. O.: Psychological disorders of children. A behavioral approach to theory, research, and therapy. New York: McGraw-Hill, 1974.

ROSS, A. O., LACEY, H. M. & PARTON, D. A.: The development of a behavior checklist for boys. Child Development, 1965, 36, 1013–1027.

RUBIN, E. Z., SIMSON, C. B. & BETWEE, M. C.: Emotionally handicapped children and the elementary school. Detroit: Wayne State University Press, 1966.

RUCH, F. L. & ZIMBARDO, P. G.: Lehrbuch der Psychologie. Berlin, Heidelberg, New York: Springer, 1974.

RUTTER, M.: Sex differences in children's responses to family stress. In: ANTHONY, E. J. & KOUPERNIK, C. (Hrsg.): International yearbook of child psychiatry, Bd. 1, New York: Wiley, 1970.

RUTTER, M.: Maternal deprivation reassessed. Harmondsworth: Penguin, 1972.

RUTTER, M.: Helping troubled children. Harmondsworth: Penguin, 1975.

SAFER, D. J. & ALLEN, R. P.: Factors influencing the suppressant effects of two stimulant drugs on the growth of hyperactive children. Pediatrics, 1973, 51, 660–667.

SANDER, A.: Die statistische Erfassung von Behinderten in der Bundesrepublik Deutschland. In: MUTH, J. (Hrsg.): Behindertenstatistik, Früherkennung, Frühförderung. Stuttgart: Klett, 1973, 13–110. (Deutscher Bildungsrat, Gutachten und Studien der Bildungskommission, Bd. 25.)

SARASON, S. B., DAVIDSON, K. S., LIGHTHALL, F. F., WATE, R. R. & RUEBUSH, B. K.: Angst bei Schulkindern. Ein Forschungsbericht. Stuttgart: Klett, 1971.

SAVIGNY, E. v.: Grundkurs im wissenschaftlichen Definieren, Übungen zum Selbststudium. 3. Aufl., München: Deutscher Taschenbuch Verlag, 1973.

SCHEFF, T.: Das Etikett „Geisteskrankheit". Frankfurt: S. Fischer, 1973.

SCHEFFLER, I.: Die Sprache der Erziehung. Düsseldorf: Schwann, 1971.

SCHIEFELE, H.: Lernmotivation und Motivlernen. Grundzüge einer erziehungswissenschaftlichen Motivationslehre. München: Ehrenwirth, 1974.

SCHMIDT, G. W. & ULRICH, R. E.: Effects of group contingent events upon classroom noise. Journal of Applied Behavior Analysis, 1969, 2, 171–179.

SCHMIDTCHEN, S.: Klientenzentrierte Spieltherapie – Beschreibung und Kontrolle ihrer Wirkweise. Weinheim: Beltz, 1974.

SCHMIDTCHEN, S. & ERB, A.: Analyse des Kinderspiels. Ein Überblick über neuere psychologische Untersuchungen. Köln: Kiepenheuer & Witsch, 1976.

SCHMIDTCHEN, S., ONDARZA, G. v. & DAHME, B.: Faktorenanalytische Untersuchung von Verhaltensstörungen bei Kindern. Praxis der Kinderpsychologie und Kinderpsychotherapie, 1974, 23, 270–276.

SCHNELLE, J. F.: A brief report on invalidity of parent evaluations of behavior change. Journal of Applied Behavior Analysis, 1974, 7, 341–343.

SCHULTHEIS, J. R.: Entwicklung und Vorkommenshäufigkeit von Leitbegriffen in der Verhaltensgestörtenpädagogik. Heilpädagogische Forschung, 1974, 5, 69–94.

SCHUMACHER, G.: Verhaltensgestörte Schüler. Empirische Vergleichsuntersuchungen. Gedanken über bedeutsame Verhaltensdimensionen sowie über die Möglichkeit einer Diagnose und planmässigen Erziehung. Bonn-Bad Godesberg: Dürr, 1971.

SCHUMACHER, G.: Neues Lernen mit Verhaltensgestörten und Lernbehinderten. Der durchstrukturierte Klassenraum. Berlin: Marhold, 1975.

SCHUTTE, R. C. & HOPKINS, B. L.: The effects of teacher attention on following instructions in a kindergarten class. Journal of Applied Behavior Analysis, 1970, 3, 117–122.

SCHWARZ, E.: Experimentelle und quasiexperimentelle Anordnungen in der Unterrichtsforschung. In: INGENKAMP, K. & PAREY, E. (Hrsg.): Handbuch der Unterrichtsforschung, Teil 1, Weinheim: Beltz, 1970, 445–631.

SCOTT, J. W. & BUSHELL, D.: The length of teacher contacts and student's off-task behavior. Journal of Applied Behavior Analysis, 1974, 7, 39–44.

SEARS, R. R., WHITING, J. W. M., NOWLIS, V. & SEARS, P. S.: Some child-rearing antecedents of aggression and dependency in young children. Genetic Psychology Monographs, 1953, 47, 135–234.

SELG, H. & BAUER, W.: Forschungsmethoden der Psychologie. Stuttgart: Kohlhammer, 1971.

SENGLING, D.: Das Problem der Überforderung im Kindes- und Jugendalter. Weinheim: Beltz, 1967.

SEWELL, W. H. & MUSSEN, P. H.: The effects of feeding, weaning and scheduling procedures on childhood adjustment and the formation of oral symptoms. Child Development, 1952, 23, 185–191.

SHEPHERD, M., OPPENHEIM, B. & MITCHELL, S.: Childhood behavior and mental health. London: University of London Press, 1971.

SHEPHERD, M., OPPENHEIM, B. & MITCHELL, S.: Auffälliges Verhalten im Kindesalter. Verbreitung und Verlauf. Eine epidemiologische Untersuchung. Göttingen: Verlag für Medizinische Psychologie, 1973. (Deutsche Übersetzung von SHEPHERD, M. u.a., 1971.)

SHEPPARD, W. C., SHANK, S. B. & WILSON, D.: Teaching social behavior to young children. Champaign, Ill.: Research Press, 1973.

SIGRELL, B.: Problemkinder in der Schule. Weinheim: Beltz, 1971.

SILBERMANN, A., LIEBERT, R. M., HEINRICHS, H., HELLBRÜGGE, T. & UNDEUTSCH, U.: Aggression und Fernsehen – Gefährdet das Fernsehen die Kinder? Tübingen: Katzmann Verlag, 1974.

SKINNER, B. F.: The behavior of organisms: An experimental analysis. New York: Appleton-Century-Crofts, 1938.

SMITH, H. R.: The difficult child and the teacher. New York: Selbstverlag, 1934.

SMITH, J. M & SMITH, E. P.: Child management. A program for parents and teachers. Ann Arbor, Mich.: Ann Arbor Publishers, 1964, 1970.

SOMMER, R.: Studies in personal space. Sociometry, 1959, 22, 247–260.

SPECK, O.: Das behinderte Kind aus der Sicht der Sonderschulpädagogik. In: HELLBRÜGGE, T. u. a. (Hrsg.): Probleme des behinderten Kindes. Medizin, Psychologie, Pädagogik und öffentliche Verwaltung. München: Urban: & Schwarzenberg, 1973, 95–103.

Speck, O.: Analyse der Möglichkeit gemeinsamer Unterrichtung behinderter und nicht behinderter Kinder. Praxis der Kinderpsychologie und Kinderpsychotherapie, 1976, 25, 52–57.

Spitz, R. A.: Vom Säugling zum Kleinkind. Naturgeschichte der Mutter-Kind-Beziehungen im ersten Lebensjahr. 4. Aufl., Stuttgart: Klett, 1974. (Deutsche Übersetzung von: The first year of life. New York, 1965.)

Sprague, R. L. & Werry, J. S.: Psychotropic drugs and handicapped children. In: Mann, L. & Sabatino, D. A. (Hrsg.): The second review of special education. Philadelphia: JSE Press, 1974, 1–50.

Stainback, W. C., Payne, J. S., Stainback, S. B. & Payne, R. A.: Establishing a token economy in the classroom. Columbus, Ohio: Merrill, 1973.

Stapf, K. H., Herrmann, T., Stapf, A. & Stäcker, K. H.: Psychologie des elterlichen Erziehungsstils. Stuttgart: Klett, 1972.

Stark, W. & Bentzen, F.: The integration of the emotionally disturbed child in the normal school setting. In: Krugman, M. (Hrsg.): Orthopsychiatry and the school. New York: American Orthopsychiatric Association, 1958, 82–95. (Auch in Long, N. J., Morse, W. C. & Newman, R. G., 1971, 286–293.)

Stennet, R. G.: Emotional handicap in the elementary years: Phase or desease? American Journal of Orthopsychiatry, 1966, 36, 444–449.

Stewart, M. A.: Hyperactive children. Scientific American, April 1970. Auch in Atkinson, R. C. (Hrsg.): Contemporary psychology. Readings from Scientific American. San Francisco: W. H. Freeman, 1971, 99–103.

Strauss, A. A. & Lehtinen, L. E.: Psychopathology and education of the brain-injured child. New York: Grune & Straton, 1947.

Sturzebecher, K. & Herrmann, T.: Lehrerdependenz und elterlicher Erziehungsstil. Zeitschrift für Entwicklungspsychologie und pädagogische Psychologie, 1974, 6, 168–177.

Sulzer, B. & Mayer, G. R.: Behavior modification procedures for school personnel. Hinsdale, Ill.: The Dryden Press, 1972.

Swift, M. S. & Spivack, G.: Clarifying the relationship between academic success and overt classroom behavior. Exceptional Children, Oktober 1969, 99–104.

Swift, M. S. & Spivack, G.: Alternative teaching strategies. Helping behaviorally troubled children achieve. A guide for teachers and psychologists. Champaign: Research Press, 1975.

Tausch, A.-M.: Besondere Erziehungssituationen des praktischen Schulunterrichts, Häufigkeit, Veranlassung und Art ihrer Lösungen durch Lehrer; eine empirische Untersuchung. Zeitschrift für experimentelle und angewandte Psychologie, 1958, 5, 657–686.

Tausch, R. & Tausch, A.-M.: Erziehungspsychologie. 5. Aufl., Göttingen: Verlag für Psychologie, 1970.

Thalmann, H. C.: Verhaltensstörungen bei Kindern im Grundschulalter. Stuttgart: Klett, 1971.

Thomas, D. R., Becker, W. C. & Armstrong, M.: Production and elimination of disruptive classroom behavior by systematically varying teacher's behavior. Journal of Applied Behavior Analysis, 1968, 1, 35–45.

Thomas, A., Chess, S. & Birch, H. G.: Temperament and behavior disorders in children. New York: New York University Press, 1968.

Tillmann, K.-J.: Soziale Erfahrungen im Schulunterricht oder: Siegfried Bernfeld als Unterrichtsforscher. Betrifft: Erziehung, 1974, 7, Heft 9, 37–42.

Toch, H.: Violent men. Chicago: Aldine, 1969.

Tolor, A., Scarpetti, W. L. & Lane, P. A.: Teachers attitudes toward children's behavior revisited. Journal of Educational Psychology, 1967, 58, 175–180.

Travers, R. M. W.: Educational psychology. New York: Macmillan, 1973.

Ucko, L. A.: A comparative study of asphyxiated and non-asphyxiated boys from birth to five years. Developmental Medicine and Child Neurology, 1965, 7, 643–657.

Ulich, D.: Zur Analyse pädagogischer Interaktionen unter besonderer Berücksichtigung des Lehrer-Schüler-Verhältnisses. In: Halbfas, H., Maurer, F. & Popp, W.: Lernen und soziale Erfahrung. Stuttgart: Klett, 1974.

Ulich, D. & Mertens, W.: Urteile über Schüler. Zur Sozialpsychologie pädagogischer Diagnostik. Weinheim: Beltz, 1973.

Ullmann, L. P. & Krasner, L. (Hrsg.): Case studies in behavior modification. New York: Holt, Rinehart & Winston, 1965.

Vandenberg, S. G., Clark, P. J. & Samuels, I.: Psychophysiological reactions of twins: Heritability factors in galvanic skin resistance, heartbeat, and breathing rates. Eugenics Quarterly, 1965, 12, 7–10.

Victor, J. B. & Halverston, C. F.: Behavior problems in elementary school children, a follow-up study. Journal of Abnormal Child Psychology. 1976, 4, 17–29.

Wagner, I.: Aufmerksamkeitstraining mit impulsiven Kindern. Stuttgart: Klett, 1976.

Wahler, R. G.: Setting generality: Some specific and general effects of child behavior therapy. Journal of Applied Behavior Analysis, 1969, 2, 239–246.

Wahler, R. G.: Child-child interactions in free field settings: Some experimental analyses. Journal of Experimental Child Psychology, 1967, 5, 278–293.

Walker, H. M. & Buckley, N. K.: The use of positive reinforcement in conditioning attending behavior. Journal of Applied Behavior Analysis, 1968, 1, 245–250.

Walker, H. M., Mattson, R. H. & Buckley, N. K.: The functional analysis of behavior within an experimental class setting. In: Benson, A. M. (Hrsg.)): Modifying deviant social behaviors in various classroom settings. Eugene, Oregon: University of Oregon, Department of Special Education, College of Education, Monograph 1, 1969, 49–80.

Walker, S.: Drugging the American child. We're too cavalier about hyperactivity. Psychology today, 1974, vol. 8, 7, 43–48.

Walters, R. H. & Brown, M.: Studies of reinforcement of aggression. III. Transfer of responses to an interpersonal situation. Child Development, 1963, 34, 563–571.

Walters, R. H., Parke, R. D. & Cane, V. A.: Timing of punishment and the observation of consequences to others as determinants of response inhibition. Journal of Experimental Child Psychology, 1965, 2, 10–30.

Walters, R. H. & Parke, R. D.: The influence of punishment and related disciplinary techniques on the social behavior of children: Theory and empirical findings. In: Maher, B. A. (Hrsg.): Progress in experimental personality research, Bd. 4, New York: Academic Press, 1967, 179–228.

Ward, M. H. & Baker, B. L.: Reinforcement therapy in the classroom. Journal of Applied Behavior Analysis, 1968, 1, 323–328.

Warren, R. J., Karduck, W. A., Bussaratid, S., Stewart, M. A. & Sly, W. S.: The hyperactive child syndrome. Normal chromosome findings. Archives of General Psychiatry, 1971, 24, 161–162.

Wegener, H.: Erziehungsschwierigkeiten bei Schulkindern. Schule und Psychologie, 1962, 9, 329–338.

Weiss, G., Minde, K., Werry, J. S., Douglas, V. & Nemeth, E.: Studies of the hyperactive child 8. Five-year follow-up. Archives of General Psychiatry, 1971, 24, 409–414.

Wellendorf, F.: Soziale Konflikte in der Schule. In: Funkkolleg Pädagogische Psychologie, Studienbegleitbrief 7, Weinheim: Beltz, 1973, 72–95.

WENDER, P. H.: Minimal brain dysfunction in children. New York: Wiley-Interscience, 1971.
WENDER, P. H.: The hyperactive child. A handbook for parents. New York: Crown Publishers, 1973.
WERNER, E. E., BIERMAN, J. M. & FRENCH, F. E.: The children of Kauai. A longitudinal study from the prenatal period to age ten. Honolulu: University of Hawaii Press, 1971.
WERRY, J. S.: Developmental hyperactivity. Pediatric Clinics of North America, 1968, 15, 581–599.
WERRY, J. S.: Organic factors in childhood psychopathology. In: QUAY, H. C. & WERRY, J. S.: Psychopathological disorders of childhood. New York: Wiley, 1972, 83–121.
WERRY, J. S., AMAN, M. G. & LAMPEN, E.: Haloperidol and methylphenidate in hyperactive children. Acta paedopsychiatrica, 1976, 42, 26–40.
WHITE, M. A.: Natural rates of teacher approval and disapproval in the classroom. Journal of Applied Behavior Analysis, 1975, 8, 367–372.
WHITE, M. A. & CHARRY, J. (Hrsg.): School disorder, intelligence, and social class. New York: Teachers' College Press, 1966.
WHO EXPERT COMMITEE ON MENTAL HEALTH: Report on the second session 1951. Genf: World Health Organization, 1951.
WICKMAN, E. K.: Children's behavior and teachers' attitudes. New York: The Commonwealth Fund, Division of Publications, 1928.
WIESE, H.: Erziehungsschwierige Schüler. In: HORNEY, W., RUPPERT, J. P. & SCHULTZE, W.: Pädagogisches Lexikon in zwei Bänden. Bd. 1, Gütersloh: Bertelsmann, 1970, Sp. 794–796.
WINETT, R. A. & ROACH, A. M.: The effects of reinforcing academic performance on social behavior: A brief report. The Psychological Record, 1973, 23, 391–396.
WINTERROTH, I.: Empirische Untersuchung zur Lehrerbeurteilung verhaltensgestörter Kinder in der Sonderschule-L. Schriftliche Hausarbeit für die Prüfung zum Sonderschullehrer. München: Universität München, Institut für Sonderpädagogik, 1973. (Unveröffentlichtes Manuskript.)
WITZIG, K.: Entwicklung psychisch abnormer, besonders schizoidpsychopathischer und schizophreniegefährderter Kinder anhand langfristiger Katamnesen. (Medizinische Dissertation, Zürich.) Bern und Frankfurt: Lang, 1973.
WOLFF, S.: Children under stress. Harmondsworth, England: Penguin Books, 1973.
WOLFF, S.: The contributions of obstetric complications to the etiology of behavior disorders in childhood. Journal of Child Psychology and Psychiatry, 1967, 8, 57–66.
WOLFF, S. & ACTON, W. P.: Characteristics of parents of disturbed children. British Journal of Psychiatry, 1968, 114, 593 ff.
WOODY, R. H.: Behavioral problem children in schools. Recognition, diagnosis, and behavioral modification. New York: Appleton-Century-Crofts, 1969.
WRIGHT, D.: The psychology of moral behavior. Harmondsworth, England: Penguin Books, 1971.
ZANDER, A. & VAN EGMONT, E.: Relationship of intelligence and social power to the interpersonal behavior of children. Journal of Educational Psychology, 1958, 49, 257–268.
ZEIER, H.: Gymnasiallehrer und Reformen. Eine empirische Untersuchung der Einstellungen zu Schule und Unterricht. Stuttgart: Klett, 1973.
ZERBIN-RÜDIN, E.: Vererbung und Umwelt bei der Entstehung psychischer Störungen. Darmstadt: Wissenschaftliche Buchgesellschaft, 1974.
ZIMMERMAN, E. H. & ZIMMERMAN, J.: The alteration of behavior in a special classroom situation. Journal of the Experimental Analysis of Behavior, 1962, 5, 59–60.

Züblin, W.: Das schwierige Kind. Einführung in die Kinderpsychiatrie. 2. überarbeitete Aufl., München: Deutscher Taschenbuch Verlag, Stuttgart: Thieme, 1967.
Ziv, A.: Children's behavior problems as viewed by teachers, psychologists, and children. Child Development, 1970, 41, 871–879.

Personenregister

Sachregister

BELTZ Studienbuch

Didaktik und Unterricht

Eduard W. Kleber u. a.
Lernvoraussetzungen und Unterricht
Zur Begründung und Praxis adaptiven Unterrichts. 1977. 288 S.
DM 21,– (51123)

Scannell/Tracy
Testen und Messen im Unterricht
Wege zu einer differenzierten Überprüfung kognitiven und affektiven Lernens. 1977. 265 S.
DM 19,– (51116)

Walter Popp (Hrsg.)
Kommunikative Didaktik
Soziale Dimensionen des didaktischen Feldes.
1976. 286 S. DM 20,– (51097)

Eduard W. Kleber u. a.
Beurteilung und Beurteilungsprobleme
Eine Einführung in Beurteilungs- und Bewertungsfragen in der Schule. 1976. 315 S. DM 22,– (51111)

Karlheinz Ingenkamp (Hrsg.)
Die Fragwürdigkeit der Zensurengebung
Texte und Untersuchungsberichte. 7. Aufl. 1977.
351 S. DM 22,– (28134)

Issing/Knigge-Illner (Hrsg.)
Unterrichtstechnologie und Mediendidaktik
Grundfragen und Perspektiven. 1976. 401 S.
DM 28,– (51095)

Wolfgang Knörzer
Lernmotivation
Ein interdisziplinärer Ansatz zur Theorie der Lernmotivation. 1976. 348 S.
DM 24,– (51096)

Krathwohl/Bloom/Masia
Taxonomie von Lernzielen im affektiven Bereich
2. Aufl. 1978. XVI, 184 S.
DM 16,– (51085)

B. S. Bloom (Hrsg.)
Taxonomie von Lernzielen im kognitiven Bereich
5. Aufl. 1976. 251 S.
DM 19,– (18296)

K. W. Döring (Hrsg.)
Lehr- und Lernmittelforschung
1971. XII, 307 S. DM 25,– (18273)

K. W. Döring (Hrsg.)
Unterricht mit Lehr- und Lernmitteln
3. Aufl. 1975. XIV, 371 S.
DM 25,– (18274)

Christine Möller (Hrsg.)
Praxis der Lernplanung
1974. 280 S. DM 22,– (51072)

Christine Möller
Technik der Lernplanung
Methoden und Probleme der Lernzielerstellung.
5. Aufl. 1976. 342 S.
DM 24,– (18207)

Heinz Neber (Hrsg.)
Entdeckendes Lernen
2. Auflage 1975. 301 S.
DM 19,– (51056)

Wolfgang Klafki
Studien zur Bildungstheorie und Didaktik
3. Aufl. 1975. 153 S.
DM 14,– (18092)

Margret Fischer
Die innere Differenzierung des Unterrichts in der Volksschule
11. Aufl. 1975. 174 S.
DM 17,– (12105)

Johnson/Bany
Steuerung von Lerngruppen
Theoretische Grundlagen und Trainingsmöglichkeiten. 1975. 450 S.
DM 32,– (51073)

Preisänderungen vorbehalten.
257.78

Zur genaueren Information fordern Sie bitte vom Verlag das Fachbuchverzeichnis an.

BELTZ

Postfach 1120
6940 Weinheim

Schulpädagogik

Hartmut Wille
Literaturunterricht als Funktion von Allgemeinbildung
Eine bildungsökonomische Untersuchung literaturdidaktischer Konzeptionen der Bundesrepublik Deutschland 1966–1977. 1978. 275 S. ca. DM 28,– (54050)

Prillwitz/Schulmeister/Wudtke
Kommunikation ohne Sprache
Zur kommunikativen Situation hörsprachgeschädigter Vorschulkinder im Familienalltag. 1978. 208 S. DM 20,– (54042)

Klafki/Otto/Schulz
Didaktik und Praxis
1977. 104 S. DM 7,– (50064)

Norbert Havers
Erziehungsschwierigkeiten in der Schule
Klassifikation, Häufigkeit, Ursachen und pädagogisch-therapeutische Maßnahmen. 1978. 250 S. ca. DM 17,– (51132)

Heinz Neber (Hrsg.)
Selbstgesteuertes Lernen
Psychologische und pädagogische Aspekte eines handlungsorientierten Lernens. 1978. 290 S. ca. DM 22,– (51136)

Wolfgang Bürger
Teamfähigkeit im Gruppenunterricht
Zur Konkretisierung, Realisierung und Begründung eines Erziehungszieles. 1978. 221 S. DM 24,– (54049)

Jürgen Wilbert
Politikbegriffe und Erziehungsziele im Politischen Unterricht
Eine Analyse von Didaktikkonzeptionen und Curricula. 1978. 300 S. ca. DM 32,– (54056)

Aurin/Stark/Stobberg
Beratung im Schulbereich
Aufgabenfelder, Strukturprobleme, Entwicklungstendenzen und Empfehlungen. 1977. 368 S. DM 21,– (54540)

Furth/Wachs
Denken geht zur Schule
(Thinking goes to School.) Piagets Theorie in der Praxis. 1978. 250 S. ca. DM 14,– (50076)

Fritz Bohnsack (Hrsg.)
Kooperative Schule
Ziele und Möglichkeiten eines Schulkonzepts. 1978. 110 S. DM 7,– (50075)

Rudolf Georg Ermer
Hauptschultagebuch oder: Der Versuch, in der Schule zu leben
1975. 143 S. DM 10,– (50035)

Albert Eßer (Hrsg.)
Handbuch Schulfernsehen
Ein Kompendium für Studium, Fortbildung und Praxis. 1977. 300 S. DM 32,– (54040)

Preisänderungen vorbehalten.
230.78

Bitte fordern Sie vom Verlag das Fachbuch-Verzeichnis an.

BELTZ

Postfach 1120
6940 Weinheim